Aktuelle und klassische Sozial- und Kulturwissenschaftler | innen

Herausgegeben von
S. Moebius
Graz, Austria

Die von Stephan Moebius herausgegebene Reihe zu Kultur- und SozialwissenschaftlerInnen der Gegenwart ist für all jene verfasst, die sich über gegenwärtig diskutierte und herausragende Autorinnen und Autoren auf den Gebieten der Kultur- und Sozialwissenschaften kompetent informieren möchten. Die einzelnen Bände dienen der Einführung und besseren Orientierung in das aktuelle, sich rasch wandelnde und immer unübersichtlicher werdende Feld der Kultur- und Sozialwissenschaften. Verständlich geschrieben, übersichtlich gestaltet – für Leserinnen und Leser, die auf dem neusten Stand bleiben möchten.

Herausgegeben von
Stephan Moebius
Graz, Austria

Marco Schmitt • Jan Fuhse

Zur Aktualität von Harrison White

Einführung in sein Werk

Marco Schmitt
RWTH Aachen
Aachen
Deutschland

Jan Fuhse
Humboldt Universität zu Berlin
Berlin
Deutschland

ISBN 978-3-531-18672-6   ISBN 978-3-531-18673-3 (eBook)
DOI 10.1007/978-3-531-18673-3

Die Deutsche Nationalbibliothek verzeichnet diese Publikation in der Deutschen Nationalbibliografie; detaillierte bibliografische Daten sind im Internet über http://dnb.d-nb.de abrufbar.

Springer VS
© Springer Fachmedien Wiesbaden 2015

Lektorat: Cori Mackrodt, Monika Mülhausen
Umschlagbild: Michael Dörfler, Luzern

Gedruckt auf säurefreiem und chlorfrei gebleichtem Papier

Springer Fachmedien Wiesbaden ist Teil der Fachverlagsgruppe Springer Science+Business Media
(www.springer.com)

Vorwort

Eine Reihe von Menschen hat beim Zustandekommen wesentlich mitgeholfen haben: Die Initiative für das Projekt ging von Stephan Moebius und Frank Engelhardt aus. Cori Mackrodt, Stephan Moebius und Regine Schwab haben das gesamte Manuskript gelesen und wertvolle Hinweise und Korrekturen beigesteuert. Harrison White danken wir für das ausführliche Interview, das hier nur in Auszügen wieder gegeben ist. Daneben haben einige weitere relationale Soziologen konkrete Fragen zum Buch beantwortet: Peter Bearman, Ron Breiger, Paul DiMaggio, John Martin, John Mohr, Sophie Mützel, John Padgett und sicher noch viele weitere. Das Foto für das Cover hat Michael Dörfler auf der Tagung Relational Sociology: Transatlantic Impulses for the Social Sciences an der Humboldt Universität zu Berlin im September 2008 geschossen und uns freundlicherweise zur Verfügung gestellt. Jan Fuhse wurde bei der Arbeit an dem Buch von der Deutschen Forschungsgemeinschaft durch ein Heisenberg-Stipendium unterstützt. Ihnen allen gilt unser herzlicher Dank!

Inhaltsverzeichnis

Verzeichnis der Exkurse

Eine Theorie für die Netzwerkforschung

1.1 Überblick

Die Netzwerkforschung ist eine große Erfolgsgeschichte der Sozialwissenschaften. Seit eher randständigen Anfängen in der Soziometrie und der Sozialanthropologie hat sie seit 50 Jahren stetig an Aufmerksamkeit und Bedeutung gewonnen (Freeman 2004). Zum einen hat die technische und sozio-technische Rolle, die Netzwerke heute in der Gesellschaft spielen und die auch von Zeitdiagnosen immer häufiger herausgestellt werden (vor allem Manuel Castells), zu diesem Siegeszug beigetragen. Zum anderen haben sich einige „Netzwerkphysiker" (Duncan Watts, Albert-László Barabási, Mark Newman) der Erforschung sozialer Strukturen zugewandt und so erheblich zur wissenschaftlichen Anerkennung des Forschungsfeldes beigetragen. Die Methoden und die Anwendungsfelder der Netzwerkforschung sind inzwischen sehr weit verfeinert und ausdifferenziert.

Lange Zeit mangelte es aber an theoretischer Unterfütterung. Die Netzwerkforschung wurde und wird nicht von einem theoretischen Grundverständnis sozialer Phänomene angetrieben – sondern von einer „strukturellen Intuition", dass das Soziale wesentlich durch Muster sozialer Beziehungen geprägt ist (Linton 2004, S. 3). Entsprechend identifizierte Mark Granovetter 1979 ein gravierendes Theorie-Defizit in der Netzwerkforschung. Inzwischen gibt es jedoch eine Reihe von Angeboten, diese Leerstelle zu füllen. Soziale Netzwerke werden von individuellen Handlungen abgeleitet (Coleman 1990), sie werden in eine Theorie sozialer Systeme eingeordnet (Bommes und Tacke 2011) oder als Ergebnis symbolischer Interaktion behandelt (Fine und Kleinman 1983; Crossley 2011). Meist bleiben der theoretische Stellenwert von sozialen Netzwerken und der Bezug zur empirischen Netzwerkforschung aber gering.

Ein Versuch, soziale Netzwerke ins Zentrum der Theorie zu rücken und diese direkt mit empirischer Forschung zu verbinden, findet sich bei Harrison White.

© Springer Fachmedien Wiesbaden 2015
M. Schmitt, J. Fuhse, *Zur Aktualität von Harrison White,* Aktuelle und klassische
Sozial- und Kulturwissenschaftler|innen, DOI 10.1007/978-3-531-18673-3_1

White entwickelt seine Theorie nicht als konsequente Begriffsarbeit, sondern als Klärung und Verdichtung aus einer großen Zahl von Fallstudien aus der Netzwerkforschung. Dieser besondere Weg der Theoriebildung erscheint zunächst ungewöhnlich. Sehr unterschiedliche Fallstudien aus einem weiten Gebiet lassen sich schwerer integrieren als Begriffe, die man zirkulär aufeinander abstimmen kann. Gerade dieser Ansatz führt jedoch zu einem Baukasten mit kombinierbaren Theorien mittlerer Reichweite, wie schon von Merton (1949) vorgeschlagen, und zuletzt in der Diskussion um soziale Mechanismen eingefordert wurde (Hedström und Swedberg 1998; Mayntz 2002; Schmitt et al. 2006). White rechnet sich selbst einer mittleren Position zwischen Individualismus und Holismus zu (White 1992, S. xii), ohne diesen Standpunkt weiter auszuführen. Dennoch verfolgt er die Theoriebildung auf der Grundlage von Fallstudien aus der Netzwerkforschung sehr gründlich. So kann man die beiden Ausgaben seines theoretischen Hauptwerkes *Identity and Control* (White 1992 und 2008) auch als großen Überblick über die interessantesten Studien aus dem Bereich der Netzwerkforschung lesen.

Das *Grundgerüst* von Whites Theorie ist zunächst recht überschaubar. Soziale Netzwerke werden nicht rein strukturalistisch als Muster von Sozialbeziehungen konzipiert, sondern als grundlegend mit *Sinn* verwoben:

- In sozialen Zusammenhängen ringen *Identitäten* miteinander um *Kontrolle*. Diese Kontrollversuche werden in *Erzählungen* („Stories") abgebildet. Solche Erzählungen definieren Identitäten sinnhaft und setzen sie zueinander in Beziehung. Soziale Netzwerke bestehen entsprechend als „Sinnstruktur" von Erzählungen und Identitäten.
- Die mit einem Netzwerk verknüpften und dieses prägende Sinnformen fasst White als Domäne. Netzwerk und Domäne sind als soziale Phänomene untrennbar miteinander verwoben (als Netdom). Sie lassen sich nur analytisch voneinander unterscheiden.
- Um diesen Kern der Theorie gruppieren sich größere soziale Strukturbildungen – soziale „Moleküle", wie White sie nennt. Dazu gehören sogenannte *Disziplinen*: Arenen, Councils und Interfaces. Diese stehen jeweils für bestimmte verhärtete relationale Strukturen von Identitäten mit eigenen Unsicherheiten und Wertordnungen.
- Neben den Disziplinen stehen *Institutionen* und *Kontrollregimes* als kulturell überformte gesellschaftliche Großstrukturen, die von Familien- oder Kastenstrukturen bis zu Funktionssystemen wie dem Recht oder der Kunst reichen.
- Innerhalb dieser Typologie sozialer Strukturen interessiert sich White besonders für die Rolle von *Sprache* als Organisationsbasis und für den Wandel von Strukturen aus dem sinnhaft-kommunikativen *Wechsel* („Switching") zwischen Strukturkontexten heraus.

Aus einer relativ einfachen Grundidee – der sinnhaften Strukturierung sozialer Netzwerke – entsteht so eine komplexe Theoriearchitektur von elementaren Mikro-Prozessen wie den Kontextwechseln bis hin zu gesellschaftlichen Strukturen. Wir stellen diese Theoriearchitektur im 5., 6. und 7. Kapitel ausführlich vor. Im Folgenden diskutieren wir zunächst die spezifische, stark empiriebezogene Form von Whites Theoriearbeit mit ihren spezifischen Vor- und Nachteilen.

1.2   Die Besonderheiten von Whites Theorie

White legt in *Identity & Control* das seltene Beispiel eines soziologischen Theorieentwurfs vor, der konsequent phänomenorientiert vorgeht und soziale Strukturbildungen auf der Meso-Ebene auf der Basis eines langjährigen empirischen Forschungsprogramms theoretisiert. Dieser Theorieentwurf ist mathematisch-formalistisch, strukturalistisch und auf die Modellierung konkreter sozialer Phänomene bezogen.

Zunächst zu den Nachteilen, die die Rezeption von Whites Theorie erschweren: Der Ansatz, sehr unterschiedliche Einzelstudien zur Entwicklung von generalisierten Konzepten zu nutzen und diese auch fast ausschließlich mit diesen zu illustrieren, ist ungewöhnlich für die soziologische Theorieentwicklung. Diese stützt sich üblicherweise entweder auf kohärente Begriffsentwicklung und präzise Ableitungen aus theoretischen Prämissen, auf Konzepte aus dem Bereich des Common-Sense oder auf eine szenische und erzählende Illustration von theoretischen Konzepten. Diesen drei Varianten der Theoriearbeit kann eine theoretisch interessierte Leserschaft gut folgen, weil sie erstens als Lesegewohnheiten eingeübt sind und zweitens auch alltägliche Routinen des Verstehens ansprechen. Whites Konzepte erscheinen dagegen weniger eingängig und anschlussfähig als in manch anderer Theorie.

Die zweite Schwierigkeit ist eng mit diesem ersten Problem verbunden. Die zu den einzelnen Konzepten herangezogenen Fallstudien ergeben ein eher buntes Bild dieser Konzepte, und es fehlt ihnen manchmal an Kohärenz. Dies wird noch verstärkt, wenn man die Beziehungen zwischen den verschiedenen Konzepten genauer betrachtet. Diese sind eher auf bestimmte Bereiche und Befunde der Netzwerkforschung abgestimmt als aufeinander. Somit erscheint der Theorieentwurf nicht aus einem Guss. Er wirkt eher wie ein Baukasten mit einer Reihe von Konzepten, die verschiedene Anwendungen in der Netzwerkforschung unterstützen und voranbringen sollen. Auch hier verletzt Whites neue Art der Theoriebildung klassische Gütekriterien, um anderen Kriterien besser gerecht zu werden. Insbesondere will White anwendungsorientierte Netzwerkforscher besser anleiten, sich aber auch bei diesen informieren. Die fehlende Kohärenz zwischen den Konzepten ist für White kein wirkliches Problem. Es geht ihm vielmehr um den Mehrwert jedes einzelnen Konzepts im Rahmen der Netzwerkforschung.

Diese Nähe zur Empirie bildet einen der spezifischen Vorteile von Whites Art der Theoriebildung. White verfolgt gewissermaßen einen „Baukastenansatz" von Theorie – aus einer empirischen Forschungstradition heraus mit Schwerpunkt auf Konzepten mittlerer Reichweite, die diese Forschungstradition fundieren und anreichern können. Ein solcher Baukastenansatz (Schimank 1999) ist weniger an Theoriearchitektur interessiert als an der Abdeckung des interessierenden Phänomenbereichs. Es ist wichtiger, Konzepte für möglichst viele zu erklärende Phänomene bereitzustellen, als ein übergeordnetes Korsett zu konstruieren, in dem alle Teile aufeinander abgestimmt sind und zueinander passen. Dies ermöglicht einen freieren Umgang mit einzelnen Konzepten aus der Theorie. Forscher können Konzepte aus dem Theoriebaukasten verwenden, ohne gleich alle deduktiven Ableitungen und Schwierigkeiten zu übernehmen. Die sich so entwickelnde Theorie ist mehr ein Gebrauchsgegenstand als eine Weltsicht. Begriffe aus der Theorie lassen sich auf spezifische Untersuchungsgegenstände anpassen und mit nützlichen weiteren Konzepten kombinieren. Ob solche Kombinationen sinnvoll oder möglich sind, entscheidet nicht der Theorieaufbau von vornherein, sondern erst die Anwendung. Im Feld der soziologischen Theorie neigt man dazu, diesen Vorteil gering zu schätzen. Zu sehr führt ein solches Baukastenprinzip zur Beliebigkeit von Begriffsverwendung und -kombination. Aber der Vorteil einer erfolgreichen Verbindung von Theorie und Empirie ist kaum von der Hand zu weisen.

Ein weiterer Vorteil liegt in der wissenschaftlichen Deckung der theoretischen Konzepte. Diese werden nicht narrativ oder alltagsweltlich hergeleitet, sondern basieren auf empirischen Studien. White plausibilisiert seine Theorie nicht durch strenge Begriffsbildung, sondern entwickelt sie aus wissenschaftlichen Erkenntnissen im Feld der Netzwerkforschung. Seine Theorie führt ein erfolgreiches empirisches Forschungsprogramm weiter, indem er Einzelergebnisse synthetisiert und fehlende Grundlagen nachjustiert. Der große Vorteil eines solchen Ansatzes liegt in der empirischen Anschlussfähigkeit. Die empirische Operationalisierung der theoretischen Konzepte ist immer schon mitgedacht. So können die Konzepte schneller und direkter in die Forschung integriert werden als bei manch anderer Theorie.

Ein letzter Vorteil bezieht sich auf die Frage der Aktualität von Theorie. Das von White benutzte Baukastenprinzip verlangt streng genommen nach einer stetigen Aktualisierung der Theorie auf der Basis der neuesten Studien im Forschungsfeld. Die Theorie bleibt dadurch aktuell: Der Baukasten kann immer um weitere Entwicklungen ergänzt werden, weil neueste Erkenntnisse oder empirische Forschungsansätze zu neuen Verbindungen zwischen Konzepten führen, vielleicht auch zu neuen Konzepten. Die Theorie erstarrt somit nicht, sondern entwickelt sich weiter und bleibt idealerweise immer auf dem neuesten Stand der Netzwerkforschung.

Schließlich muss als spezifische Eigenheit von Whites Theorieprogramm dessen konsequent *analytische Ausrichtung* betont werden. Wir haben bereits festgehalten, dass sich White weder an soziologischen Theorien noch am alltagsweltlichen Vokabular (Common Sense) für soziale Zusammenhänge orientiert. Er will entsprechend weder eine konzeptionell elaborierte Beschreibung von Gesellschaft noch eine ontologisch-richtige Abbildung sozialer Zusammenhänge vorlegen. Vielmehr ist White an analytisch fruchtbaren Konzepten für eine konsequente Außensicht aufs Soziale interessiert. Als ausgebildeter Physiker weiß White, dass eine wie auch immer elaborierte Theorie Wirklichkeit nie perfekt abbilden kann. Deswegen geht es nicht darum, die eine „richtige" Weltbeschreibung zu liefern, sondern ein Instrumentarium an nützlichen Konzepten für die empirische Beobachtung zu entwickeln. Dazu gehört bei White ein *konstruktivistischer Impetus*. Ihm zufolge prägt die sinnhafte Beobachtung in Erzählungen die soziale Welt entscheidend. Whites Theorie ist also sowohl analytisch als auch konstruktivistisch angelegt – eine sehr eigentümliche, aber fruchtbare Kombination. Wir kommen auf diese Grundausrichtung von Whites Theorie an verschiedenen Stellen zurück und ordnen sie etwa in seine Biographie (Kap. 2) und in den Kontext konkurrierender Theorieangebote (Kap. 8) ein.

Zum Überblick fassen wir hier nur kurz die wichtigsten Eigenheiten von Whites Theorie zusammen:

- *eigenwillige Begriffsbildung* mit wenig Bezug auf andere soziologische Theorien oder die Alltagssprache;
- konsequente Ausrichtung an empirischer Netzwerkforschung;
- Fokus auf Modellierung von *Meso-Strukturen* des Sozialen und deren *Wandel*;
- *Baukastenprinzip*: Begriffe und theoretische Erwartungen lassen sich prinzipiell unabhängig voneinander verwenden;
- teilweise fehlende Kohärenz und Konsistenz in den Begriffen
- *analytische* und *konstruktivistische* Theoriearchitektur, die bewusst nicht auf ontologische Gewissheiten zielt.

1.3 Aufbau des Buchs

White verbindet aber nicht nur in seinem Denken Theorie und Empirie miteinander. Er ist auch biographisch mit zahlreichen Entwicklungen und zentralen Autoren der Netzwerkforschung verbunden. Daraus ergibt sich für uns die Notwendigkeit aber auch die Chance, zweierlei zu erreichen: Wir können erstens die zentralen Konzepte von White vorstellen und zweitens einen weitgespannten Überblick über das Feld der nordamerikanischen Netzwerkforschung bieten. Der Haupttext des Buchs folgt dem üblichen Strickmuster von Einführungen: Er behandelt die Biographie, die Vorarbeiten und die wichtigsten theoretischen Überlegungen Whites. Diese komplementieren wir aber mit ergänzenden Seitenblicken auf die wichtigsten Autoren um White und auf deren empirische und konzeptionelle Beiträge zur relationalen Soziologie.

Der Aufbau des Buchs sieht wie folgt aus: Im zweiten Kapitel geben wir einen Überblick über die *Biographie* und die *intellektuelle Entwicklung* Whites, seine Ideen und seine wichtigsten wissenschaftlichen Beziehungen. Welche Berührungspunkte haben ihn geprägt? Welche Entwicklungen haben seine wissenschaftlichen Interessen genommen? In diesem Abschnitt streifen wir auch Konzepte, die im Weiteren keine zentrale Rolle mehr spielen und zeichnen den Weg zu seinem späten Entwurf einer übergreifenden Theorie nach.

Das dritte Kapitel beleuchtet die wichtigsten frühen Ideen von White aus den 1960ern und 1970ern. Dazu gehören zunächst die *Kategoriennetze* (oder Catnets; vgl. White 2008), in denen soziale Kategorien und Netzwerke sozialer Beziehungen miteinander verwoben sind. Es folgt das Konzept der *strukturellen Äquivalenz*, mit der sich Akteure nach ihrer Position im Netzwerk zusammenfassen lassen. Schließlich entwickelte White mit seinen Doktoranden auch das Verfahren der *Blockmodell-Analyse*. Mit diesem können strukturell äquivalente Positionen induktiv aus der Netzwerkstruktur rekonstruiert werden. Diese Ideen verweisen nicht nur auf Whites Zentralität als Ideengeber der Netzwerkforschung, sondern auch auf Ausgangspunkte seiner späteren Theoriebildung.

Das vierte Kapitel beschäftigt sich mit einer wichtigen Übergangsphase im Denken Whites. In seiner Beschäftigung mit der Markt- und Wirtschaftssoziologie, insbesondere mit der Frage nach der *Entstehung von Märkten* entwickelt White sein grundlegendes soziales Ordnungsmodell einer sozialen Molekülbildung. Mit diesen, zunächst auf Produktionsmärkte zielenden Überlegungen schließt White an seine Überlegungen zu struktureller Äquivalenz und Blockmodellen an.

Die Kap. 5 bis 7 behandeln die Theorieentwicklung in den beiden Auflagen von Whites Hauptwerk *Identity and Control* (1992 und 2008) und in den um diese entstandenen Aufsätzen aus den 1990er und 2000er Jahren. In den drei Kapiteln stehen jeweils unterschiedliche Aspekte der Theorie im Fokus:

Kapitel 5 stellt zunächst die *strukturalistischen Theoriebausteine* Whites vor. Hier geht es um das Begriffspaar *Identität* und *Kontrolle*, um die sozialen Moleküle der *Disziplinen* (die aus der Marktsoziologie Whites kommen) und um die beiden Grundprinzipien *Verteiltheit* und *Selbstähnlichkeit*.

Das sechste Kapitel wendet sich dann dem *Einbezug von Sinn und Kultur* in Whites Theorie zu. Hier werden *Beziehungen* als *narrativ* konstituierte Strukturen, die *Domänen* von Sinnformen in einem Netzwerk, sowie *Institutionen* und *Stile* als Netzwerkphänomene vorgestellt. Schließlich werfen wir – in Zusammenhang mit Whites kunstsoziologischen Überlegungen – einen Blick auf die Mechanismen *sozialen Wandels* bei White.

Nach dieser „kulturellen Wende" geht es im siebten Kapitel um die letzten Theorieentwicklungen Whites seit Mitte der 1990er Jahre (die sich auch in der zweiten Auflage von *Identity and Control* wieder finden). Allgemein rücken nun elementare soziale Prozesse in den Mittelpunkt – White vollzieht gewissermaßen eine zweite, *„kommunikative" Wende* seiner Theorie. Hierzu zählt zunächst die prominente Rolle von kommunikativ vollzogenen *Kontextwechseln* (Switchings). Auch *Netzwerk-Öffentlichkeiten* (Publics) und *Kontrollregimes* werden erst jetzt in die Theorie eingeführt. Schließlich setzt sich White Ende der 2000er Jahre verstärkt mit der *Systemtheorie* Niklas Luhmanns und hier insbesondere mit dem Kommunikations- und dem Sinnbegriff auseinander.

Wir schließen mit einem Resümee. Hier wird die Grundausrichtung der Theorie im Vergleich zu anderen Ansätzen „relationaler Soziologie" diskutiert. Zudem betrachten wir Verbindungen von Whites Überlegungen mit anderen Theorien. In einem Anhang folgt zudem ein kurzes Interview mit Harrison White, in dem er seine Theorieentwicklung, einige seiner zentralen Konzepte und seine Sichtweisen auf andere Theorieangebote darlegt.

Biographie

2

2.1 Whites Weg zu Soziologie und Strukturalismus

Harrison Colyar White wurde am 21. März 1930 in Washington, DC, geboren. Whites Eltern stammen aus den Südstaaten. Sein Vater war Arzt bei der Navy, was zu vielen Wohnortwechseln in Whites Jugend führte (MacLean und Olds 2001, S. 1 f.). Die Familie lebte nacheinander in Orten mit Navy Base, unter anderem Nashville, New Orleans, San Francisco und Philadelphia, aber auch kleinere Orte. White selbst musste ständig die Schule wechseln, wobei er insgesamt zwei Klassenstufen übersprang. Bereits mit 15 Jahren begann White sein Physik-Studium am Massachusetts Institute of Technology (MIT). 1955 promovierte er dort in theoretischer Physik.

Zu diesem Zeitpunkt hatte White bereits vermehrt sozialwissenschaftliche Veranstaltungen besucht und begann anschließend eine zweite Promotion in Soziologie an der Princeton University. Wichtige Inspiration für diesen Schritt kam von dem Politikwissenschaftler Karl Deutsch. Deutsch entstammt einer deutschsprachigen Familie von sozialdemokratischen Widerständlern gegen das NS-Regime und lehrte zu dieser Zeit am MIT. White hat nach eigener Aussage vor allem dessen Buch *Nationalism and Social Communication* (Deutsch 1953) beeindruckt, weniger das bekanntere *The Nerves of Government* (1963, in dem Deutsch eine kybernetische Theorie des politischen Systems entwickelt). White übernahm von Deutsch vermutlich vor allem die Einsicht, dass soziale und gesellschaftliche Phänomene wesentlich durch Strukturen bestimmt werden, in denen Kommunikation abläuft.

In den folgenden Jahren absolvierte White im Schnelldurchlauf die wichtigsten sozialwissenschaftlichen Institutionen: Noch vor seinem Doktor in Soziologie in Princeton (1960) verbrachte er auf Einladung von Herbert Simon ein Jahr als Fellow an der Stanford University und arbeitete von 1957 bis 1959 als Assistant Professor (eigentlich dem Einstiegsrang für eine Wissenschaftskarriere *nach* der

© Springer Fachmedien Wiesbaden 2015
M. Schmitt, J. Fuhse, *Zur Aktualität von Harrison White,* Aktuelle und klassische Sozial- und Kulturwissenschaftler|innen, DOI 10.1007/978-3-531-18673-3_2

Promotion) am Carnegie Institute of Technology (dem Vorläufer der Carnegie-
Mellon University) in Pittsburgh. Ab 1959 war White als Associate Professor für
Soziologie an der University of Chicago tätig, die er selbst für sein soziologisches
Denken als prägend sieht (MacLean und Olds 2001, S. 3).

1960, als White im Alter von 30 Jahren gewissermaßen „berufsbegleitend"
seine Promotion in Princeton abschloss, hatte er also von zwei der renommier-
testen Wissenschaftsinstitutionen der Welt einen Doktor in Physik und einen in
Soziologie und arbeitete bereits als Associate Professor im größten und einem der
wichtigsten US-amerikanischen Departments für Soziologie. Allerdings hatte er
erst eine sozialwissenschaftliche Publikation zum Thema Schlaf („Sleep: A Sociological Interpretation", zusammen mit dem Norweger Vilhelm Aubert; 1959) in der
relativ unwichtigen Zeitschrift *Acta Sociologica* vorgelegt.

In der Folge konzentrierte sich White auf die Soziologie. Dabei blieb aber seine
Ausbildung in der Physik prägend: Durchgängig zeichnen sich Whites Arbeiten
durch eine Orientierung an der mathematischen Modellierung empirisch beobacht-
barer sozialer Strukturen aus – zunächst mit der Entwicklung eigener algebraischer
Modelle und Konzepte, später mit der theoretischen Unterfütterung der formalen
Methoden der Netzwerkforschung.

Ein Beispiel für dieses Grundverständnis sozialer Strukturen liefert Whites erste
Buchpublikation: *An Anatomy of Kinship* (1963). White formuliert hier eine alge-
braische, also formal-mathematische Modellierung von Verwandtschaftsbeziehungen in Anlehnung an *Die elementaren Strukturen der Verwandtschaft* von Claude
Lévi-Strauss. Wie der Untertitel *Mathematical Models for Structures of Cumulated
Roles* deutlich macht, geht es White dabei weniger um Verwandtschaftsbeziehungen, als um die Möglichkeit der allgemeinen algebraischen Modellierung von Rollenstrukturen (Breiger 2005, S. 885). Damit knüpft White an seine Ausbildung in
der Physik an und legt als Grundrichtung die strukturelle Modellierung von Netzwerken mit der Blockmodellanalyse fest (siehe Kap. 3.2). Noch während seiner
Zeit in Princeton hatte Harrison White seine erste Frau kennengelernt, die Kunst-
historikerin Cynthia Johnson. Mit ihr schrieb White sein zweites Buch: *Canvases
and Careers* ([1965] 1993) über die Entstehung des französischen Impressionismus und damit der modernen Malerei.

Exkurs 1: Canvases and Careers (1965)
In diesem kurzen Buch (160 Seiten) interpretieren White und seine erste Frau
Cynthia White die Entstehung des Impressionismus in erster Linie als Bruch
mit der damals die französische Kunstszene dominierenden Institution des
Akademie-Wesens ([1965] 1993). Im 19. Jahrhundert wurden Kunstwerke
in Paris wesentlich durch die Königliche Akademie autoritativ bewertet,
indem sie in Salon-Ausstellungen aufgenommen und mit Preisen beehrt
wurden (16 ff.). Auf diese Weise konnte der kaum zu überschauende Pariser
Kunstmarkt, auf dem zahlreiche Künstler aus ganz Europa um Anerkennung
rangen, vereinfacht werden. Ausschlaggebend für die Auswahl durch die
Akademie waren etablierte Wertmaßstäbe wie Bildkomposition, Motivaus-
wahl und handwerklichen Könnens.

Parallel dazu entstanden aber im 19. Jahrhundert wichtige Broker-Rol-
len: die Kunsthändler und die Kunstkritiker in Zeitschriften (94 ff.). Beide
orientierten sich zunächst am Akademie-System. Beim Aufstieg des Impressionismus fungierten sie aber als alternative Bewertungsinstanz, die rivali-
sierenden Wertmaßstäben zur Geltung verhalfen. Die Impressionisten um
Manet, Degas, Pissarro, Monet, Renoir, Sisley und Cézanne entwickelten
eine neue Form des Malens, die den Maßstäben des Akademiesystems
widersprach und dort auf Ablehnung stieß.

Für die Entwicklung des neuen Stils war teilweise das Netzwerk zwischen den Malern verantwortlich, in dem sich diese austauschten und aneinander orientierten (116 ff.). Entscheidend für den möglichen Erfolg des
neuen Stils waren aber Kunstkritiker und Kunsthändler, die den neuen Stil
trotz oder gerade wegen seiner Abweichung von den Akademie-Maßstä-
ben unterstützten. Teilweise wurden sie auch selbst Teil des Netzwerks der
Impressionisten. Vor allem der Kunsthändler Paul Durand-Ruel organisierte
Gruppen-Ausstellungen der Impressionisten, gründete eine eigene Zeitschrift, die die neue Kunst unterstützte, brachte die Impressionisten teilweise
in Kontakt miteinander und finanzierte deren Lebensunterhalt in Teilen über
Vorschüsse (124 ff.).

Mit dieser Entwicklung veränderten sich mehr als nur die Bewertungsmaßstäbe der Malerei: Das zugrunde liegende Gefüge von sozialen Beziehungen
zwischen Kunstproduzenten und -käufern wandelte sich grundlegend. Die
dominierende Rolle der Akademie wurde abgelöst von einem Geflecht von
Kritikern und Händlern. Diese übernahmen nun die Vermittlung zwischen
Künstlern und Käufern und damit die Komplexitätsreduktion im Kunstmarkt.

In dem Buch tauchen wichtige Themen der späteren Theoriearbeit Whites in verknappter Form auf. Märkte werden als Beziehungsgefüge beschrieben, die jeweils auf eigenen Bewertungsmaßstäben beruhen bzw. diese hervorbringen. Die Impressionisten entwickeln ihren eigenen Stil, der sich im Netzwerk durchsetzen muss. Dabei ist er zunächst auf strukturelle Bedingungen angewiesen, setzt dann aber strukturelle Veränderungen in Gang. Manet, Monet und Durand-Ruel, auch die etablierten Künstler und die Akademie fungieren als Identitäten, die strukturell und sinnhaft um Kontrolle im Netzwerk ringen. Und nicht zuletzt ergibt sich ein komplexes Zusammenspiel zwischen Institutionen und Netzwerken.

All diese Überlegungen bleiben aber in *Canvases and Careers* noch sehr ungeordnet. Das Buch bleibt in seinen Aussagen sehr ungenau und dokumentiert eher eine Suchbewegung als einen neuen Kenntnisstand. Diese Suchbewegung kommt mit Whites Arbeiten über Märkte (siehe Kap. 4) und mit der ersten Auflage von *Identity and Control* (1992) zu einem vorläufigen Abschluss. Vor allem aber lässt sich *Canvases and Careers* als Vorläufer von Whites Buch über das Kunstsystem *Careers & Creativity; Social Forces in the Arts* (1993) lesen. Dort werden die komplexen theoretischen Überlegungen aus *Identity and Control* in leichterer und verständlicherer Form auf das soziale Feld der Kunst übertragen (siehe Exkurs 14).

2.2   Der „Harvard Breakthrough"

1963 wechselte White von Chicago an die Harvard University, wo er zunächst als Associate Professor, später als Professor[1] bis 1986 tätig war. In dieser Zeit war er treibende Kraft für die Weiterentwicklung der Netzwerkanalyse, die in der Literatur als „Harvard Breakthrough" bezeichnet wird (Scott 2000, S. 33 ff.). Die in dieser Zeit entstandene strukturalistische Sichtweise fokussiert vor allem auf systematische Rollenbeziehungen zwischen Positionen in sozialen Netzwerken, wie wir sie etwa in Verwandtschaftsstrukturen finden. Aber White entwickelte auch mit einigen Doktoranden in den 1970er Jahren ein Verfahren zur algebraischen Rekonstruktion dieser Rollenbeziehungen: die Blockmodellanalyse.

---

[1] Wir unterscheiden im Folgenden nicht zwischen den unterschiedlichen amerikanischen Professorentiteln des Full und des Named Professors und sprechen daher dem deutschen Sprachgebrauch nach nur von Professor. Da der einzige Unterschied darin besteht, dass die Named Professors eine symbolische Ehrung beinhalten.

Überhaupt war eines der wichtigsten Ergebnisse dieser Phase die Prägung einer Reihe von Doktoranden an der Harvard University. Diese wurden selbst zu zentralen Figuren der amerikanischen Netzwerkforschung und umfassen unter anderem Peter Bearman (siehe Exkurs 5), Phillip Bonacich, Ronald Breiger (Exkurs 6), Kathleen Carley, Bonnie Erickson, Claude Fischer, Mark Granovetter (Exkurs 4), Joel Levine, Siegwart Lindenberg, Nicholas Mullins (Exkurs 3), David Stark, Barry Wellman und Christopher Winship. Linton Freeman kommt zu der Einschätzung:

> Certainly the majority of the published work in the field [der soziologischen Netzwerkanalyse; M.S./J.F.] has been produced by White and his former students. Once this generation started to produce, they published so much important theory and research focused on social networks that social scientists everywhere, regardless of their field, could no longer ignore the idea. (2004, S. 127)

Freeman zufolge waren White und seine Doktoranden entscheidend dafür, dass sich die Netzwerkforschung in den Sozialwissenschaften als ernstzunehmender Ansatz etablierte. Ein prägendes Erlebnis aus dieser Zeit war das Seminar „An Introduction to Social Relations, 10", ein im Frühling 1965 abgehaltener Kurs. Dieser richtete sich eigentlich an Bachelor-Studenten auf einem relativ niedrigen Niveau, wurde aber gegen Ende fast zur Hälfte von Doktoranden besucht (Mullins 1973, S. 255). In einer für diesen Kurs erstellten Gedankensammlung formuliert White wesentliche Überlegungen zum Zusammenhang zwischen Netzwerken, Kultur und Kategorien ([1965] 2008). Dieses lange Zeit unveröffentlichte Manuskript wurde zu einem einflussreichen Gründungsdokument des strukturalistischen Ansatzes (siehe Kap. 3.1).

Zusätzlich zu Whites Doktoranden muss Charles Tilly erwähnt werden, der 1963 bis 1966 in Harvard arbeitete. Tilly ließ sich immer wieder von White beeinflussen und etablierte später strukturalistisches Denken in der historischen Soziologie (siehe Exkurs 11). White und Tilly verband seit den 1960ern bis zu dessen Tod (2008) eine lebenslange Freundschaft. Intellektuelles Ergebnis aus dieser Zeit war Whites Buch *Chains of Opportunity* (1970).

Exkurs 2: Chains of Opportunity (1970)
Für die Idee der Vakanzketten („vacancy chains") gibt es mehrere Quellen. Neben der Monographie „Chains of Opportunity" von 1970 (White 1970a) formuliert eine Reihe weiterer Artikel aus den frühen 1970er Jahren das Konzept aus: „Matching, Vacancies and Mobility" (White 1970b), „Stayers and Movers" (White 1970c), „Multipliers, Vacancy Chains and Filtering in Housing" (White 1971) und „Mobility from Vacancy Chains" (White 1974).

Diese beziehen sich neben Arbeitsmärkten innerhalb und außerhalb von Organisationen auch auf den Immobilienmarkt.

Vakanzketten sind eine Form der Modellierung von wiederkehrenden Strukturdynamiken auf dem Arbeitsmarkt. Anders als in den klassischen ökonomischen Modellen des Arbeitsmarktes wird der Arbeitsmarkt nicht allein durch Angebot und Nachfrage bestimmt. Vielmehr weist White direkte Beziehungen zwischen Arbeitsstellen nach: Sie werden meist dadurch frei, dass ihr bisheriger Inhaber sie verlässt und eine neue Stelle besetzt. Diese Öffnung verbreitet sich dann durch die Population und setzt dort eine Dynamik von sukzessiven Stellenwechseln in Gang. Die Rate der Wechsel von Menschen und Arbeitsstellen hat dabei deutliche Auswirkungen auf Moral und Produktivität im System. Der Fokus liegt also nicht auf spezifischen Menschen oder Arbeitsstellen, sondern auf spezifischen Vakanzen – eine Zeitlang unbesetzten Stellen, die sich durch das System bewegen.

White entwickelt aus diesen Grundüberlegungen ein Modell von Vakanzketten als „imbedded markov chains" (White 1970b, S. 99). Vakanzen bilden systematische Ketten im System, indem für jede freiwerdende Position nur Inhaber bestimmter anderer Stellen infrage kommen. Die Vakanzen verschwinden schnell wieder, und jede einzelne Bewegung wird nur von ihrer gegenwärtigen Position bestimmt. White nennt dies das „kurze Gedächtnis" (White 1970b, S. 99) der Vakanzen. Das Konzept der Vakanzkette folgt also nicht den Bewegungen von Personen in der Form von Karrieren, sondern den Bewegungen von Vakanzen.

> **Vakanzketten** sind Reihen von Verbindungen zwischen Arbeitsstellen, deren Stelleninhaber systematisch auf die nächste Stelle in der Reihe wechseln.

Die Grundstruktur eines Arbeitsmarkts lässt sich an den Vakanzketten ablesen, die sich schnell oder langsam bewegen und lange oder kurze Ketten erzeugen. Mobilität ist damit nicht nur eine individuelle Eigenschaft von Personen, sondern vor allem eine Eigenschaft des Systems.

Die Grundidee der Vakanzketten weist auf zwei wichtige Elemente der soziologischen Theorie von White: erstens auf seine Vorstellung von Kontingenzen als Triebfedern der Bildung sozialer Identitäten und sozialer Strukturen; und zweitens darauf, dass Netzwerke von Ereignissen (Stellenwechseln) ebenso bedeutsam sein können wie Akteursnetzwerke.

Das Konzept der Vakanzketten weist den Akteuren einen sekundären Stellenwert gegenüber den systematischen Mustern von Beziehungen zwischen Positionen zu. Diese Idee bringt White gemeinsam mit dem franko-kanadischen Mathematiker François Lorrain mit den Überlegungen zu Verwandtschaftsrollen im Konzept der *strukturellen Äquivalenz* zusammen (Lorrain und White 1971). Akteure lassen sich in Netzwerken dann zu Positionen der strukturellen Äquivalenz zusammenfassen, wenn sie die gleichen Beziehungsmuster zu den gleichen anderen Akteuren unterhalten. So sind etwa die Söhne in einer Familie strukturell äquivalent. Mit Söhnen in anderen Familien sind sie *regulär äquivalent*. Der eigentliche strukturalistische Durchbruch kam aber erst mit der Entwicklung der Blockmodellanalyse – eines Algorithmus, mit dem sich Blöcke von strukturell bzw. regulär äquivalenten Akteuren in Netzwerken und deren Rollenbeziehungen untereinander rekonstruieren lassen. Die Blockmodellanalyse entwickelte White mit zwei anderen Doktoranden: Ronald Breiger und Scott Boorman (White et al. 1975; Boorman und White 1976; siehe Kap. 3.3).

Insgesamt führen diese verschiedenen Arbeiten Whites aus den 1960ern und 1970ern – von *Anatomy of Kinship* über *Chains of Opportunity* bis zur Blockmodellanalyse – soziale Phänomene einer mathematischen Modellierung zu. Im Gegensatz zu Talcott Parsons als der in den 1960ern dominierenden Figur an der Harvard University und in der amerikanischen Soziologie insgesamt fokussiert White auf empirische Untersuchbarkeit und nicht auf theoretische Großentwürfe. Hierin können wir auch ein Ergebnis seiner Ausbildung in der Physik vermuten. Der Schwerpunkt dieser Arbeiten lag weniger auf dem Individuum als auf systematischen Rollenbeziehungen zwischen Positionen – seien dies Verwandtschaftskategorien oder berufliche Stellen. Zudem erblickte White Ähnlichkeiten zwischen ganz unterschiedlichen sozialen Phänomenen.

Diese ließen sich zunächst auf die zugrunde liegenden Strukturen von Sozialbeziehungen reduzieren und anschließend mit einem gemeinsamen Analyseinstrumentarium – der Blockmodellanalyse – untersuchen. Ein Interesse für die kulturellen Bedeutungen innerhalb solcher sozialer Strukturen zeigt sich zwar in dem unveröffentlichten Manuskript „Notes on the Constituents of Social Structure" von 1965 und implizit auch in der Blockmodellanalyse. Eine systematische Untersuchung von Sinn und Kultur sieht Whites Ansatz zu dieser Zeit aber noch nicht vor.

Exkurs 3: Theoriegruppen als Netzwerke bei Nicholas Mullins

Nicholas Mullins war einer der ersten Doktoranden von White an der Harvard University in den 1960er Jahren und einer der Teilnehmer des legendären Kurses über soziale Relationen von 1965 (s. o.). In dem 1973 veröffentlichten Buch *Theories and Theory Groups in Contemporary American Sociology* nimmt Mullins eine strukturalistische Sicht auf die Entwicklung wissenschaftlicher Denkschulen ein. Anders als Thomas Kuhn sieht Mullins Wissenschaftsentwicklung nicht als eine Abfolge von dominierenden Paradigmen, sondern als die Konkurrenz zwischen Denkschulen.[2]

Diese beruhen auf dichten Netzwerken zwischen den beteiligten Wissenschaftlern, die im engen Austausch miteinander eigene Denkansätze hervorbringen und sich in diesen bestärken (17 ff.). Denkschulen entwickeln sich dabei von einer relativ lockeren Struktur zu eng vernetzten Clustern bis hin zur Institutionalisierung als Subdisziplin („specialty"). Sie zeichnen sich nicht nur durch spezifische inhaltliche Orientierungen, teilweise kodifiziert in Annahmen des Ansatzes aus, sondern auch durch eigene Forschungs- und Ausbildungszentren (v. a. Universitäten) und gruppieren sich um einen „intellectual leader" und einen „social organizational leader" (dies sind Positionen der regulären Äquivalenz jeweils in den verschiedenen Theoriegruppen).

Das Buch stellt dann verschiedene Theoriegruppen in der amerikanischen Soziologie mit Blick auf ihr Entwicklungsstadium und ihre strukturelle Basis vor. Bemerkenswerterweise sieht Mullins bereits um 1970 den Strukturalismus als eine der wichtigen *Theorie*gruppen in den USA, also nicht nur als einen methodischen Forschungsansatz. Vom Entwicklungsstadium her befinde sich der Strukturalismus seit 1970 im „Netzwerkstadium", dem zweiten von vier Stadien auf dem Weg zur Institutionalisierung (260 ff.). Als Forschungs- und Ausbildungszentrum nennt Mullins Harvard, als „intellectual leader" Harrison White und als zentrale programmatische Publikation dessen Buch *Chains of Opportunity* (250). Die allgemeine Annahme des Ansatzes lautet bei ihm: „The relations of persons and positions are fundamental to social process."

Die Position des „social organizational leaders" ist bei Mullins noch unbesetzt. Nach eigener Aussage brachte dies „wahrscheinlich" *Barry*

---

[2] Ähnliche Gedanken finden sich in dem etwa zeitgleich erschienenen und wohl unabhängig entstandenen Buch *Invisible Colleges* von Diana Crane (1972).

Wellman – einen anderen frühen Doktoranden Whites – auf die Idee, diese Leerstelle zu füllen und sich der Organisation des Ansatzes der Netzwerkforschung zu widmen: „I saw this as a career opportunity as well as a chance to do good for the scholarly world" (Wellman 2000, S. 25). Er war zentral an der Gründung der Zeitschrift *Social Networks* beteiligt, noch wichtiger aber als treibende Kraft für die Gründung des *International Networks for Social Network Analysis* (INSNA) und für die Organisation von Vorläufern der Sunbelt-Konferenzen (inzwischen die wichtigsten Konferenzen für sozialwissenschaftliche Netzwerkforschung). Wellman wurde damit zum „organizational leader" der Netzwerkforscher. Dies lässt sich als Bestätigung der Theorie von Mullins interpretieren, die ja eine solche Position in jeder Theoriegruppe vorsieht – oder auch als eine sich-selbst-erfüllende Prophezeiung. Die Theorie hatte Wellman ja erst auf die Idee gebracht, sich der Organisation der Netzwerkforscher zu widmen.

Die Arbeit von Mullins war ein Vorbild für zahlreiche Studien seit den 1960ern (u. a. von Mullins und von Breiger), in denen strukturalistische Ideen und das Verfahren der Blockmodellanalyse auf Netzwerke in der Wissenschaft angewandt wurden. Dabei werden systematisch Rollenbeziehungen zwischen zentralen und peripheren Akteuren, zwischen Anführern von Denkschulen und deren Anhängern rekonstruiert. Kreativität entsteht diesen Studien zufolge vor allem aus der Verknüpfung unterschiedlicher Ansätze. Innovative Wissenschaftler müssen deshalb am Schnittpunkt zwischen verschiedenen Denkschulen positioniert sein, wie Randall Collins in seiner umfangreichen Studie zu Netzwerken in der Geschichte der Philosophie herausgearbeitet hat (1998).[3]

Die Blockmodellanalyse war ein wichtiger Schritt zur methodischen Weiterentwicklung der Netzwerkanalyse. Zur Popularisierung des Ansatzes in der Disziplin und darüber hinaus hat aber ein Doktorand von White wesentlich mehr beigetragen: *Mark Granovetter*. Dessen Artikel von 1973 (und das kurz darauf erschienene Buch) zur „Strength of Weak Ties" wurde zu einem Meilenstein der Netzwerkforschung, weil es ein relativ einfaches Argument einem weiten Publikum zugänglich machte.

---

[3] Eine Untersuchung des Netzwerkes der neueren relationalen Soziologie um Harrison White (seit 1990) und damit wiederum eine Anwendung der Netzwerkforschung auf sich selbst findet sich bei Fuhse (2008).

Exkurs 4: Mark Granovetter und die Stärke schwacher Beziehungen

Granovetter zeigte, dass relativ oberflächliche Bekanntschaftsbeziehungen in Bezug auf bestimmte Probleme wichtiger sein können als enge Freundschaften und Intimbeziehungen. Man gelangt durch sie leichter an Arbeitsstellen; und lokale oder ethnische Gemeinschaften werden über schwache Beziehungen integriert. Dies liegt daran, dass man enge persönliche Beziehungen vor allem in seinem direkten persönlichen Umfeld hat. Bekanntschaften verbinden dagegen teilweise weiter entfernte soziale Netzwerkcluster – sie bilden „Brücken" über „strukturelle Löcher", wie *Ronald Burt* in Anlehnung an Granovetter formuliert hat (Burt 1992, siehe Exkurs 7). Burt bezeichnet solche Brücken in Netzwerken als Sozialkapital (in sehr lockerem Rückgriff auf Bourdieu), die den beteiligten Akteuren wichtige Vorteile liefern.

Granovetter wies mit relativ einfachen methodischen Mitteln die Stichhaltigkeit dieses simplen strukturellen Arguments nach und zeigte damit die Relevanz von Netzwerken für die Wirtschaftssoziologie, für die Ungleichheitsforschung, für die Migrationssoziologie und die Forschung zu Gruppen und Subkulturen auf. Bis heute gehören die eingängigen Formulierungen Granovetters zu den meistzitierten Arbeiten der Soziologie. Ihre Wirkung ist damit zunächst stärker als die sperrigen, methodisch und theoretisch anspruchsvolleren und zuweilen schwer nachvollziehbaren Überlegungen Whites. In gewisser Weise knüpfen die neueren Arbeiten von Duncan Watts zur Erreichbarkeit von Knoten in „Small Worlds" (1999) an Granovetters Argument zu schwachen Beziehungen an: Auch hier sorgen die schwachen Beziehungen dafür, dass sich alle Knoten in einem Netzwerk in relativ wenig Schritten gegenseitig erreichen können.

Granovetter wurde nach seiner Promotion in Harvard 1970 zunächst Assistant Professor an der Johns Hopkins University, bevor er von 1973 bis 1977 wieder an der Harvard University in Whites Umfeld tätig war. Nach Stationen an der State University of New York at Stony Brook und der Northwestern University in Chicago ist er seit 1995 Professor an der Stanford University. Er ist Herausgeber der international wichtigsten Buchreihe zu Netzwerkforschung „Structural Analysis in the Social Sciences" bei Cambridge University Press.

Vor allem mit seinen theoretischen Arbeiten hat Granovetter wesentlich zur Entwicklung der neueren amerikanischen Wirtschaftssoziologie beigetragen, in der Netzwerken eine zentrale Rolle in wirtschaftlichen Prozessen zukommt. Insbesondere hat Granovetter Karl Polanyis Konzept der „Embeddedness" wieder aufgenommen: Ökonomisches Handeln ist immer

„eingebettet" in Netzwerkstrukturen (und Institutionen) und kann nicht als isolierte Entscheidungen auf lediglich durch Preise strukturierte Märkten modelliert werden (Granovetter 1985). In gewisser Weise lässt sich dieser Beitrag wieder als eine einfache und verständliche Formulierung von Überlegungen Whites lesen, der seit 1980 an einer strukturalistischen Modellierung von Produktionsmärkten arbeitete.

Bereits 1979 beklagt Granovetter eine „Theorie-Lücke" der Netzwerkforschung. Deren methodische Instrumente werden zwar immer weiter entwickelt und verfeinert. Deren theoretische Reflexion bleibt aber oft aus. Zudem fehle es allgemein an einem theoretischen Verständnis dessen, was die Netzwerkforschung untersucht. Diese Kritik der „Theorieferne" der Netzwerkforschung wird seitdem gebetsmühlenartig vorgetragen. Ende der 1970er war sie sicher zutreffend und wichtig. Doch inzwischen gibt es einige Theorieangebote zum Verständnis sozialer Netzwerke. Das wichtigste hat seit den 1990ern Granovetters früherer Lehrer Harrison White vorgelegt.

White wendet sich nach den Arbeiten zur Blockmodellanalyse der Wirtschaftssoziologie zu (siehe Kap. 4.). Hier entwickelt White ein Modell von Märkten, das nicht einfach auf der Vermittlung von Angebot und Nachfrage über Preise zwischen anonymen Marktteilnehmern beruht (1981a). Vielmehr beobachten sich Marktteilnehmer gegenseitig, was zu Erwartungen über deren Verhalten und zu Beziehungen zwischen ihnen führt. Märkte ähneln somit Netzwerken, können teilweise selbst als Netzwerke modelliert werden. Diese Überlegungen führt White später in einem Buch und in einigen Aufsätzen aus, in denen er Märkte nicht nur als Interaktionsstruktur, sondern auch als kulturelle Konstruktionen sieht. Wie White in einem Interview mit Peter Swedberg deutlich macht, waren Wirtschaft und Organisationen seit seiner Promotion (1960) und den *Chains of Opportunity* (1970) das für ihn wichtigste Anwendungsfeld – wichtiger noch als die Kunst (Swedberg 1990, S. 78 ff.). In der Wirtschaftssoziologie haben Whites Arbeiten denn auch neben der Netzwerkforschung den größten Widerhall gefunden.

2.3 Die kulturelle Wende

Nach der Scheidung von seiner Frau Cynthia ging White 1986 für zwei Jahre als „Head of Department" (Dekan) an die University of Arizona. In 1988 lockte ihn Ronald Burt dann an die Columbia University, um dort die Leitung des *Paul F. Lazarsfeld Center for the Social Sciences* zu übernehmen. Das Center ist eine direkte

Nachfolgeorganisation des Bureau of Applied Social Research, das der österreichische Emigrant Lazarsfeld 1944 an der Columbia University ansiedelte (und das
anfangs noch lose mit dem Institut für Sozialforschung von Max Horkheimer und
Theodor W. Adorno verbunden war; Wiggershaus 1988, S. 188 ff., 266 ff.). White
leitete das Lazarsfeld Center bis 1999, als es mit anderen Forschungseinrichtungen
an der Columbia zunächst im *Institute for Social and Economic Theory and Research*, später im *Institute for Social and Economic Research and Policy* (ISERP)
aufging. Während dieser Zeit amtierte White mehrmals (wie zuvor in Arizona und
teilweise in Harvard) als Dekan des Department für Soziologie an der Columbia
University. Seit 1992 bis zu seiner Emeritierung in 2011 war White dort „Giddings
Professor" für Soziologie.[4]

Inhaltlich setzte sich White seit den 1980er Jahren verstärkt mit dem Wechselspiel von Netzwerken einerseits und Sinn und Kultur andererseits auseinander.
Ann Mische zufolge lag die Ursache hierfür in der Suche nach einem theoretischen
Verständnis für die grundlegende Maßeinheit der Netzwerkanalyse: den Typen von
Sozialbeziehungen („types of tie") in einem Netzwerk (Mische 2011, S. 82). Wie
kann man davon sprechen, dass eine Beziehung besteht – und ob es sich dabei um
eine Freundschaft, eine Bekanntschaft oder eine Einflussbeziehung handelt? Dies
führt bei White zur Beschäftigung mit Arbeiten aus Soziolinguistik, Diskursana-
lyse und anderen interpretativen Ansätzen.

Ein weiterer möglicher Anstoß kam durch die Arbeiten von Pierre Bourdieu.
Übersetzungen von dessen Büchern wurden seit Ende der 1970er Jahre auf Eng-
lisch in den USA veröffentlicht. Für die Rezeption in den USA war unter anderem
Paul DiMaggio sehr wichtig (1979), der zu der Zeit an der Harvard University
promovierte (siehe Exkurs 12). DiMaggio verwendete die „phänomenologischen"
Anregungen Bourdieus[5] und den Strukturalismus von White in den 1980ern Jahren
zur Verknüpfung von Netzwerken mit Institutionen – seiner Version des Neo-Institutionalismus.

---

[4] Die mit einem Namen verbundenen Professuren („named professorships") stellen die
höchste Stufe der amerikanischen Universitätskarriere dar. Sie sind meist besser bezahlt,
beinhalten weniger Verpflichtungen (etwa in der Lehre) und sind vor allem ein deutlicher
Ausweis von Prestige. Sie sind entweder nach einem Stifter benannt (so hatte Charles Tilly
den Titel eines Joseph L. Buttenwieser Professor of Social Science an der Columbia University inne) oder nach einer wichtigen Persönlichkeit. Franklin H. Giddings (1855–1931),
nach dem die Professur von White benannt ist, war amerikanischer Soziologe und gründete
das Department of Sociology an der Columbia University.

[5] Von Bourdieu übernimmt DiMaggio dabei nicht die strukturalistische Seite für die Bourdieu ja ebenfalls bekannt ist, sondern nur seine Ideen zum Sinnbezug. Der Strukturalismus war
durch die amerikanische Netzwerkforschung bereits abgedeckt. Der Sinnbezug stellt jedoch
eine qualitative Weiterentwicklung dar.

Bei White führen diese Anregungen zur Erweiterung der strukturalistischen Perspektive in der ersten Ausgabe seines theoretischen Hauptwerkes *Identity and Control* (1992).[6] Dessen Inhalt wird im fünften bis siebten Kapitel dieses Buchs ausgiebig besprochen. Hier deswegen nur einige Einordnungen: Am einflussreichsten ist zunächst die sinnhafte Unterfütterung von Netzwerken (siehe Kap. 6). Diese bezeichnet White einerseits als Messkonstrukte der Netzwerkforscher, andererseits als „phänomenologische Realitäten" (1992, S. 65 ff.). Soziale Netzwerke werden also nicht nur durch wissenschaftliche Beobachter konstruiert. Sie müssen auch als Sinnstrukturen in der Lebenswelt der Beteiligten existieren. Diese phänomenologische Realität von Netzwerken besteht darin, dass in ihnen die Identitäten (der beteiligten Akteure) in Erzählungen („stories") im Verhältnis zueinander definiert und ausgehandelt werden. Damit antwortet White auf die Frage nach dem theoretischen Gehalt von Netzwerkbeziehungen. Netzwerkforschung erschöpft sich demnach nicht in der formalen Analyse von Strukturmustern. Sie muss auch die mit diesen Strukturmustern verknüpften, diese sogar konstituierenden Sinnformen in den Blick nehmen.

Diese wichtige Einsicht wird in *Identity and Control* in einen sehr viel weiteren Rahmen eingeordnet. White betrachtet nun allgemein alle sozialen Strukturen als Ergebnisse eines Ringens um Kontrolle und um stabile Positionen („footing") zwischen Identitäten (siehe Kap. 5.1). Neben Netzwerken konzipiert er auch Institutionen, Stile und sogenannte „Disziplinen" als Strukturbildungen des Sozialen (White 1992, S. 22 ff.). Als Disziplinen fasst White sehr unterschiedliche soziale Konstellationen, die Identitäten fester und geordneter aneinander binden als Netzwerke. Sie kristallisieren um bestimmte Aufgaben herum und leisten eine je eigene Bewertung von Identitäten. Dazu gehören etwa Märkte, aber auch Parlamente, Verwandtschaftsstrukturen, Professionen und Kulte. White unterscheidet drei Typen von Disziplinen, die aber auch mit dieser Auffächerung noch schwer zugänglich bleiben und in der Forschung kaum aufgenommen wurden.

An dieser Stelle können wir erst einmal festhalten, dass White 1992 eine Großtheorie des Sozialen vorlegt. Diese speist sich weniger aus früheren Theorien – Weber, Parsons oder Simmel werden kaum rezipiert oder als Quellen angeführt. Wie bereits in der Einleitung ausgeführt, liegt die primäre Fundierung von *Identity and Control* in zahlreichen Fallstudien, die White zur Illustration von Konzepten und Zusammenhängen heranzieht.

In gewisser Weise ist das ein Jahr später erschienene Buch *Careers & Creativity* (1993a) als Fortsetzung bzw. Illustration von *Identity and Control* zu lesen. White

---

[6] White widmete *Identity and Control* seiner zweiten langjährigen Lebensgefährtin, der Psychologin Lynn A. Cooper. Mit ihr war er 1988 zusammen an die Columbia University gekommen. White und Cooper heirateten im Januar 2011.

wendet hier seine Theorie auf den gesellschaftlichen Bereich der Kunst an und macht damit die dort formulierten Konzepte und Zusammenhänge sehr viel anschaulicher als im recht abstrakten *Identity and Control*. Da *Careers & Creativity* keine theoretischen Neuerungen liefert, diskutieren wir es unten in Zusammenhang mit Whites Hauptwerk.

2.4 Zur Denkschule der relationalen Soziologie

Diese theoretischen Umstellungen führten zu einer Abtrennung von der rein strukturalistischen Perspektive, wie sie formale Netzwerkanalytiker wie Ronald Burt, James Coleman, Edward Laumann und Martin Everett, aber auch Whites frühe Schüler wie Barry Wellman vertraten. Stattdessen entwickelte sich um den Grundgedanken, Netzwerke und Kultur in Zusammenhang zu betrachten, eine neue Denkschule: die *relationale Soziologie*, manchmal auch „New York School of relational sociology" genannt (Mische 2011).

Für diese neue Denkrichtung wurde die Columbia University zu einem der Forschungs- und Ausbildungszentren, so wie Harvard dies für den Strukturalismus bis in die 1980er Jahre hinein gewesen war. Allerdings stand die Columbia University hier zunächst nicht allein: Ein weiteres und räumlich sehr nahe liegendes Zentrum war die New School of Social Research. An der New School lehrte Whites Freund und alter Harvard-Kollege aus den 1960ern, Charles Tilly. Tilly blieb zunächst einer eher strukturalistischen Sichtweise verhaftet. Ein wichtiger Impuls kam jedoch von Mustafa Emirbayer, der 1991 als junger Assistant Professor an die New School kam.

Alle drei – White, Tilly und Emirbayer – setzten die umfassenden Diskussionen zum Verhältnis zwischen Netzwerken und Kultur in den 1990ern Jahren in New York in Gang: White organisierte am Lazarsfeld Center eine Reihe von Mini-Konferenzen. Mische nennt als Teilnehmer von außen unter anderem Andrew Abbott, Ronald Breiger, Kathleen Carley, Aaron Cicourel, Randall Collins, Paul DiMaggio, Robert Faulkner, Michael Hechter, Eiko Ikegami, John Padgett, Philippa Pattison, Ann Swidler, Chris Winship und Viviana Zelizer, zudem Emirbayer und Tilly. Diese Aufzählung weist deutlich auf breite Diskussionen zwischen den Eckpunkten Strukturalismus (Breiger, Padgett, Pattison), interpretativer Tradition (Abbott, Cicourel, Swidler) und Theoriebildung (Collins, DiMaggio, Winship) hin. Die Diskussionen wurden zudem in Whites regelmäßigem Doktoranden-Seminar zu *Identity and Control* fortgeführt.

An der New School, später an der Columbia University, organisierte Charles Tilly einen regelmäßigen Workshop zu *Contentious Politics*. Dessen Schwerpunkt lag auf der Bewegungsforschung. Aber auch hier rückte das Verhältnis zwischen Netzwerken und Kultur (etwa in der Konstruktion von kollektiven Identitäten) immer wieder in den Vordergrund. Emirbayer schließlich versammelte interessierte Doktoranden in einer Studiengruppe zu „Theory and Culture". Diese diskutierte die Thematik intensiv vor dem Hintergrund der Lektüre von theoretischen Texten (von Bourdieu bis zu Abbott). Aus diesem Kontext heraus entstanden die drei wichtigen Aufsätze von Emirbayer (mit Jeff Goodwin und mit Ann Mische), die erheblich zur Popularisierung und zur theoretischen Einordnung und Reflexion des Ansatzes beitrugen. Dabei übernahm Emirbayer nicht einfach die Theorie Whites, sondern entwickelte eine eigene Position, die sich stark aus der interpretativen Tradition speist und neben Kultur die „Agency" von Individuen betont (siehe Exkurs 10).

Insgesamt entstand in diesen Diskussionen ein neuer Denkstil. Dieser zeigte sich nicht nur in veröffentlichten Arbeiten, sondern auch in einer neuen Generation von Doktoranden. Zu den in der Zeit an der Columbia University und der New School in „relationaler Soziologie" geschulten Wissenschaftlern gehören unter anderem: Karen Barkey, David Gibson, Henning Hillmann, Ann Mische, Mimi Sheller und Margaret Somers. Später kamen Delia Baldassari, Hannah Brückner, Emily Erikson, Frédéric Godart, Sophie Mützel und Tammy Smith hinzu (wobei diese teilweise stärker durch Peter Bearman geprägt waren, der 1999 ebenfalls an die Columbia University wechselte). Aber die relationale Soziologie war nicht auf New York beschränkt. An Anhängern an anderen Orten sind etwa zu nennen: Whites frühere Studenten Ronald Breiger, Paul DiMaggio und Peter Bearman, in gewisser Weise auch John Padgett, Stephan Fuchs und John Levi Martin, sowie deren ehemalige Doktoranden Roger Gould (Bearman), Christopher Ansell, Daniel McFarland und Paul McLean (Padgett), Omar Lizardo (Breiger), John Mohr (DiMaggio) und King-To Yeung (Martin).

Wie bei allen Denkschulen werden die Grundgedanken der relationalen Soziologie im eng vernetzten Kern entwickelt und dort auch die Identität der Schule definiert (Fuchs 2001, S. 281 ff.; Fuhse 2008, S. 34 f., 39 ff.). Dieser Kern war in den 1990er und 2000er Jahren eindeutig in (und um) New York angesiedelt.[7] Darum gruppiert sich eine Peripherie von Anhängern und Beeinflussten, die weniger dicht mit dem Kern vernetzt sind und andere Ansätzen mit der relationalen Soziologie verbinden.

Insgesamt ergab sich in New York um White und die Columbia University herum seit 1990 ein dichtes Netzwerk von Sozialwissenschaftlern. Dort wurde der neue Ansatz einer Verknüpfung von Netzwerken und Kultur ausgiebig diskutiert.

---

[7] Zu nennen ist neben der Columbia und der New School noch die Rutgers University in New Jersey als wichtiges Zentrum (Breiger, Martin, Mische, McLean). Auch zur Yale University in New Haven gab es wichtige Verbindungen (Gould, Eiko Ikegami).

Mische fasst die Netzwerkkonstellation in New York und die sich daraus ergeben-
den Theorieentwicklungen folgendermaßen zusammen:

> [...] the New York area in the 1990s and 2000s was a rich hub of conversation that
> contributed to a reformulation of the link between networks, culture and social inter-
> action. [...] What emerged was a perspective that straddled positivist and intepretivist
> positions, stressing the mutual constitution of networks and discourse, the commu-
> nicative nature of social ties, and the interplay between multiple relations in social
> action. (2011, S. 84)

In den Kap. 5, 6 und 7 stellen wir eine Reihe von Autoren der relationalen Soziologie (Padgett, Tilly, DiMaggio, Mohr, Emirbayer, Mische und Gibson) mit ihren
systematischen Beiträgen in Exkursen vor.

Abgesehen von den Seminaren und Mini-Konferenzen stärkte White auch in
der Personalpolitik an der Columbia University die relationale Soziologie. Unter
seiner Ägide wurde 1996 Charles Tilly an die Columbia University geholt. Zudem wurden seine Doktoranden aus Harvard, David Stark (1997) und Peter Bearman (1998) als Professoren rekrutiert. Bearman übernahm ab 1999 von White
die Leitung des Lazarsfeld Center und leitete bis 2008 auch die Nachfolgeinstitu-
tion, das *Institute for Social and Economic Research and Policy*. Insbesondere seit
2000 entstandene Arbeiten an der Columbia University sind stark durch Bearmans
empirieorientierten Ansatz geprägt. Außerdem arbeitete der „Netzwerkphysiker"
Duncan Watts 1997–1998 als Post-doctoral Fellow, ab 2000 als Professor an der
Columbia University. Dessen auf formale Modellierung ausgerichtete Arbeiten
blieben aber der relationalen Soziologie immer fern. Watts übernahm 2007 eine
Stelle als leitender Wissenschaftler bei Yahoo und wechselte 2012 zu Microsoft.

**Exkurs 5: Peter Bearman und die empirische Modellierung sozialer
Strukturen**

Peter Bearman studierte und promovierte bei Harrison White an der Har-
vard University in den 1980er Jahren. In seiner Promotion untersuchte er
Netzwerke der lokalen Elite in Norfolk (England) in der frühen Neuzeit
(Bearman 1993). Dabei rekonstruierte er mittels Blockmodellanalysen eine
Neuausrichtung der Netzwerke nach religiöser Denomination (anglikanisch/
katholisch). Weitere frühe Arbeiten drehen sich um Desertierungen im ame-
rikanischen Bürgerkrieg und um die Rolle von Netzwerkstrukturen in der
Mobilisierung sozialer Bewegungen. In einem wichtigen Aufsatz rekonst-
ruiert Bearman (wiederum mit Blockmodellanalysen) einen polynesischen
Tauschring (1997). Dabei zeigt er, dass Austauschbeziehungen einem

größeren Strukturmuster folgen können, ohne dass dies den Beteiligten bewusst sein muss.

Eine wichtige methodische Innovation legt Bearman um 2000 vor: Gemeinsam mit Doktoranden entwickelt er Netzwerk-Repräsentationen von historischen und biographischen Narrativen (Bearman et al. 1999; Bearman und Stovel 2000). Dabei werden Ereignisse in Kausalbeziehungen miteinander verknüpft. Einzelne Ereignisse können ihre Ursachen in mehreren vorangegangenen Ereignissen haben und auch zu mehreren Folge-Ereignissen führen. Insofern haben Narrative oft eine Netzwerk-Struktur. Diese unterscheidet sich systematisch danach, ob Narrative einem strengen chronologischen Muster folgen oder ob sie hin und her springen und entsprechend komplexe Ereignisbeziehungen konstruieren. Diese Überlegungen zur Netzwerk-Modellierung von Erzählungen (Stories) wurden von einigen relationalen Soziologen aufgenommen (Smith 2007; Gibson 2012, S. 75).

Insgesamt fokussiert Bearmans Arbeit auf die formale Netzwerk-Modellierung von sehr unterschiedlichen empirischen Daten. So begann er in seiner Zeit als Assistant, Associate und Full Professor an der University of North Carolina (1986–1997) große Forschungsprojekte im Bereich der Gesundheitssoziologie (mit umfangreichen Drittmitteln) durchzuführen. Diese behandelten etwa sexuelles Verhalten und HIV-Ansteckungen, später auch Autismus. Dabei konnte Bearman jeweils eine starke Rolle sozialer Netzwerk-Strukturen nachweisen.

1998 wechselte Bearman an die Columbia University, wo er unter anderem das Soziologie-Department und das *Institute of Social and Economic Research and Policy* leitete. Dieser Wechsel war für die relationale Soziologie von großer Bedeutung, weil nun eine Generation von Studierenden nicht nur durch die historische Soziologie von Charles Tilly und die Netzwerktheorie von White geprägt wurde, sondern auch durch die kreativen Daten-Analysen von Bearman. Er prägte unter anderem Katherine Stovel, James Moody, Hannah Brückner, Roger Gould, Henning Hillmann, Sophie Mützel, Tammy Smith, Paolo Parigi, Delia Baldassari und Emily Erikson (oft gemeinsam mit Tilly, White und David Stark). Mit seinen Doktoranden und Projektmitarbeitern veröffentlichte er zahlreiche wichtige, empirisch orientierte Artikel (allein 13 Aufsätze in *American Journal of Sociology*, *American Sociological Review* und *Social Forces* von 1996 bis 2012).

In den letzten Jahren wurde Bearman gemeinsam mit Peter Hedström einer der Köpfe des „International Network of Analytical Sociology"[8]. In Anlehnung an Robert Merton will die relativ neue Strömung der analytischen Soziologie komplexe soziale Phänomene auf kleinteilige, empirisch gut nachgewiesene Mechanismen zurückführen (Hedström und Bearman 2009). Anders als Hedström sieht Bearman eine theoretische Modellierung dieser Mechanismen über die Handlungen von Individuen aber weder als notwendig, noch als sinnvoll an. Vielmehr hält Bearman theoretische Diskussionen allgemein für wenig fruchtbar und teilt mit White neben dem Fokus auf Netzwerken und einigen Konzepten (wie dem Story-Begriff) vor allem das Interesse an komplexen formalen Modellierungen der sozialen Welt.

Bei White selbst münden die intensiven Diskussionen der 1990er Jahre in einer Reihe von Aufsätzen, die sich als Erweiterungen, Erläuterungen und Präzisierungen der ersten Auflage von *Identity and Control* lesen lassen (1993b; 1995a, b; 1997; 2000; 2002; Mische und White 1998; etc.). Dabei kristallisieren sich drei Hauptthemen heraus: Erstens entwickelt White unter Rückgriff auf Goffman ein Konzept von Netzwerkpublika – also des Arrangements von Sozialbeziehungen unter Beobachtung von Dritten (Mische und White 1998). Zweitens nehmen die Sprache und damit die Soziolinguistik einen immer größeren Raum in Whites Denken ein. Die diesbezüglichen Überlegungen erscheinen jedoch auch in den jüngsten Arbeiten immer noch ungeordnet. White selbst wollte Ende der 2000er Jahre noch eine größere Publikation zu dem Thema vorlegen. Dieses ist inzwischen nicht mehr zu erwarten. Drittens beschäftigt sich White seit *Identity and Control* verstärkt mit den sozialen Mikro-Ereignissen, die die Entwicklung, Stabilisierung und Veränderung von Netzwerken (als soziokulturellen Strukturen) tragen. Insbesondere betont er die Rolle von „Switchings" – dem inhaltlichen und/oder strukturellen Wechsel zwischen Netzwerkkontexten – für die Dynamik von sozialen Strukturen. Mit diesem Thema der Temporalisierung und Dynamisierung von Netzwerkprozessen beschäftigen wir uns ausgiebig in Kap. 7.

2002 publizierte White sein Buch über Märkte als soziokulturelle Konstruktionen, das eine deutliche Nähe zu seinem netzwerktheoretischen Rahmen aufweist. Allerdings bestehen auch deutliche Unterschiede, weil es in Märkten oft nicht auf

---

[8] Das Netzwerk veranstaltet seit 2008 prominent besetzte Konferenzen und hat eine eigene Webseite: *analyticalsociology.com*.

direkte Interaktion zwischen den Beteiligten, sondern auf die wechselseitige Beobachtung etwa von Produzenten untereinander ankommt.

Das dominierende Thema von Whites Arbeit seit 1992 ist jedoch die Erweiterung und Verfeinerung seiner Netzwerktheorie. Wesentliche Anstöße für diese Entwicklungen kamen – insbesondere in den 2000er Jahren – von seinen Doktoranden an der Columbia University. Aus diesem Kontext heraus entstand dann auch 2008 die zweite Auflage von *Identity and Control*. White – nun über 70 Jahre alt – schrieb die einzelnen Kapitel aus intensiven Diskussionen in Doktorandenseminaren heraus. Für die einzelnen Kapitel sind im Inhaltsverzeichnis jeweils zwei oder drei Ko-Autoren angeführt (meist Doktoranden von White, Bearman und Tilly). Deren Rolle bei der Erstellung ist recht unterschiedlich einzuschätzen, sodass auch die Kapitel einen je eigenen Stil haben.

Harrison White hatte Gastprofessuren an der University of Edinburgh, der University of California in Irvine, in Toulouse und 2005 die Niklas Luhmann-Gastprofessur an der Universität Bielefeld inne. Er erhielt den Ehrendoktortitel der University of Chicago und der Université de Toulouse II – le Mirail und ist seit 1975 Mitglied der *National Academy of Sciences* und der *American Academy of Arts and Sciences*. Neben zahlreichen anderen Preisen wurde er 2011 von der *American Sociological Association* mit dem W.E.B. DuBois Career of Distinguished Scholarship Award geehrt. Dieser Preis wird jährlich an Soziologen verliehen, die mit ihrer Arbeit über ihre Karriere hinweg einen wichtigen Beitrag zur Entwicklung der Soziologie geleistet haben. In der Begründung für die Verleihung heißt es:

> Harrison Colyar White is perhaps the most influential sociologist of the last half-century. Daring, original, and provocative, White has made transformative contributions to the study of organizations, stratification, culture, and economic sociology. His contributions, however, transcend specific sub-fields, embodying a powerful new vision of the fundamental nature and dynamics of social structures. (American Sociological Association 2011)

White wurde im Sommer 2011, im Alter von 81 Jahren, emeritiert. Er lebt seitdem vorwiegend in Tucson/Arizona und hat sich aus der Wissenschaft vollständig zurückgezogen.

Catnets, strukturelle Äquivalenz und Blockmodelle

Schon die frühen Arbeiten Whites aus den 1960er und 1970er Jahren waren enorm einflussreich und wichtig für die Entwicklung der Netzwerkforschung. In dieser Zeit prägte er an der Harvard University viele bekannte Vertreter des Ansatzes. Zudem entwickelte er zu dieser Zeit eine strukturalistische Weltsicht, die in der Folge Teilen der Netzwerkforschung in den USA zugrunde lag. Das Ziel war eine mathematische Modellierung sozialer Strukturen. Diese verstand White in erster Linie als Muster von Relationen, die empirisch untersucht werden können. Begriffe wie „Position", „Rolle" oder „Kategorie" mussten mit Blick auf die Modellierung empirisch beobachtbarer Strukturen von Relationen gebildet werden.

Damit entwirft White ein von Grund auf neues Programm für die Soziologie. Soziale Strukturen wurden weder in Korrelationen von Attributen (wie Geschlecht, Bildung und Einkommen) gesehen wie in der empirischen Sozialforschung. Noch lassen sie sich aus postulierter gesellschaftlicher Differenzierung ableiten wie im (bis in die 1960er Jahre hinein dominanten) Strukturfunktionalismus von Talcott Parsons. Vielmehr sieht White in Relationen und Netzwerken die zentrale Ebene des Sozialen – und die Soziologie sollte diese mit anspruchsvollen algebraischen Modellen untersuchen und mit adäquaten Begriffen fassen.

Für die Netzwerkforschung stellten die Arbeiten von und um White einen „Durchbruch" dar, wie John Scott formuliert (2000, S. 33 ff.). Drei Ideen aus dieser Phase markieren die Gründungspositionen des relationalen Forschungsprogramms. Erstens hat White in der Lehre das Konzept der „Catnets" entwickelt, wobei die wesentlichen Grundgedanken erst kürzlich publiziert wurden ([1965] 2008). White postuliert hier, dass soziale Kategorien und Netzwerke in engem Zusammenhang miteinander stehen. Zweitens entwickeln White und seine Studenten an der Harvard University das Konzept der strukturellen Äquivalenz und das Verfahren der Blockmodellanalyse. Strukturell äquivalente Akteure in einem Netzwerk nehmen darin ähnliche Positionen ein. Diese können drittens mittels der Blockmodellana-

© Springer Fachmedien Wiesbaden 2015
M. Schmitt, J. Fuhse, *Zur Aktualität von Harrison White,* Aktuelle und klassische
Sozial- und Kulturwissenschaftler|innen, DOI 10.1007/978-3-531-18673-3_3

lyse rekonstruiert werden. Auf diese Weise lassen sich in Netzwerken die Grund-
strukturen der relevanten Positionen identifizieren.

3.1 Catnets

Der Gründungsansatz von Whites Soziologieprogramm lässt sich auf das Jahr
1965 datieren, in dem White einen Undergraduate-Kurs an der Harvard University
hielt. Ein Teaching Assistant von White hielt die Grundgedanken des Kurses in einem Dokument mit dem Titel „Notes on the Constituents of Social Structure" fest,
welches erst vor kurzem veröffentlicht ([1965] 2008) wurde. Die Idee entspringt
also nicht einem Aufsatz oder gar einer Monographie, sondern sie wird in einer
Lehrveranstaltung entwickelt und erprobt. Michael Schwartz erinnert sich:

> It was the (only) venue in which Harrison was presenting his alternative to the ‚attri-
> butes' and ‚attitudes' perspective. But he chose to do it in a very unorthodox way.
> Instead of simply offering a graduate seminar in which he developed his perspective
> [...] Harrison delivered his ideas in an introductory undergraduate course. And then,
> he created a crazy structure for the course. He used monographs (hardly any of them
> actually by sociologists) that provided the analytical material for his viewpoint, but
> not the viewpoint itself. The perspective was presented in the lectures, not the rea-
> ding. (Schwartz 2008, S. 1 f.)

Der unkonventionelle Ansatz stieß bei einer ganzen Reihe erfahrener Studenten
auf Zustimmung. Die „Notes" präsentieren nun prägnant und kurz gehalten die
wichtigsten Überlegungen Whites. Dabei geht es um ein allgemeines, aber noch
recht einfach gehaltenes Modell sozialer Strukturen (das in den 1970er Jahren
weiter elaboriert wird). Einerseits setzt sich White negativ von der statistischen
Untersuchung von „attributes and attitudes" in der empirischen Sozialforschung
ab. Andererseits schlägt White auch eine Brücke zu dieser, indem er soziale Kategorien in eine Theorie der Netzwerke integriert – die Wirkung von Attributen wie
ethnischer Herkunft oder Geschlecht wird also strukturalistisch rekonstruiert (und
nicht in Variablenzusammenhänge aufgelöst).

Die Grundbausteine sozialer Strukturen sind bei White 1965: „Netze", „Kategorien" und ein „kultureller Rahmen", der soziale Strukturen für die Teilnehmer
überschaubar macht. Diese Bausteine sollen dazu dienen, unterschiedliche sozialen Dynamiken in den betrachteten Fallstudien zu bearbeiten. Dabei wird schnell
deutlich, dass hier eine eigenständige Forschungsagenda präsentiert wird.

Netzwerke führt White schlicht graphentheoretisch als Mengen von Punkten
und geraden Linien zwischen einigen Paaren von Punkten ein. Die Punkte stehen

für Personen oder andere soziale Akteure und die sie verbindenden Linien für eine bestimmte Art sozialer Beziehungen. Jedes Paar von Punkten hat entweder eine Beziehung oder keine, und die Beziehungen sind alle vom gleichen Typ. Soweit besteht noch kein Unterschied zur klassischen Textbuchdefinition eines sozialen Netzwerks. Interessant wird der Abschnitt durch eine Reihe weiterer Annahmen.

So nimmt White etwa an, dass die *indirekten Beziehungen* im Netzwerk den Akteuren bekannt und bedeutsam sind. Sie konstituieren aber nicht wiederum einen eigenständigen Typ sozialer Beziehungen. Auch merkt White hier schon einige Probleme der Netzwerkanalyse an. So sind Typen sozialer Beziehungen (wie z. B. Freundschaft oder Wertschätzung) nur in einer geteilten Kultur vergleichbar (White [1965] 2008, S. 2). In verschiedenen Kulturen werden unter Umständen ganz unterschiedliche Beziehungen mit diesen Beschreibungsformeln belegt. Damit wird die Frage der Netzwerkpopulation entscheidend: Ein Netz kann prinzipiell unendlich weit ausgedehnt werden – wodurch dann aber die Beziehungskategorien möglicherweise nicht mehr überall gleichermaßen gelten. Das Konzept der Population ist aber grundlegend kategorial – Netzwerke sind also nicht gänzlich ohne Kategorien zu haben. Die verschiedenen beobachteten Beziehungsmuster (von unterschiedlichen Typen von Sozialbeziehungen) in einer Population nennt White „Net Systems" ([1965] 2008, S. 2).

Eine *Kategorie* steht bei White für eine Menge von Personen, die sich in einer spezifischen Hinsicht ähneln. Es gibt daher keine Einzelkategorie, da man immer noch eine Restkategorie bräuchte für Personen, die nicht in die beobachtete Kategorie fallen. Kategorien sind immer in Systemen mehrerer Kategorien organisiert. Auch solche Kategoriensysteme können in Netzwerkgraphen repräsentiert werden. Dafür müssen die Kategorien in das Netzwerk aufgenommen werden – entweder als zusätzlicher Punkt, mit dem die Personen die der Kategorie angehören, verbunden sind; oder als eine Form der Relation, die alle Angehörigen verbindet. Diese beiden Arten von Repräsentation sind unterschiedlich angemessen – je nachdem, ob es in der Gruppe ein klares Bewusstsein für die geteilte Kategorie gibt oder ob die Kategorie nur vom Forscher projiziert wird. Auch auf der Basis von Kategorien lassen sich Systeme bilden, indem eine Gesamtpopulation nach den Zugehörigkeiten zu Kategorien geordnet wird. Die Kategorien stehen dabei in Relation zueinander und werden dadurch definiert.

Damit kommt White zur zentralen Idee der „*catnets*". Wie der Name sagt, sind Kategorien („cat" von category) und Netzwerke („net" von network) in Catnets miteinander verknüpft: Eine Partition von Akteuren in einem Netzwerk ist untereinander dicht verbunden – etwa mit Freundschaftsbeziehungen. Und die Kategorie trennt diesen Netzwerk-Cluster symbolisch von anderen Partitionen im Netzwerk. Auf diese Weise bilden etwa Mädchen und Jungen in Schulklassen Catnets. Unter den Mädchen und unter den Jungs bestehen relativ viele Freundschaften – zwischen Mädchen und Jungs jedoch kaum welche.

▶ Ein **Catnet** ist ein intern stark verdichtetes Netzwerk zwischen den Mitgliedern einer sozialen Kategorie mit relativ wenigen Beziehungen nach außen.

Die „Notes" legen nahe, dass soziale Strukturen für White in den 1960ern wesentlich aus solchen intern stark vernetzten und durch Kategorien voneinander unterschiedenen Catnets bestehen. So einleuchtend und überzeugend diese Idee auch ist – schon in den 1970er Jahren wird White mit dem Konzept der strukturellen Äquivalenz ein komplexeres Bild sozialer Strukturen entwerfen.

Catnets können sich White zufolge auf zwei Weisen bilden: entweder strukturell aus dem Netzwerk heraus oder kulturell aus vorfindlichen Kategorien:

a. Ein Netzwerksystem entwickelt sich zu einem Catnet einfach aus starker Vernetzung heraus. Der einfachste Fall sind Cliquen in einem Freundschaftsnetzwerk. Bestimmte Bereiche des Netzwerks sind dichter vernetzt als andere. Sobald diese Dichte einen bestimmten Grad überschreitet, können sich die Akteure in diesen dichteren Bereichen als gleich in der Zugehörigkeit zu einer Clique wahrnehmen – eine neue Kategorie ist aus dem Netzwerk heraus entstanden. Diese neue Kategorie verstärkt dann aber die Verdichtungen im Netzwerk. Im Ergebnis scheint das Netzwerk nun aus Beziehungen zwischen den Cliquen zu bestehen.

b. Umgekehrt können aber auch allgemein anerkannte soziale Kategorien zum Ausgangspunkt für die Verdichtung in Netzwerken werden. Etwa die Kategorie des Geschlechts der Jungen und Mädchen in der Schulklasse wird ja kulturell vorgegeben und entsteht nicht erst im Netzwerk. Auch die Zugehörigkeit zu Berufsgruppen ist ein Kategoriensystem, das zu Netzwerkbildungen führt. Dabei verfestigen sich die Beziehungen zwischen den Kategorien häufig über die Zeit. So bildet sich ein Netzwerk zwischen den Kategorien. Wenn man sich (etwa beim Berufswechsel) aus einer Kategorie entfernt und in eine andere eintritt, ändert sich die individuelle Einbettung in das Netzwerk.[1]

---

[1] Die von Nicholas Mullins beschriebenen Theoriegruppen (Exkurs 3) stellen ebenfalls Catnets mit starker interner Vernetzung und gemeinsamer sozialer Kategorie („Strukturalisten", „Systemtheoretiker", „relationale Soziologen"). Diese Catnets entstehen wohl aus dem internen Austausch, der durch die gemeinsame Forschungsorientierung gefördert wird. Die Kategorie kommt dann teilweise erst sehr spät hinzu, um die sich ergebende soziale Konstellation zu beschreiben (und dann auch zu verfestigen).

Damit ist zunächst implizit, später auch explizit ein bestimmter *Kultur*begriff angelegt. Im ersten skizzierten Fall entsteht ja die Kategorie aus der Netzwerkkonstellation heraus, um diese zu beschreiben und Orientierung innerhalb dieser zu geben. So formuliert denn auch White allgemeiner: Kultur entwickelt sich teilweise, um soziale Strukturen zu visualisieren, mit ihnen umzugehen und sie zu verändern (2008 [1965], S. 11). Wenn Netzwerke bestimmter Relationen sehr lange bestehen, dann werden sie eine eigenständige Kultur ausbilden. Diese definiert vor allem die indirekten Beziehungen im Netz und ermöglicht es, viele Mitglieder des Netzes in Kategorien zusammenzufassen.

White spricht hier von „*Rahmen*" („*frame*", White [1965] 2008, S. 12; ohne direkten Bezug zur Begriffsfassung von Gregory Bateson und auch unabhängig von der späteren Verwendung bei Goffman). Dieser besteht aus einem System von Kategorien, die die direkten und indirekten Beziehungen von Akteuren in einem Netzwerk definieren. So können die indirekten Verbindungen mit einem regulären Schema in kleineren Gruppen von Typen von Verbindungen zusammengefasst werden. Diese Typen sind alle wohl definiert, so dass leicht zu entscheiden ist, wann sie vorliegen und welche Erwartungen mit ihnen verbunden sind. Sie können als im Netzwerk institutionalisiert betrachtet werden.

Der Rahmen liefert somit eine Theorie über die Struktur des Netzwerks. Die Komplexität und Irregularität der tatsächlichen sozialen Strukturen ist durch solche „Folk"-Theorien nicht vollständig kohärent abzubilden. Dieser Rahmen entspricht also einer Erzählung über das Netzwerk und das Kategoriensystem, welche selbst zirkuliert. Die Kategorien sind im Netzwerk mit Namen ausgestattet und mit bestimmten Erwartungen verknüpft. In einem Freundschaftsnetzwerk etwa zirkuliert eine Theorie darüber, warum Jungen nicht mit Mädchen spielen sollten, weil diese etwa keine körperlichen Auseinandersetzungen führen. Mit diesem Rahmen werden dann die Netzwerke und Kategorien überformt, unabhängig davon ob nicht doch manche Jungen und Mädchen zusammenspielen. Hier wird die Unterscheidung von Beziehung und Erzählung des späten White (White 1992) zumindest im Ansatz vorweggenommen.

Soweit die Argumentation und die Darstellung der wesentlichen Konzepte in den „Notes" (White [1965] 2008). Weder das Konzept des Netzwerks noch das sozialer Kategorien sind zur damaligen Zeit neu. Innovativ war die Verbindung der beiden Ideen. Diese schlägt eine Verbindung zwischen einer kulturalistischen Zugangsweise und der strukturalistischen Perspektive. Kategorien und Netzwerke bestehen nicht unabhängig voneinander: Kategorien werden aus der Netzwerkstruktur heraus gebildet, und Netzwerke ergeben sich aus vorliegenden Kategoriensystemen (bzw. werden durch diese wahrscheinlich gemacht). White leitet also beide Formen voneinander ab und bringt sie in einer neuen Form zusammen. Damit will er sowohl die Entstehung sozialer Strukturen erklären, als auch eine komplexere Form sozialer Strukturen abbilden.

Immer werden dabei die nicht definierten Strukturen – vor allem die indirekten Relationen – in Typen von Relationen zusammengefasst und dadurch das Gesamtnetzwerks überschaubar gemacht. Besonders deutlich wird dies in Whites Rahmenkonzept, das als „folk theory" des Netzwerks über sich selbst fungiert. Idealtypisch zeichnet es das komplexe sich ergebende Catnet einer gegebenen Population nach und institutionalisiert die evolutionär entstandenen Strukturen. Gleichzeitig bietet der Rahmen eine Orientierung für die Akteure im Netzwerk.

Die Notizen erscheinen grundsätzlich skeptisch gegenüber einer kategorienfreien und damit kulturfreien Form der soziologischen Analyse (Santoro 2008, S. 10). Dennoch müssen hier die kulturellen Repräsentationen nicht den tatsächlich beobachtbaren Strukturen entsprechen – sie können diese immer stark vereinfachen. Dabei lassen sich kulturelle Formen (insbesondere Kategorien) aus sozialen (Netzwerk-)Strukturen ableiten. Auf diese Weise kann der Netzwerkforscher feststellen, wann die Struktur sozialer Beziehungen von den vorherrschenden Selbstbeschreibungen abweicht. Die Verbindung aus Netzwerkstruktur und kultureller Beschreibung entwickelt White insbesondere ab 1990 systematisch mit seinem theoretischen Hauptwerk *Identity & Control* weiter.

Zunächst machte jedoch Whites Kollege an der Harvard University, Charles Tilly, den Begriff des Catnets für seine Modellierung sozialer Mobilisierungen fruchtbar (Tilly 1978, S. 62 ff.). Ihm zufolge eignen sich Catnets besonders für die Mobilisierung kollektiver Interessen, etwa in sozialen Bewegungen. Die enge Verdichtung auf der Netzwerkebene und die gemeinsame Zugehörigkeit zu einer Kategorie (die sich auch als solche begreift) erhöhen die Wahrscheinlichkeit, dass sich Gruppen von Akteuren organisieren können, um gemeinsame Ziele zu erreichen. Tilly trennt dabei die beiden Variablen der internen Vernetzung („netness") und der Kategorienzugehörigkeit („catness") voneinander, die White in seinem Konzept miteinander verknüpft. Ein dichtes Freundschaftsnetzwerk ohne Identifikation mit einer gemeinsamen Kategorie wäre entsprechend ebenso wenig in der Lage zu kollektivem Handeln wie eine Kategorie von Akteuren ohne Vernetzung.

Tilly verändert damit das Konzept Whites deutlich und macht es fruchtbar für die Bewegungsforschung. Außen vor bleibt hier allerdings das Zusammenspiel von Kategorien und Netzwerken. Diesen Grundgedanken aus Whites Catnet-Konzept nimmt Tilly erst später in *Durable Inequality* (1998) auf und macht ihn dort für die Ungleichheitsforschung fruchtbar (siehe Exkurs 11).

3.2 Strukturelle Äquivalenz

White führt seine Überlegungen aus den „Notes on the Constituents of Social Structure" in seinen Arbeiten aus den 1970er Jahren fort. Der Catnet-Begriff mündet dort zunächst im Konzept der „strukturellen Äquivalenz", das später im Verfahren der Blockmodellanalyse untersucht wird.

Dabei nimmt White eine entscheidende Umstellung vor: Strukturelle Äquivalenz ist nicht gleichzusetzen mit starker interner Vernetzung und einer Ausdünnung des Netzwerks nach außen. Vielmehr zeichnen sich strukturell äquivalente Akteure durch die Ähnlichkeit ihres Beziehungsprofils aus.

Kategorien trennen nun nicht mehr unbedingt dicht vernetzte Subgruppen voneinander ab. Sie markieren vielmehr eine *Rollenstruktur* im Netzwerk. In dieser stehen die Mitglieder einer Rollenkategorie in bestimmten Beziehungen zu anderen Rollenkategorien – so wie etwa Sekretärinnen eine direkte Arbeitsbeziehung zu ihren Chefs haben und hierin strukturell äquivalent sind, auch wenn sie nicht miteinander verbunden sind.

Dieses Konzept der strukturellen Äquivalenz ist nicht als direkte Weiterentwicklung der Catnets zu sehen. Vielmehr entspringt es der Beschäftigung mit Verwandtschaftsstrukturen, die White bereits in seinem Buch *An Anatomy of Kinship* (1963) in den Blick genommen hatte (siehe Kap. 2.1). Die Grundidee ist, dass sich Verwandtschaftsstrukturen auf einfache mathematisch-algebraische Regeln zurückführen lassen. Diese Regeln unterscheiden sich allerdings kulturell, wie die Anthropologie (etwa Claude Lévi-Strauss) herausgearbeitet hat. Ende der 1960er Jahre promovierte der kanadische Doktorand François Lorrain mit einer Arbeit zur formalen Modellierung von Verwandtschaftsbeziehungen bei White.[2]

Gemeinsam mit Lorrain legte White 1971 erstmals das Konzept der strukturellen Äquivalenz dar (Lorrain und White 1971). Das Konzept ist zunächst mathematisch-algebraisch und bleibt in seiner ursprünglichen Darlegung sehr technisch. Strukturelle Äquivalenz steht in einem strikten Sinn dafür, dass mehrere Akteure die gleichen Beziehungen zu anderen Akteuren haben. Die Kinder in einer Familie sind insofern strukturell äquivalent, als sie die gleichen Beziehungen zu Vater und Mutter haben. Kinder aus mehreren Familien wären aber nicht strukturell äquivalent, weil sie sich zwar in ihren Beziehungen gleichen, aber eben unterschiedliche Eltern haben.

---

[2] Ein wichtiger Impuls kam von John Boyd, der unabhängig von White ein algebraisches Modell von Verwandtschaft vorgelegt hat (1969). Eine spätere Darlegung der Grundgedanken aus Lorrains Dissertation findet sich in Lorrain (1975).

Abb. 3.1 Beispielnetzwerk
für strukturelle Äquivalenz

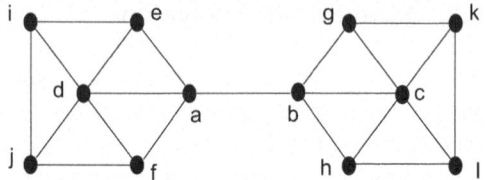

Diese enge Fassung von struktureller Äquivalenz hat sich aber als zu restrik-
tiv erwiesen. Deswegen hat sich ein erweitertes Verständnis durchgesetzt: Akteure
werden dann als strukturell äquivalent gesehen, wenn sie ähnliche Beziehungen zu
anderen strukturell äquivalenten Akteuren haben. In diesem Sinne wären Kinder
strukturell äquivalent oder Sekretärinnen, auch wenn sie nicht die gleichen Eltern
oder Chefs haben, sich aber in ihren Beziehungen zu ihren Eltern bzw. ihren Chefs
ähneln. Dieses erweiterte Verständnis wird teilweise als „reguläre Äquivalenz" bezeichnet (Wasserman und Faust 1994, S. 473 ff.). Es wird aber schon in den 1970er
Jahren (u. a. von John Boyd) als praktikables Konzept von struktureller Äquivalenz gesehen und auch in den empirischen Blockmodellanalysen in Anschlag gebracht (Sailer 1978, S. 77 f.). Im Folgenden sprechen wir in diesem weiteren Sinn
von struktureller Äquivalenz.

▶ Akteure in einem Netzwerk sind untereinander **strukturell äquivalent**, wenn
sie ähnliche Beziehungen zu anderen Kategorien von strukturell äquivalenten Akteuren aufweisen.

Wir illustrieren dieses wichtige Konzept an einem Beispielnetzwerk (Abb. 3.1).
Das Netzwerk ist geprägt durch zwei intern dicht verbundene Netzwerkcluster (Akteure a, d, e, f, i und j, sowie b, c, g, h, k, l). Diese Cluster können als
Catnets interpretiert werden, also als Netzwerke, die durch eine Kategorie (z. B.
Geschlecht, Generation oder ethnische Herkunft) voneinander getrennt sind. Zwischen beiden Clustern besteht nur eine Verbindung zwischen a und b – ein „weak
tie" im Sinne von Granovetter (siehe Exkurs 4).
    Die Akteure in den beiden Netzwerkclustern sind allerdings nicht untereinander
strukturell äquivalent. Stattdessen finden wir in beiden Clustern eine zentrale Figur
(c und d). Diese zeigen jeweils ein identisches Beziehungsprofil zu den anderen
Mitgliedern in den Clustern und sind deswegen zueinander strukturell äquivalent.
Sie nehmen die Position von lokalen Anführern ein. Auch die beiden „Verbin-
dungsleute" oder „Broker" a und b sind strukturell äquivalent. Sie verfügen als
einzige über eine Bezugsperson (den anderen Broker), die nicht mit anderen eigenen Bezugspersonen verknüpft ist.

I, j, k und l sind strukturell äquivalent, weil sie nur mit ihrem lokalen Anführer und mit anderen Mitgliedern ihres jeweiligen Clusters verbunden sind. Das gleiche gilt im Prinzip auch für e, f, g und h. Allerdings haben diese eine Verbindung zu den Brokern a und b. Sie ähneln also i, j, k und l in ihrer Struktureigenschaft als eher periphere Mitglieder ihres Clusters (Anhänger). Allerdings unterscheiden sie sich von ihnen durch den Zugang zu den Verbindungsleuten – sie werden neue Informationen aus dem anderen Cluster eher erlangen als i, j, k und l.

Das Netzwerk lässt sich also in vier Klassen strukturell äquivalenter Akteure aufteilen: (a, b), (c, d) (e, f, g, h) und (i, j, k, l). Für die Unterscheidung dieser strukturell äquivalenten Akteure sind indirekte Beziehungen sehr wichtig: Die Broker a und b unterscheiden sich ja von den anderen Akteuren dadurch, dass eine ihrer Bezugspersonen Verbindungen zu ganz anderen Akteuren (im jeweils anderen Cluster) unterhält. Und e, f, g und h zeichnen sich gegenüber i, j, k und l durch den indirekten Zugang zum anderen Cluster aus.

Dabei wird allerdings in keinem Fall das strikte Verständnis von struktureller Äquivalenz realisiert: Keine zwei Akteure verfügen über die *gleichen* Beziehungen zu den *gleichen* anderen Akteuren, wie die ursprüngliche Formulierung von Lorrain und White verlangt. Vielmehr sind sie strukturell äquivalent darin, dass sie *ähnliche* Beziehungen zu *ähnlichen* (anderen strukturell äquivalenten) Akteuren aufweisen.

3.3 Blockmodellanalysen

Empirisch beobachtbare Netzwerkstrukturen sind selten so übersichtlich und klar geordnet wie das Beispielnetzwerk. Deswegen braucht es geeignete Verfahren und Algorithmen für die Untersuchung von Netzwerken. Zu Beginn der 1970er Jahre entwickelte Harrison White mit einigen Doktoranden das Verfahren der *Blockmodellanalyse*, das in Netzwerken „Blöcke" strukturell äquivalenter Akteure identifiziert (White und Breiger 1975; White et al. 1976). Insbesondere wurde dabei der CONCOR-Algorithmus entwickelt, der den frühen Blockmodellanalysen zugrunde liegt (Breiger et al. 1975). Bei der Blockmodellanalyse und beim CONCOR-Algorithmus wird das Konzept der strukturellen Äquivalenz auf eine bestimmte Weise operationalisiert, was sowohl für das Verfahren als auch für die Interpretation der Ergebnisse wichtige Folgen mit sich bringt:

1. Die Blockmodellanalyse teilt *alle Akteure in einem Netzwerk* in Blöcke von strukturell äquivalenten Akteuren auf. Das heißt: alle Akteure werden genau einer Position im Netzwerk zugeordnet. Dafür beginnen die verschiedenen

Algorithmen der Blockmodellanalyse mit einer Matrix der einzelnen Akteure und aggregieren diese solange in größere Einheiten, bis ein einigermaßen überschaubares Bild mit zwei bis acht Blöcken entsteht.

2. Ein wichtiges Kriterium für die Zusammenfassung der Akteure steht zu Beginn des Verfahrens noch nicht fest. Jeder einzelne Block wird ja durch die Ähnlichkeit seiner Beziehung zu anderen Blöcken zusammengefasst – wobei diese anderen Blöcke selbst erst festgelegt werden müssen. Insofern ist die Blockmodellanalyse ein *induktives Verfahren*. Die Zusammensetzung der Blöcke wird iterativ durch tentative Sortierung der Daten variiert, bis sich die beste Zusammenfassung ergibt. Die genaue Vorgehensweise und die Kriterien für diese „beste Zusammenfassung" variieren je nach Algorithmus und sind inzwischen gegenüber den frühen Studien von White und seinen Studenten deutlich verfeinert worden.

3. Gemeinsam ist den verschiedenen Algorithmen, dass strukturelle Äquivalenz vor allem an der *Abwesenheit von Beziehungen* festgemacht wird. In der Datensortierung wird nach Mustern gesucht, in denen zwischen möglichst vielen Blöcken möglichst keine oder nur wenige Beziehungen bestehen. Diese „*Nullblöcke*" sind das wichtigste Such- und Gütekriterium von Blockmodellanalysen. Reine Nullblöcke ohne jede beobachtete Beziehung sind selten (insbesondere, wenn größere Blöcke aggregiert werden). Deswegen wird es meist noch als Nullblock akzeptiert, wenn zwischen den Akteuren zweier Blöcke sehr wenige Beziehungen zu beobachten sind, zum Beispiel weniger als 10 % der möglichen Beziehungen.

4. Blockmodelle werden meist simultan über *mehrere Beziehungsarten* hinweg gebildet. Innerhalb eines Netzwerks wird zum Beispiel beobachtet, inwiefern sich die Akteure mögen, verfeindet sind oder wen sie als schlechten Einfluss ansehen. Ein Blockmodell hat nun gewissermaßen die Aufgabe, diese verschiedenen Beziehungsarten in einem Modell zu integrieren.

3.3.1 Die Novizen aus Sampsons Kloster

Für in Netzwerkanalysen unkundige Leser bleiben diese Überlegungen sicher etwas abstrakt. Deswegen illustrieren wir das Verfahren der Blockmodellanalyse an einem Beispiel, das White und seine Ko-Autoren selbst heranziehen. Es handelt sich um Daten zu den Beziehungen zwischen 18 Novizen in einem relativ isolierten Kloster im Nordosten der USA. Diese Daten hat Frank Sampson im Rahmen seiner Dissertation erhoben, indem er die Novizen nachträglich zu ihren Beziehungen untereinander befragte (nachdem er selbst ein Jahr lang das Kloster in teil-

Tab. 3.1 Blockmodell Sampson Monastery über zwei Beziehungsarten

Beziehungsart: Like (Mögen)   Beziehungsart: Blame (Beschuldigen)

Like	10	5	9	6	4	11	8	12	1	2	14	15	7	16	13	3	17	18
10	x	1	1		3											2		
5		x	1		3	2												
9	1		x			3	2											
6	1	2		x	3													
4	3		1		x	2												
11	2					x	3		1									
8							x											
12								x	3	2			1					
1								1	x	2						3		
2								2	3	x			1					
14									1	3	x		2					
15									2		3	x	1					
7									1		3		x	2				
16											3	1	2	x				
13	2													1	x			
3					3										2	x	1	1
17											1				1	2	x	3
18										2						3	1	x

Blame	10	5	9	6	4	11	8	12	1	2	14	15	7	16	13	3	17	18
10	x																	
5		x																
9			x															
6				x											3	1	2	1
4					x				3	2	1							
11						x			1								2	3
8							x									1	2	3
12								x		2							1	3
1					2				x							3	1	
2										x						3		
14			3	2							x				1			
15			1									x				3	2	1
7			1	2									x			3		
16				3										x	1	2	2	2
13									1						x		2	3
3					3				2	1						x	1	
17																	x	
18																		x

nehmender Beobachtung untersuchte). Direkt im Anschluss wurden zunächst vier Novizen aus dem Kloster ausgeschlossen. Dann verließen acht weitere Novizen freiwillig das Kloster. White und seinen Ko-Autoren zufolge kann dieses Verhalten teilweise aus der Struktur der Sozialbeziehungen mit Hilfe der Blockmodellanalyse erklärt werden (1976, S. 749 ff.).

Sampson befragte die Novizen danach, wen sie besonders mochten (like), wertschätzten (esteem), durch wen sie beeinflusst (influence) wurden, wen sie bewunderten (praise), mit wem sie eher verfeindet waren (antagonism), wen sie gering schätzten (disesteem), wem sie die Schuld für Probleme zuschrieben (blame) und von wem sie negativ beeinflusst werden (neginfl). Aus diesen Netzwerkdaten über acht verschiedene Beziehungsarten hinweg rekonstruieren White et al. ein Modell mit drei Blöcken: Die „loyale Opposition" (LO) besteht aus sieben Novizen, die früher als die anderen ins Kloster gekommen waren und die neueren Novizen eher ablehnten. Unter diesen Neuankömmlingen war eine Clique von sieben Novizen, die Sampson „Young Turks" (YT) nannte. Zudem ließen sich vier relativ isolierte „Outcasts" (OC) identifizieren.

Die Blockmodelle für die Beziehungsarten „like" und „blame" werden in Tab. 3.1 und 3.2 wiedergegeben. In der Tab. 3.1 sind die Beziehungswahlen der Akteure in den Zeilen für die Akteure in den Spalten angegeben, mit einer 3 für die erste Wahl, einer 2 für die zweite und einer 1 für die dritte. Die 3 in der fünften Zelle der ersten Zeile steht also dafür, dass Novize #10 angibt, #4 am liebsten zu

Tab. 3.2 Reduzierte Blockmodellmatrix Sampson Monastery

Like   Blame

	LO	YT	OC
LO	1	0	0
YT	0	1	0
OC	0	1	1

	LO	YT	OC
LO	0	1	1
YT	1	0	1
OC	0	0	1

LO: Loyale Opposition; YT: Young Turks; OC: Outcasts

mögen. Die Nummerierung der Novizen von 1 bis 18 ist von Sampson übernommen. Die Diagonale ist mit „x" markiert, weil sich die Novizen in der Befragung nicht selbst „mögen" oder „Schuld zuweisen" konnten.

Diese Blockmodellmatrizen sind bereits sortiert nach der von White et al. rekonstruierten strukturellen Äquivalenz. Ganz links bzw. oben finden wir die „loyale Opposition" (Novizen 10, 5, 9, 6, 4, 11 und 8), in der Mitte die „Jungen Türken" (12, 1, 2, 14, 15, 7, 16) und rechts bzw. unten in den beiden Netzwerkmatrizen die „Outcasts". Wie zu sehen ist, mögen sich die Mitglieder der drei Blöcke jeweils vor allem untereinander. Für Probleme beschuldigt werden vor allem die „Outcasts" (von allen drei Blöcken). Außerdem beschuldigen sich Mitglieder des ersten und des zweiten Blocks jeweils gegenseitig.

Aber das Kriterium für die Sortierung der Akteure ist hier nicht die Existenz von Beziehungen, sondern deren Abwesenheit – die sogenannten „Nullblöcke". Richtige Nullblöcke finden sich hier nur zwei: Keiner der Young Turks „mag" ein Mitglied der Loyalen Opposition. Und innerhalb der loyalen Opposition finden keine Schuldzuweisungen statt. White et al. betrachten nun auch Blöcke mit sehr wenigen Beziehungswahlen (weniger als die Hälfte der durchschnittlichen Dichte im Gesamtnetzwerk) als Nullblöcke und gelangen auf diese Weise zur *reduzierten Blockmodellmatrix* in Tab. 3.2. Dabei steht eine 0 für einen Nullblock mit wenigen oder keinen beobachteten Beziehungen von den in den Zeilen eingetragenen Gruppen zu denen in den Spalten. Eine 1 markiert einen Block mit zumindest einer durchschnittlichen Menge an Sozialbeziehungen.

Die Blockmodellanalyse liefert hier also eine Struktur mit drei (mit Blick auf die Sympathie-Beziehung „Like") stark verdichteten Cliquen, die jeweils für sich als „Catnet" angesehen werden können. Darüber hinaus wird aber auch eine Rangordnung im Netzwerk deutlich: Die „Outcasts" sind eher Anhänger der „Jungen Türken". Ihre Freundschaftsbezeugungen werden von jenen allerdings nicht erwidert.

Mit Blick auf die Schuldzuweisungen („Blame") werden die Outcasts von allen drei Gruppen gleichermaßen als verantwortlich für Probleme identifiziert.[3] Zudem weisen sich die loyale Opposition und die Jungen Türken gegenseitig Schuld zu. Diese beiden Blöcke können als verdichtete Machtcliquen angesehen werden, die im Netzwerk miteinander konkurrieren. Die Outcasts bilden eher Anhänger der Jungen Türken – wohl auch, weil sie wie diese später als die loyale Opposition ins Kloster gekommen sind.

White et al. erstellen noch ein detaillierteres Modell mit fünf Blöcken für diese Daten (1976, S. 752 f.). Bei Blockmodellen müssen die Forscher entscheiden, wie feinkörnig die Modelle sein sollen. In der Praxis muss man von Fall zu Fall aufgrund der Daten ein Blockmodell auswählen, mit dem möglichst große Einheiten gebildet werden, ohne dabei zu viel Ungenauigkeit in Kauf zu nehmen. In der 5-Blöcke-Lösung bilden die Novizen 1, 2 und 12 einen Anführer-Block innerhalb der Jungen Türken. Auch die loyale Opposition wird aufgesplittet mit den Novizen 6, 4, 8 und 11 als Anführern und den Novizen 5, 9 und 10 als Anhängern. Diese Lösung liefert ein feingliedrigeres Bild des Netzwerks, wird bei der Betrachtung über alle acht Beziehungsarten (von denen hier ja nur zwei angeführt wurden) jedoch schnell unübersichtlich.

Diese Blockmodelle bilden eine Momentaufnahme zu einem relativ späten Zeitpunkt im Untersuchungszeitraum von Sampson. Die Dynamik der Beziehungen und die Ausbildung der beobachteten Beziehungsstruktur können auf diese Weise nicht nachvollzogen werden. Eine Woche nach dem Zeitpunkt, auf den sich diese Daten beziehen, wurden vier Novizen aus dem Kloster ausgeschlossen (White et al. 1976, S. 754): Novize #2 – zentrale Figur bei den „Jungen Türken" – wurde von den Ausbildern als „zu unabhängig und arrogant" bewertet. Die Novizen 3, 17 und 18 seien dagegen „unreif" und hätten „Persönlichkeitsprobleme". Damit waren drei der vier Outcasts und ein Anführer der Jungen Türken ausgeschlossen worden. Beginnend mit Novize #1 verließen bis auf Novize #12 alle „Jungen Türken", sowie mit #13 der letzte Outcast und die Novizen #8 und #10 aus der loyalen Opposition freiwillig das Kloster. White und seinen Ko-Autoren zufolge sind diese Austritte mit Ausnahme des verbliebenen „Jungen Türken" #12 gut aus

---

[3] Die „Selbstbeschuldigungen" innerhalb der dritten Gruppe stammen allerdings ausschließlich vom Novizen #13. Er wird zwar von den anderen Outcasts gemocht, erwidert deren Sympathie aber nicht. #13 stellt insofern einen Grenzfall bei der Blockzuordnung dar. Seine Rolle im Netzwerk kann wohl mit einer groben Einteilung in drei Blöcke nicht angemessen wiedergegeben werden. Zugleich zeigt dieser Fall, dass bei kleinen Netzwerken schon Einzelfälle das identifizierte Beziehungsmuster verändern können. Wegen des Kriteriums der Nullblöcke reichen wenige Nennungen für einen Unterschied in der identifizierten Struktur. Die Verdichtung der Struktur führt zu einer klaren Struktur, ist allerdings mit einem Informationsverlust hinsichtlich individueller Positionen verbunden.

der Strukturmatrix der Sozialbeziehungen zu erklären. Fünf der sechs verbliebenen Novizen entstammten der loyalen Opposition und waren von den Ausschlüssen und freiwilligen Austritten relativ wenig betroffen.

Die Blockmodellanalyse stellt mit ihrer Möglichkeit, komplexe Datenmengen auf relativ überschaubare Strukturen zu reduzieren, einen Meilenstein in der Entwicklung der Netzwerkforschung dar. Die Arbeiten von White und seinen Ko-Autoren, sowie die verwandte These der „Strength of Weak Ties" von Granovetter (siehe Exkurs 4) und die an die frühen Blockmodell-Studien anschließenden Arbeiten von Ronald Burt (siehe Exkurs 7) haben entscheidend zur Akzeptanz der Netzwerkforschung in den Sozialwissenschaften beigetragen. Das Verfahren selbst ist mittlerweile mit einigen neuen Algorithmen und mit Erweiterungen (u. a. das „Generalized Blockmodeling") wesentlich verfeinert und auch verändert worden (Doreian et al. 2005; Heidler 2010). Es bildet auch heute noch ein zentrales und sehr effektives, vielleicht zu selten eingesetztes Werkzeug im Repertoire der Netzwerkanalyse, weil es sehr unterschiedliche Strukturen identifizieren kann – ohne von vorn herein starke Annahmen über die einem Netzwerk zugrunde liegende Struktur zu machen.

Exkurs 6: Dualitäten und Methoden bei Ronald Breiger

Einer der wichtigsten Studenten Whites in den 1970er Jahren war Ronald Breiger. Beide arbeiteten eng bei der Entwicklung der Blockmodellanalyse zusammen (mit Scott Boorman als dritten wichtigen Autor). Breiger war wesentlich für den Concor-Algorithmus verantwortlich – dem ersten Computer-Programm zur Identifikation von Blockmodellen (Breiger et al. 1975). Außerdem legte er die erste umfangreiche Anwendung der Blockmodellanalyse vor:eine Untersuchung der Netzwerke zwischen Forschern in der Biomedizin (1976).

Nach dem Abschluss seiner Promotion arbeitete Breiger weiter als Assistant, später als Associate Professor an der Harvard University. 1981 (mit 34 Jahren) wechselte Breiger als Full Professor an die Cornell University. Seit 2000 ist er an der University of Arizona tätig (dort studierte u. a. Omar Lizardo bei ihm). Von 1998 bis 2006 war er gemeinsam mit Linton Freeman Herausgeber der Zeitschrift *Social Networks*.

Noch aus der Zeit seiner Promotion stammt eine wichtige konzeptionelle Innovation Breigers. In seiner ersten wissenschaftlichen Publikation formulierte er das Prinzip der *Dualität* von Personen und Gruppen (1974). Georg Simmel folgend steht das Individuum am Schnittpunkt sozialer Gruppen und wird durch diese verschiedenen Mitgliedschaften definiert ([1908] 1992,

S. 456 ff.). Breiger argumentiert nun, dass umgekehrt auch diese Gruppen durch die Mitgliedschaften von Individuen geprägt sind. In der Kombination bedeutet dies, dass Gruppen indirekt durch Individuen mit mehreren Mitgliedschaften verknüpft sind und sich auf diese Weise ein Netzwerk von Gruppen (oder auch von Organisationen) über gemeinsame Mitglieder ergibt. Dieses Dualitätsprinzip wird umfangreich benutzt etwa in der Forschung zu Netzwerken zwischen Firmen (über Querverbindungen in Aufsichtsräten) oder zu sozialen Bewegungen, die durch Aktive in mehreren Bewegungsorganisationen integriert sind.

In neueren Arbeiten nimmt Breiger das Dualitätsprinzip wieder auf und erweitert es in verschiedene Richtungen. So argumentiert er im Einklang mit Whites späten Arbeiten für eine *Dualität von Struktur und Kultur* in Netzwerken (2010). Entsprechend wären strukturelle Löcher in Netzwerken im Sinne Ronald Burts (Exkurs 7) auch „kulturelle Löcher" (Pachucki und Breiger 2010). Eine Möglichkeit, solche soziokulturellen Löcher im sozialen Gefüge zu überbrücken, besteht in „weak culture" (Schultz und Breiger 2010). Diese umfasst kulturelle Formen und Genres, die kaum glühende Verehrer in einzelnen Milieus finden, sondern eher über gesellschaftliche Gruppen hinweg Anhänger haben.

Daneben bemühte sich Breiger in den letzten Jahren um die Verknüpfung von Methoden der Netzwerkforschung mit anderen sozialwissenschaftlichen Verfahren wie Galois Lattices, Korrespondenzanalyse und Qualitative Comparative Analysis (QCA). Die Grundlage hierfür sieht er in einer *Dualität von Fällen und Variablen* in der empirischen Sozialforschung: So wie Fälle durch eine je individuelle Verteilung von Variablen definiert sind, zeichnen sich Variablen durch die Verteilung von Fällen über diese aus (Breiger 2009).

Mit seiner Arbeit an fortgeschrittenen Methoden für die komplexe quantitative Modellierung sozialer Netzwerke und seiner organisatorischen Arbeit (etwa als Herausgeber von Social Networks) liefert Breiger einen kaum zu überschätzenden Beitrag zur Entwicklung der relationalen Soziologie.

3.3.2   Rollen und Kultur

Im Rahmen dieser Arbeit sind aber die technischen Feinheiten und die Weiterentwicklungen der Blockmodellanalyse von geringem Interesse. Für uns ist in erster Linie die theoretische Interpretation von Blockmodellen wichtig und damit auch das zugrunde liegende Verständnis von sozialen Netzwerken.

White und seine Ko-Autoren schließen an die Vorarbeiten des österreich-stäm-
migen britischen Ethnologen Siegfried Nadel an. Nadel definiert *soziale Struktur*
allgemein als „Muster oder Netzwerk [...] von Beziehungen zwischen Akteuren",
soweit sie „im Verhältnis zueinander Rollen spielen" (1957, S. 12; eigene Übersetzung). Soziale Struktur besteht also erstens aus Beziehungen oder *Relationen*
– und nicht, wie oft in der quantitativen Ungleichheitsforschung, aus Verteilungen
von Attributen (z. B. Alter, Geschlecht, Bildung und Einkommen) in einer Population). In diesem Sinne notieren White und Breiger gewissermaßen im Untertitel
ihrer auf ein breiteres Publikum zielenden Zusammenfassung:

> Networks of social relationships are as significant as those of statistical relationships
> among variables. (1975, S. 68)

Diese Position liegt aber allgemein der Netzwerkanalyse zugrunde (vgl. Wellman
1983). Im Gegensatz zu anderen Netzwerkforschern interessieren sich White und
seine Ko-Autoren weniger für die empirisch beobachtbaren Netzwerke als für systematische Muster in diesen Netzwerken. Entsprechend werden auch nicht einzelne Knoten etwa in Bezug auf ihre Beziehungszusammensetzung oder ihre Zentralität untersucht, sondern diese Knoten oder Individuen werden in Blöcke oder
Kategorien mit anderen Knoten zusammengefasst. Die soziale Struktur besteht in
diesem Verständnis aus den Beziehungen zwischen diesen Blöcken oder Kategori-
en und nicht aus dem Netzwerk der individuellen Beziehungen.

Diesen Abstraktionsschritt von Individuen zu Blöcken interpretieren White,
Breiger und andere im Sinne der Rollentheorie von Siegfried Nadel. Nicht Indivi-
duen an sich stehen in Relationen zueinander, sondern Individuen als Träger von
Rollen. Die Blockmodellanalyse zielt darauf, weg vom Netzwerk von Individuen
zu den zugrunde liegenden systematischen Rollenbeziehungen zu gelangen. Die
Knoten werden dabei zu Blöcken zusammengefasst, die für eine Position im Netz-
werk stehen. Das Verhältnis der Positionen bzw. Blöcke zueinander markiert deren
Rollenbeziehungen.

Gegenüber den damals vorherrschenden rollentheoretischen Ansätzen von Ralf
Dahrendorf, Robert Merton und Talcott Parsons verschiebt sich die Perspektive in
zweierlei Hinsicht: Erstens werden *Individuen* nicht als mehr oder weniger isolierte Rollenträger betrachtet. Die Rollentheorie ging davon aus, dass etwa eine
Lehrerin oder ein Kellner als Individuum eine Rolle ausfüllt. Die strukturalistische
Sichtweise von Nadel und White und seinen Ko-Autoren betont jedoch den relationalen Charakter von Rollen. Diese bezeichnen immer Beziehungen oder Beziehungsgefüge zwischen mehreren Positionen in einem sozialen Kontext – etwa zwischen Lehrerin, anderen Lehrern, Schulleitung, Schülern und deren Eltern. Dieser

Beziehungscharakter von Rollen war in den anderen Ansätzen der Rollentheorie bereits angelegt, allerdings nicht konsequent verfolgt und ins Zentrum der Analyse gestellt.

Zweitens ergeben sich Rollen bei White et al. nicht direkt aus einem übergreifenden sozialen Kontext, etwa aus *Organisationen* (wie der Schule) oder aus einem *gesellschaftlichen System*, das den Individuen bestimmte Positionen und damit auch Rollen zuweist. Vielmehr erscheinen die Rollen in einem Netzwerk als zunächst losgelöst von formalen Vorgaben und gesellschaftlichen Strukturen. Zum Beispiel konnten die Novizen in Sampsons Kloster ohne organisatorische Rangunterschiede oder formale Aufgabenverteilung ihre Beziehungen und damit auch ihre Rollen aushandeln. Anders hätte es ausgesehen, wenn auch die Ausbilder und anderen älteren Mönche mit betrachtet worden wären. Die Rollen werden in der Blockmodellanalyse nicht aus bestehenden Kategoriensystemen abgeleitet, sondern induktiv aus der Struktur von Beziehungsnetzwerken gewonnen.

Auch *kulturelle Modelle* spielen in den frühen Studien keine Rolle. Die ursprünglich im Mittelpunkt stehenden Verwandtschaftsstrukturen sind ja erheblich von kulturell variablen Vorstellungen geprägt. Diese wurden aber nicht mit Blockmodellen empirisch untersucht. Stattdessen lag und liegt der Fokus auf mehr oder weniger endogenen Strukturbildungen innerhalb wenig vorstrukturierter Kontexte, insbesondere in Freundschafts- und Einflussnetzwerken unter formal gleichrangigen Akteuren (wie bei den Novizen).

Damit bleiben einige Fragen an den theoretischen Rahmen der Blockmodellanalyse offen. Welchen theoretischen Status haben die dort betrachteten Rollenbeziehungen? Müssen diese immer endogen aus den Aushandlungsprozessen innerhalb eines formal kaum strukturierten Kontextes entstehen? Wäre es auch denkbar, formale Rollenbeziehungen innerhalb einer Organisation oder kulturell vorgegebene Rollenbeziehungen in einer Verwandtschaftsstruktur mit der Blockmodellanalyse zu analysieren? Könnte dabei nicht auch untersucht werden, inwiefern tatsächliche Beziehungen den kulturellen oder formalen Vorgaben entsprechen oder (und wann) von ihnen abweichen?

Es erscheint zunächst sinnvoll, ein primär induktiv angelegtes Analyseverfahren ohne Beachtung solcher theoretischer Fragen zu entwickeln. Auch im Weiteren hat jedoch der Strukturalismus keine eindeutige rollentheoretische Position entwickelt. Vielmehr scheint er den formalen und kulturellen Kontext systematisch auszublenden. Diese Position prägt auch die Arbeiten von White und seinen Ko-Autoren in den 1970ern. Spätere Arbeiten bauen zwar auf Konzepten wie der strukturellen Äquivalenz auf, bleiben aber ähnlich unbestimmt hinsichtlich des konzeptionellen Status von Rollen. Genau genommen ersetzt White den Rollenbegriff später durch den der Identität (siehe Kap. 5). Dieser nimmt zwar explizit die kulturell-sinnhafte Konstruktion von Akteuren auf. Es handelt sich dabei jedoch um eine weit über die Rollentheorie hinausgehende Generalisierung, die soziale Rollen als einen Beispielfall enthält.

Siegfried Nadel ist diesbezüglich eindeutiger: Bei ihm müssen Rollen einen „Namen" haben, der „direkt für die Rollennorm" steht (1957, S. 33). Insofern steht der Rollenbegriff hier nicht für eine allein strukturelle Position (und deren Verbindungen zu anderen Positionen). Vielmehr wird diese strukturalistische Sicht auf Rollen ergänzt durch einen Sinnbezug auf den Namen und die Verhaltensnormen, die mit der Rolle verknüpft sind. In dieser Sichtweise sind Rollen stark durch kulturelle Vorgaben geprägt (wie etwa bei Verwandtschaftskategorien). Aber auch eine endogene Rollenentwicklung wie unter den Novizen könnte sich Nagel folgend nur stabilisieren, wenn diese Rollen mit ihrem Namen und den Verhaltensnormen im Netzwerk „gewusst" und kommuniziert werden.

In dieser Interpretationsvariante wäre also die Struktur des Netzwerks eng mit den im Netzwerk zirkulierenden Bedeutungen von Rollenkategorien verknüpft (Fuhse 2012). Doch White et al. nehmen eine solche Kopplung von Netzwerk und Sinn in den 1970er Jahren noch nicht vor. Positionen und Rollen werden hier allein aus der Netzwerkstruktur rekonstruiert. Deren Ursprung und Bedeutung bleiben ausgeklammert, werden scheinbar als unwichtig behandelt. In gewisser Weise folgt dies dem „anti-kategorischen Imperativ", den Emirbayer und Goodwin 20 Jahre später formulieren (1994, S. 1414 f.): Die Netzwerkforschung und insbesondere die Blockmodellanalyse stellen die in einem sozialen Kontext benutzten Kategorisierungen infrage und setzen stattdessen alleine auf die Rekonstruktionen der relevanten Divisionen aus der Netzwerkstruktur (siehe Exkurs 11).

Das Verhältnis zwischen Kultur und Netzwerken bleibt damit ähnlich spannungsreich wie in den „Notes on the Constituents of Social Structure" ([1965] 2008). Dafür sind neben dem Rollenkonzept auch die „types of tie" relevant, die ja bei der Rekonstruktion von Blockmodellen betrachtet werden. „Types of tie" stehen für unterschiedliche Arten oder Aspekte von Sozialbeziehungen. In Sampsons Kloster werden etwa „Mögen", „Wertschätzung", „Einfluss", „Lob", „Antagonismus", „Geringschätzung", „schlechter Einfluss" oder „Schuldzuschreibung" betrachtet. Dies setzt voraus, dass die Befragten diese Aspekte von Sozialbeziehungen auseinander halten können.

Die Berücksichtigung von unterschiedlichen Beziehungsarten oder -aspekten als „types of tie" führt weg von einer rein strukturellen Perspektive, in der Sozialbeziehungen lediglich als Nullen (keine Beziehung) und Einsen (Beziehung) in einer Netzwerkmatrix auftauchen. Vielmehr werden Verbindungen zwischen Akteuren differenziert betrachtet – und dies setzt auch eine sinnhafte Unterscheidung zwischen Beziehungsarten durch die Befragten voraus. Die Bedeutung von Beziehungen bleibt aber bei White und seinen Ko-Autoren in den 1970er Jahren ebenso ausgeklammert wie die von Rollenkategorien.

Trotzdem lässt sich an dieser Stelle festhalten: Mit der Verbindung zur Rollentheorie und mit der Betrachtung unterschiedlicher „types of tie" öffnen sich in der Blockmodellanalyse Einfallstore für eine tiefergehende Betrachtung von sozialen Netzwerken (auch in Zusammenhang mit Sinn und Kultur). Hierin heben sich die Arbeiten von White, Breiger und anderen von den meisten anderen Netzwerkstudien bis zu den 1990er Jahren ab. In den Arbeiten aus den 1970ern ist somit eine Verbindung von Netzwerken und Sinn bzw. Kultur bereits angelegt. Sie wird dort aber weder ausformuliert noch theoretisch zu Ende gedacht.

3.3.3 Bedeutung für die Netzwerkforschung

Die Blockmodellanalyse bildet auch unabhängig von der Frage des Verhältnisses von Netzwerk und Kultur und von ihrer Rolle als Wegbereiter der relationalen Soziologie einen gewichtigen Fortschritt für die Netzwerkforschung (Scott 2000, S. 33 ff.; Freeman 2004, S. 121 ff.). Dieser Fortschritt besteht erstens in der sehr ausgefeilten induktiven Analyse von Netzwerkstrukturen über mehrere Beziehungsarten hinweg mit Blick auf strukturelle Äquivalenz. Dies stellt einen bedeutenden Vorteil gegenüber einfacheren Verfahren der Netzwerkanalyse dar. Blockmodelle rekonstruieren die *Struktur von Gesamtnetzwerken*, während etwa Zentralitätsmaße Akteure im Netzwerk miteinander vergleichen.

Zweitens gelingt es den Autoren um White nun, die Netzwerkforschung von einer eher peripheren Angelegenheit mathematisch orientierter Tüftler ins Zentrum der Sozialwissenschaften zu bringen. Das „Tüfteln" mit Netzwerken wird salonfähig. Neben Ronald Breiger, Scott Boorman und Phipps Arabie wurde eine Reihe anderer Doktoranden der Harvard University (viele von ihnen wurden direkt von White betreut) zwischen 1975 und 1985 zu Professoren an den prominenten Universitäten in den USA, Kanada und anderswo: Peter Bearman, Philip Bonacich, Paul DiMaggio, James Ennis, Bonnie Erickson, Claude Fischer, Mark Granovetter, Philippa Pattison und Barry Wellman, auch Christopher Winship und Siegwart Lindenberg.

Eine Reihe von prominenten Arbeiten wies die breite Anwendbarkeit des Verfahrens nach. Aus deutscher Sicht gut zugänglich und relevant sind die Arbeiten von Franz Urban Pappi und Peter Kappelhoff zu politischen Netzwerken in einer westdeutschen Kleinstadt (1984) und von Jürgen Gerhards und Helmut Anheier zu Netzwerken zwischen Kölner Schriftstellern (1987). Gerhards und Anheier befragten 227 Schriftsteller zu ihrer Vertrautheit mit den Werken anderer, Freundschaften, Hilfeleistungen und dazu, welche Kollegen man gerne zum Essen einladen würde. Aus diesen vier „Types of Tie" rekonstruieren sie vier Blöcke von Elite, Nachwuchselite, Peripherie und Etablierter Peripherie. In einer späteren Arbeit differenzieren Anheier et al. (1995) noch genauer in sieben Blöcke. Hier wird etwa zwischen einer kulturellen und einer organisatorischen Elite unterschieden, sowie ein eigener Block von Autoren eingeführt, die auf Kölsch schreiben und eher volkstümliche Literatur produzieren.

Eine Einschränkung der Blockmodellanalyse besteht darin, dass immer lokale Strukturen innerhalb relativ begrenzter Kontexte untersucht werden. So muss ja für alle Akteure im Netzwerk beobachtet werden, ob sie eine Beziehung zueinander haben oder nicht. Größere Populationen können bei non-reaktiven Verfahren untersucht werden, etwa anhand von Zitationen zwischen Wissenschaftlern oder innerhalb der gut archivierten Sozialbeziehungen im World Wide Web.

Wie lassen sich aber die Ergebnisse aus unterschiedlichen Blockmodellanalysen vergleichen? Auf diese Frage antwortet das zweite Blockmodel-Paper von Scott Boorman und Harrison White (1976). Boorman und White kombinieren in ihren stark technischen Aufsatz mehrere Blockmodell-Matrizen in einem komplizierten algebraischen Verfahren. Dieses erlaubt es ihnen, neunzehn verschiedene Blockmodelle hinsichtlich ihrer Rollenstrukturierung zu vergleichen. Dabei zeigen sich deutliche Unterschiede zwischen sozialen Kontexten mit starker Institutionalisierung oder unter äußerem Druck einerseits und eher informalen Rollenstrukturen andererseits (Boorman und White 1976, S. 1433). Allerdings bleiben die Erklärungen eher mathematisch – zuweilen wird dabei die Bedeutung der beobachteten Differenzen nicht deutlich. Wohl auch deswegen ist dieses elaboriertere Meta-Verfahren in der Folge kaum aufgenommen worden.

3.4 Resümee

Der Kern des „Harvard Breakthrough" für die Netzwerkforschung ist im Konzept der strukturellen Äquivalenz und im Verfahren der Blockmodellanalyse zu sehen, wie es insbesondere im ersten Blockmodel-Paper von White et al. (1976) vorgestellt wurde. Trotz der großen Bedeutung des Verfahrens für die Entwicklung der Netzwerkforschung sind für uns in erster Linie die theoretische Interpretation und das Verhältnis von Kultur und Netzwerk von Interesse. In den „Notes on the Constituents of Social Structure", im Konzept der strukturellen Äquivalenz und in der Blockmodellanalyse entwickelt White ein grundlegend neues Verständnis sozialer Strukturen. Diese bestehen aus den systematischen Beziehungsmustern. Netzwerke, nicht Verteilungen von Attributen oder Differenzierungen von sozialen Gebilden, bilden damit den Kern sozialer Strukturen.

Allerdings unterscheidet sich Whites Ansatz vom Gros der Netzwerkforschung, wie sie auch heute noch vorwiegend betrieben wird. Die Rekonstruktion der *Systematik* von Beziehungsmustern führt direkt zu der Frage, woher diese Systematik kommt: Warum sind Netzwerke auf eine spezifische Weise geordnet? Anders als in vielen Netzwerkanalysen geht es also nicht um eine reine Untersuchung von Beziehungskonstellationen verbunden mit Fragen wie: Wie zentral ist dieser oder jener Akteur im Netzwerk? Wie dicht ist das Netzwerk? Vielmehr geht White davon aus, dass Netzwerke jeweils in einer spezifischen Weise geordnet sind.

Diese Ordnung besteht im *Catnets*-Ansatz darin, dass Netzwerke nach Kategorien in intern stark verdichtete Bereiche gegliedert sind. Die Kategorien können dabei entweder endogen entstehen, indem Akteure im Netzwerk nach Ähnlichkeit zu einer Kategorie zusammengefasst werden. Die so entstandene Kategorie verstärkt dann im Netzwerk die strukturelle Trennung. Oder die Kategorien sind kulturell vorgegeben und sorgen im Netzwerk für eine Verdichtung innerhalb der Kategorie und eine Ausdünnung von Beziehungen zwischen Kategorien. In jedem Fall ergibt sich ein Wechselspiel zwischen Kategorien und Netzwerkstruktur mit dem Ergebnis von relativ homogenen Subgruppen.

Das Konzept der *strukturellen Äquivalenz* geht hier in eine etwas andere Richtung: Soziale Netzwerke werden immer noch nach Kategorien geordnet, die ähnliche Akteure zusammenfassen und deren Beziehungen untereinander strukturieren. Allerdings finden sich in einer Kategorie nicht unbedingt untereinander dicht vernetzte Akteure. Entscheidend ist vielmehr die Ähnlichkeit der Beziehungen zu Kategorien von Akteuren im Netzwerk – und zwar zu anderen Kategorien, aber auch zur eigenen. Denkbar sind dabei auch intern unverbundene Kategorien – so wie etwa Anführer mit ihren Gefolgsleuten verbunden sind, aber nicht unbedingt miteinander.

Hier und in der *Blockmodellanalyse* werden die systematischen Muster im Netzwerk im Sinne der Rollentheorie von Siegfried Nadel interpretiert. Strukturell äquivalente Akteure werden zu Blöcken zusammengefasst, die jeweils eine bestimmte *Position* im Netzwerk markieren. Die Beziehungen zwischen den Blöcken machen deren *Rollen* aus. Rollen sind damit relational angelegt und können aus den Beziehungsmustern im Netzwerk rekonstruiert werden.

Kultur und Netzwerke bleiben im Catnet-Konzept, im Begriff der strukturellen Äquivalenz und in der Blockmodellanalyse in einem spannungsreichen Verhältnis. Prinzipiell bleibt die Struktur wichtiger als die Kultur: Kategorien und Rollen werden ausschließlich aus dem Muster an Beziehungen rekonstruiert. Welchen genauen Status diese Rollen (über die Abbildung von Netzwerkstruktur hinaus) haben und woher sie kommen, thematisieren White und seine Ko-Autoren kaum. Nadel folgend lässt sich vermuten, dass die meisten Rollen im Netzwerk sinnhaft gewusst und auch kommuniziert werden.

Zudem beruht die Blockmodellanalyse auf der Unterscheidung von „*types of tie*". Diese stehen entweder für differenzierbare Aspekte oder für unterschiedliche Arten von Sozialbeziehungen. Sozialbeziehungen werden nicht nur als Nullen oder Einsen in einer Matrix betrachtet, sondern bereits hinsichtlich ihrer Bedeutung differenziert. Dies führt dann auch zu der Frage: Welche substanzielle Bedeutung haben Sozialbeziehungen als die kleinste Einheit und empirische Basis der Netzwerkforschung überhaupt?

Stephen Brint zufolge führen die Blockmodell-Paper von White, Boorman und Breiger direkt zu einer mit kulturellen Bedeutungen verknüpften Perspektive auf Netzwerke (1992). Dem ist nur teilweise zuzustimmen: Das Konzept der strukturellen Äquivalenz und die Blockmodellanalyse gehen zwar von einer Ordnung von Netzwerken durch Rollenkategorien und auf der Basis einer Unterscheidung von „types of tie" aus. Damit lassen sie den reinen Strukturalismus ein Stück weit hinter sich. Eine ausformulierte und angemessene Berücksichtigung von Sinn und Kultur finden wir hier aber genauso wenig wie ein theoretisch fundiertes Verständnis sozialer Netzwerke. Die Blockmodellanalyse leistet zwar einen enormen methodischen Fortschritt. In Whites Werkbiographie und vor allem innerhalb seiner theoretischen Entwicklung bildet sie aber nur eine Vorstufe zum späteren theoretischen Hauptwerk *Identity and Control* (1992).

Exkurs 7: Akteure und Netzwerke bei Ronald Burt
Anders als viele andere Autoren kam Ronald Burt nicht unter der direkten Ägide von White zur Netzwerkforschung. Burt promovierte 1977 an der University of Chicago unter der Betreuung von James Coleman und hatte zuvor bereits für Nan Lin als Research Assistant gearbeitet. Trotzdem war seine wissenschaftliche Arbeit eng mit der von White verknüpft. So hat sich Burt etwa Ende der 1980er als Professor an der Columbia University für die Berufung Whites stark gemacht. Wichtiger sind aber die inhaltlichen Parallelen und Anknüpfungspunkte.

So stellte Burt bereits 1976 mit dem STRUCTURE-Algorithmus ein alternatives Verfahren der Blockmodellanalyse vor. Für uns sind jedoch stärker die konzeptionellen Vorschläge von Burt von Interesse. Von Bedeutung ist zunächst Burts Überblicksartikel, in dem er 1980 in der *Annual Review of Sociology* die Entwicklungen in der Netzwerkforschung für die Fachwelt zusammenfasst. Er unterscheidet grob zwei grundlegende Ansätze:
1. In dem einfacheren, von Burt „*relational*" genannten Ansatz wird allein das direkte soziale Umfeld von Akteuren mit ihren direkten Beziehungen und den Beziehungen ihrer Bezugspersonen betrachtet.

Dafür sind Burt zufolge ego-zentrierte Netzwerkanalysen geeignet, wie sie etwa mit dem von ihm entwickelten Burt-Namensgenerator (Burt 1984) ermöglicht werden.

2. Den anspruchsvolleren zweiten Ansatz bezeichnet Burt als „*positional*". Hier wird nicht das direkte Umfeld von Akteuren betrachtet, sondern die Positionierung von Akteuren in einem umfassenden System von Beziehungen. Die geeignete Methode hierfür ist die Blockmodellanalyse.[4]

Von großer Tragweite für die Netzwerkforschung ist Burts 1982 veröffentlichtes Buch *Toward a Structural Theory of Action*. Dieses verbindet den Strukturalismus mit der *Handlungstheorie* und entwirft eine Vorform der „Badewanne" von Coleman (s. Abb. 3.2). Netzwerke bilden dabei den sozialen Kontext individueller Handlungen (1). Dieser Kontext wirkt einmal direkt auf das individuelle Handeln, indem er dieses einschränkt oder ermöglicht (3). Allerdings – und dies bleibt später bei Coleman unterbelichtet – beeinflussen Netzwerke auch die Interessen (2), die den Handlungen von Akteuren zugrunde liegen (3). Und schließlich sieht Burt auch eine Rückkopplungsschleife vor: Die individuellen Handlungen verändern den Netzwerkkontext für weitere Handlungen (4).

Dabei sieht Burt sowohl die Handlungsmöglichkeiten und -einschränkungen als auch die Interessen der Akteure durch die *Position im Netzwerk* festgelegt. Strukturell äquivalente Akteure haben also nicht nur die gleichen Handlungsmöglichkeiten. Sie werden auch ähnliche Interessen verfolgen – und zwar unabhängig davon, ob sie im Sinne eines Catnets miteinander verknüpft sind.

Burts Verknüpfung von strukturalistischer Netzwerkforschung mit Handlungstheorie und methodologischem Individualismus war enorm einflussreich. Wir finden sie prominent wieder bei Burts früheren Lehrern Coleman (1990) und Lin (2001). White hingegen steht der Handlungstheorie und dem methodologischen Individualismus ablehnend gegenüber. Für ihn bestehen soziale Strukturen aus den systematischen Mustern von Relationen und lassen sich nicht auf Akteure reduzieren. Auch später, als White den „Sinn" von Netzwerken in den Blick nimmt, konzipiert er diesen auf der Ebene der

---

[4] Der „relationale Ansatz" bei Burt ist nicht gleichzusetzen mit der „relationalen Soziologie", für die Mustafa Emirbayer später sein Manifest schrieb (siehe Exkurs 10) und als die wir den gesamten Ansatz um White zusammenfassen (Fuhse und Mützel 2010). Diese baut vielmehr vor allem auf den bei Burt als „positional" bezeichneten Arbeiten auf – also auf dem Konzept der strukturellen Äquivalenz und der Blockmodellanalyse.

Stories, die im Netzwerk über das Netzwerk erzählt werden. Der subjektive Sinn, den Akteure mit ihren Beziehungen und Netzwerkpositionen verbinden, bleibt dabei ausgeblendet.[5]

In der Folge führt Burt diese handlungstheoretische Perspektive fort, indem er soziale Netzwerke (wie schon Bourdieu und Coleman) als *„Sozialkapital"* fasst (1992). Anders als Coleman (1990) sieht Burt das Sozialkapital aber nicht in dichten Netzwerken, die Kooperation erzwingen und damit das „free rider"-Problem lösen. Vielmehr besteht Sozialkapital bei Burt in den „weak ties" (nach Granovetter) über „strukturelle Löcher" im Netzwerk hinweg (siehe Exkurs 4). Burt zeigt in seinen empirischen Arbeiten etwa, dass Akteure an solchen „Brücken" im Netzwerk von Managern in einem Unternehmen über bessere Aufstiegsmöglichkeiten verfügen und auch eher auf „gute Ideen" kommen (2004).

Vor allem das Buch von 1992 liest sich dabei wie Beratungsliteratur: Akteure sollten nur versuchen, in ihrem Netzwerk möglichst viele strukturelle Brücken zu anderen Netzwerk-Clustern aufzubauen – dann gelänge ihnen der berufliche Aufstieg. Wie Granovetter erhöht Burt damit die Popularität der Netzwerkforschung erheblich. Vor allem trägt er die Netzwerkanalyse auch in die Betriebswirtschaftslehre – und erschließt auf diese Weise einen neuen Arbeitsmarkt für Netzwerkforscher: die Business-Schools an Universitäten. Burt selbst wechselte 1993 von der Columbia University (kurz nach der Berufung Whites) auf eine Professur für „Sociology and Strategy" an die Business School der University of Chicago.

Abb. 3.2 Strukturelle Handlungstheorie nach Burt (1982, S. 9)

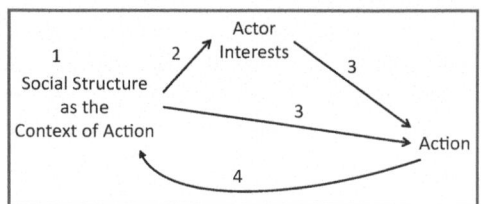

---

[5] Die erste Auflage von *Identity and Control* trägt den Untertitel „A Structural Theory of Action". Das klingt danach, als ob hier die Zielrichtung von Burts Buch eingelöst werden sollte. White benutzt den „Action"-Begriff aber grundsätzlich anders als die handlungstheoretische Tradition. Ihm geht es bei „Action" um die Veränderung sozialer Strukturen – und nicht um die Ableitung von beobachtbarem Verhalten auf subjektive Motive oder Interessen. In persönlichen Gesprächen äußerte sich White ablehnend gegenüber den handlungstheoretischen Ansätzen etwa bei Coleman und gegenüber der handlungstheoretischen Interpretation seiner Position bei Reza Azarian (2005). Auch das Konzept des Sozialkapitals findet sich bei White nicht.

Märkte als soziale Moleküle

4

Die Blockmodellanalyse hat bei White nicht direkt zur Theoriearbeit in *Identity and Control* geführt. Zu Beginn der 1980er Jahre richtet er zunächst sein Augenmerk auf Märkte in der Wirtschaft und entwirft hierzu ein eigenes Modell. Dabei baut er auf einigen Grundideen aus der Blockmodellanalyse auf. In der Auseinandersetzung mit Märkten entwickelt er aber auch einige Kernelemente seiner späteren Theorie. Dazu gehört zunächst, dass Akteure sich in einer ungeordneten Situation aneinander orientieren und dadurch relativ dauerhafte Relationierungen bilden. Marktproduzenten werden hier als strukturell äquivalente Blöcke konzipiert, die sich aus der systematischen Unsicherheit auf Märkten heraus bilden. Innerhalb dieser Blöcke setzt allerdings erneut eine Produktion von unterscheidbaren Identitäten ein, die auf die Unsicherheit im Markt mit der Einrichtung in Nischen antworten. Die Blöcke werden so zu sozialen Molekülen – zu „Disziplinen", wie White sie später nennen wird.

4.1 Grundlinien und Kritik an der Ökonomie

White entwickelt sein grundlegendes Marktmodell in einer Reihe von Aufsätzen in den späten 70er und frühen 80er Jahren (White 1976, 1981a, b; Leifer und White 1987) und führt es später mit weiteren Überlegungen in einer Monographie zusammen (White 2002).

Ausgangspunkt ist dabei eine fundamentale Kritik an der extrem vereinfachenden und verkürzten Perspektive der Ökonomie auf Märkte. Die Wirtschaftswissenschaft bietet White zufolge weder ein überzeugendes Modell der handelnden Akteure an, noch leistet sie eine Modellierung von empirisch beobachtbaren Märkten. Vielmehr arbeite sie mit unrealistischen Abstraktionen, denen keine realen sozialen Einheiten entsprächen. Die klassische Ökonomie modelliere Märkte als das

© Springer Fachmedien Wiesbaden 2015
M. Schmitt, J. Fuhse, *Zur Aktualität von Harrison White*, Aktuelle und klassische Sozial- und Kulturwissenschaftler|innen, DOI 10.1007/978-3-531-18673-3_4

Zusammenspiel von isolierten Handlungsentscheidungen von Akteuren (White 2002, S. 9, 221 ff.). Diese fänden auf einem „perfekten Markt" statt, in dem die Marktteilnehmer das Geschehen dank transparenter Preise gut überblicken und darauf flexibel nutzenmaximierend reagieren könnten. Diese Illusion eines „puren Wettbewerbs" (zugleich normatives Ideal der Ökonomie) verstelle aber den Blick auf das tatsächliche Marktgeschehen und behindere praktische ökonomische Forschung.

White zufolge sind alle realen Märkte imperfekt (2002, S. 221). Produktionsfirmen müssten sich immer im Vorhinein auf Produktionsmengen festlegen. Ein perfekter Markt brächte ein viel zu hohes Risiko für solche Festlegungen. Als Antwort schieden Produzenten entweder aus einem unkalkulierbaren Markt aus, oder der Staat müsse den Wettbewerb durch externe Stützung von gefährdeten Marktteilnehmern sichern. Ein perfekter Markt würde sich durch Produzentenaustritt selbst auflösen.

White geht von einem fundamental anderen Modell aus: *Märkte* sind für ihn *soziale Konstruktionen*. Sie beruhen wesentlich auf den Festlegungen der Marktteilnehmer hinsichtlich Produkten und Produktionsmengen. Diese Festlegungen wiederum entstehen aus der wechselseitigen Beobachtung der Produzenten: Die Festlegungen der Konkurrenten geben einer Firma Aufschlüsse über das eigene Marktprofil und über mögliche Absätze. Ein Markt ist demnach eine sich verändernde und reproduzierende soziale Struktur mit Cliquen von Firmen und anderen Akteuren. Diese wachsen in Rollen hinein, die aus der wechselseitigen Beobachtung des Verhaltens resultieren (White 1981a, S. 518). An dieser Stelle ist die Verwandtschaft der Überlegungen mit der *Blockmodellanalyse* offensichtlich: Unsicherheit sorgt für die Ausbildung von Rollenstrukturen, an denen sich die Akteure orientieren.

Das primäre Geschehen auf solchen Märkten sind nun Produktionsflüsse: Produkte strömen in einen Markt hinein und fließen aus ihm heraus. Der Markt ist nun für den Forscher wie auch für die Teilnehmer sichtbar als Netzwerk solcher Produktionsflüsse.

▶ Ein **Markt** ist ein Netzwerk von Firmen, die sich wechselseitig anhand von Produktionsflüssen beobachten.

Die Flüsse von Produkten *„upstream"* in den Markt hinein und *„downstream"* aus dem Markt heraus liefern den Teilnehmern Informationen über das Marktgeschehen. Als Reaktion darauf nehmen Firmen *Anpassungen* vor und *legen* sich auf die zukünftige Produktion *fest*. Schließlich werden über die reinen Produktionsflüsse hinaus *Signale wahrgenommen* und *interpretiert*. Diese drei Unterscheidungen von Flüssen in den Markt und aus dem Markt, von Festlegungen („commitments") und Anpassungen, sowie von Wahrnehmung und Interpretation von Signalen bilden das Grundgerüst von Whites Marktmodell (2002, S. 7).

Mit diesem Ansatz möchte White nun neun bekannte Phänomene über Produktionsmärkte zusammenhängend erklären (White 2002, S. 12 f., siehe auch 1981a, S. 517 f.):

- die relativ *kleine Zahl* der involvierten Firmen (meist weniger als 20),
- die in einem speziellen Diskurs erkennbare *Identität des Marktes*,
- die Ungleichheit bzw. die *Rangordnung* zwischen den Firmen,
- das Erreichen von *Profiten*,
- *steigende Erträge* bei Ausweitung der Produktion,
- *geringere Kosten* für die Produzenten *höherer Qualität*,
- die *Rarität von Monopolen*,
- *Lebenszyklen* für gesamte Industrien,
- die relative *Entkopplung* des einzelnen Marktgeschehens *von Angebot und Nachfrage* (aggregiert).

4.2 Das Marktprofil

Firmen in einem Markt beobachten in Whites Modell nicht in erster Linie die Nachfrage – eine eher amorphe Masse, über die sie nur spekulieren könnten. Sie beobachten lediglich ihre direkten Konkurrenten im Markt. Ein Markt ist deshalb immer eine lokale Ordnung (White 1981a, S. 520), und es gibt keine „unsichtbare Hand", die automatisch oder natürlich den Markt hinsichtlich Angebot und Nachfrage regelt. Stattdessen ziehen die Produzenten Informationen über einander aus den Produktionsflüssen und hier aus den am besten wahrzunehmenden Variablen: den gewählten Produktionsumfängen (dem Volumen y) und die von den Firmen erzielten Erträge (W).

Dabei hängen die Erträge direkt von den Produktionsvolumina ab: $W(y)$. Wer mehr produziert, erzielt dabei absolut höhere Erträge – aber weniger Ertrag pro Volumen. Umgekehrt kann man bei kleineren Stückzahlen „exklusiver" Produkte relativ hohe Preise erzielen. Auf einem Markt hat jeder Produzent eine spezifische Kombination von Erträgen und Volumen: ein je individuelles Profil auf dem Markt.

▶ Das **Marktprofil** einer Firma setzt sich aus der gewählten Produktionsmenge und den dabei erzielten Erträgen zusammen: W(y).

Die Anbieter auf einem Markt sind nun auf einer logarithmischen Kurve für $W(y)$ zu finden, in der der Ertrag pro Volumen für geringe Volumina steil ansteigt. Bei höheren Produktionsvolumina wird die Zunahme des Ertrags aber immer flacher (abnehmender Grenznutzen; White 2002, S. 29 f., 33).

Nach White beruht das Geschehen auf Märkten nun auf Signalen über diese Marktprofile und deren Beobachtung durch die anderen Marktteilnehmer:

> Each producer concentrates on those who are generally accepted as his peers, seeking to learn how they are doing. Their locations on the $W(y)$ profile are the signals. For more than a dozen participants or perhaps a score, this mutual observation would be difficult. (2002, S. 31)

Märkte müssen für die Teilnehmer immer überschaubar bleiben, damit ihre Produktionsfestlegungen (commitments) nicht zu riskant werden. Diese Notwendigkeit der wechselseitigen Beobachtung von Marktprofilen sorgt dafür, dass sich üblicherweise nicht mehr als 12 Firmen auf einem Markt tummeln.

Wo sich die Firmen auf dem Markt mit ihrem $W(y)$-Profil positionieren, hängt von zwei Kräften ab. Zum einen ist dies die Kostenstruktur des jeweiligen Produzenten. Da die Kosten jeweils vom produzierten Volumen abhängen, üben sie einen gewissen Druck auf die Produzenten aus, sich an einer spezifischen Stelle in das Marktprofil einzuordnen. Aus der Sicht der Konsumenten beeinflusst zum anderen die Austauschbarkeit der Produkte das Marktprofil. Diese verknüpfen mit einem Produzenten eine bestimmte Qualität, konstruieren also ebenfalls einen Wert des Produktionsvolumens jeder einzelnen Firma. Dieser Wert ist aber für die Produzenten kaum beobachtbar und deshalb nicht selbst Teil des Marktprofils. Er übt aber (über Kaufentscheidungen) einen gewissen Druck auf den einzelnen Produzenten aus, sich an einer spezifischen Stelle des Marktprofils zu positionieren. Aus dem Marktprofil lassen sich also sowohl die Kostenstruktur eines Produzenten als auch die zugeschriebene Qualität von Seiten der Konsumenten ablesen.

4.3 Märkte im zweidimensionalen Raum

Die Identität einer Firma auf einem Markt wird also durch ihre Positionierung auf der Kurve von Marktprofilen bestimmt. In einem zweiten Schritt lassen sich auch Märkte nach den Kurven von Marktprofilen ihrer Produzenten vergleichen. Dabei muss sich durch die Verteilung von Profilen auf einem Markt eine (logarithmische)

Abb. 4.1 Marktebene,
Regionen für Marktidenti-
täten (nach White 2002,
S. 52)

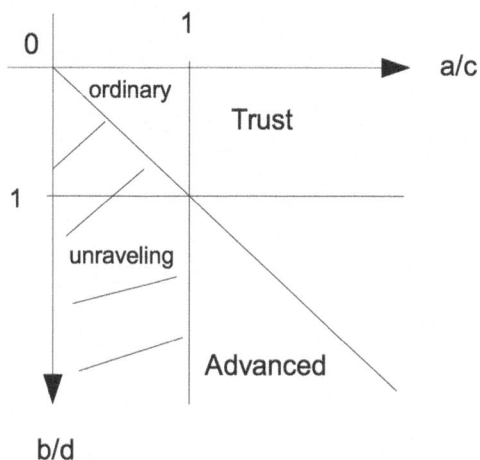

Kurve ziehen lassen. Nur dann kann sich ein Markt als soziale Konstellation reproduzieren. Eine zufällige Verteilung von Marktprofilen wäre dagegen instabil und
verlangt nach einer Sortierung.

Märkte lassen sich nun nach White danach vergleichen, wie sie mit Produktionsvolumen und zugeschriebener Qualität umgehen. Beide können stärker von
der Anbietersicht der Firmen (über die Produktionskosten) oder von der Konsu-
mentenperspektive (über Kundenwünsche) bestimmt werden. Daraus ergibt sich
eine zweidimensionale Ebene, in der die beiden Dimensionen das relative Gewicht
von Konsumenten und Produzenten auf dem jeweiligen Markt widerspiegeln. Die
Substitutibilität hinsichtlich Volumen und Qualität von Produzenten- und Konsu-
mentenseite wird also ins Verhältnis gesetzt und ergibt unterschiedliche Felder für
Marktidentitäten (Abb. 4.1).

Die erste Achse a/c bildet ab, ob das Produktionsvolumen stärker durch die
Nachfrage der Kunden (a) oder durch die Kostenstruktur der Produzenten (c) geprägt wird. Liegt das Verhältnis a/c unter 1 (auf der linken Seite des Schemas),
dann wird das Produktionsvolumen stärker durch die Kosten bestimmt als durch
die Nachfrage. Auf der rechten Seite (a/c > 1) treiben eher die Konsumenten mit
ihrer Nachfrage das Produktionsvolumen.

Die zweite Achse b/d bildet analog das Gewicht von Konsumenten und Produzenten für die Qualität der Produkte. Ist das Verhältnis b/d kleiner als 1 (oben im
Schema), dann hängt die Qualität stärker von den Kosten der Produktion ab. Unten
im Schema (b/d > 1) wird die Qualität stärker von der Nachfrage der Kunden ge-
trieben. White beschreibt den dadurch aufgespannten Raum für Märkte als gleichzeitig eine Bibliothek von Fallstudien mit Querverweisen und eine Topographie für
Geologen (White 2002, S. 51).

Für White zeigt dieser zweidimensionale Raum vier Felder, in denen sich Märkte mit sehr unterschiedlichen Identitäten bilden:

- Der Raum im linken oberen Quadranten oberhalb der Winkelhalbierenden steht für „gewöhnliche" Märkte (*ordinary*). Diese verhalten sich im Wesentlichen gemäß der Modelle der Ökonomie. Sowohl a/c als auch b/c liegen hier zwischen 0 und 1. Die Qualität und noch stärker das Produktionsvolumen werden vor allem von den Kosten der Produzenten bestimmt, wobei das Volumen eine größere Rolle als die Qualität spielt (a/c > b/d).
- Die Märkte in der Region „*Advanced*" entfernen sich dagegen in ihrem Verhalten am meisten von den Vorhersagen der Ökonomie. Hier geht es um hochinnovative technische Erneuerungen. Diese Märkte zeigen steigende Skalenerträge, da hier beide Verhältnisse größer sind als 1. Die Verbraucher reagieren jeweils sehr viel stärker auf Veränderungen in Qualität und Volumen als die Produzenten. Anders als bei den „ordinary" Märkten ist die Qualität wichtiger (b/d > a/c).
- Märkte im Bereich „*Unraveling*" reagieren stark auf die Qualitätswünsche der Verbraucher, aber kaum auf Produktionsvolumina. Hier können sich Märkte schnell wieder auflösen, da die Signalwirkung von W(y) fehlt.
- Die vierte, recht große Region wird stark durch das produzierte Volumen bestimmt. White nennt diese Region „*Trust*", da es hier auch zu steigenden Skalenerträgen kommt und Monopolstrukturen eine große Rolle spielen.

4.4 Märkte als Moleküle

Wir haben damit ein zweistufiges Modell: Firmen sind in Märkten wechselseitiger Beobachtung miteinander verbunden. Zugleich lassen sich Märkte nach ihrer Orientierung an Nachfrage und Produktionskosten miteinander vergleichen. Nach White erhalten auch Märkte in diesem Rahmen eine klar beobachtbare Identität und sind schließlich auch selbst wieder in Netzwerken untereinander eingebettet. Dafür muss zunächst ein Markt als Akteur mit einer eigenen Identität sichtbar sein:

> the W(y) market mechanisms construct themselves socially so effectively that each production market becomes perceived and discussed as an actor in its own right with a distinct identity. This further level of economic actor and action is distinguishing itself exactly by the embedding ratios a/c and b/d for footings for its constituent firms. (White 2002, S. 53)

Derselbe Mechanismus, der die einzelnen Akteure innerhalb des Marktes mit klaren Identitäten ausstattet, führt eine Ebene höher zu einer klar erkennbaren Identität des Produktionsmarktes: Die miteinander konkurrierenden Firmen verschmelzen in dieser Außenperspektive zu einem *Marktmolekül*. Diese Marktidentitäten können dann nach ihrer Position zwischen Konsumenten und Vorproduzenten klassifiziert werden.

Aber damit nicht genug: Märkte sind selbst zumeist Konsumenten und Produzenten von Gütern für andere Märkte. Insofern fungieren *Märkte* wiederum als *Akteure in Netzwerken* mit anderen Märkten.

Märkte zeichnen sich in diesem Netzwerk von Produktionsflüssen dadurch aus, ob sie sich stromaufwärts oder stromabwärts orientieren. Dies entscheidet mit über die Ausbildung einer festeren Marktidentität. Denn sie gibt an, in welcher Richtung der Markt als Einheit Risiken bearbeitet.

> The producers constituting a production market are exposed to possible risk on *both* fronts [upstream and downstream, Einf. M.S./J.F.], and ameliorating risk is what engenders formation of *any* market interface. Rather than focusing around pushing product downstream a market interface may instead orient to pulling key procurements from upstream, with the terms for downstream delivery treated as unproblematic in comparison. (White 2002, S. 178)

Die Art der Orientierung (hier: flussaufwärts oder -abwärts) bestimmt – wie allgemein in Whites Theorie – über die spezifische Kombination von Einbettung und Entkopplung einer Identität im Netzwerk (Schmitt 2009, S. 251 ff.). Die Orientierung führt zu einer Asymmetrisierung der Netzwerkbeziehungen für die Marktidentität. Eine Richtung der Beziehungen wird von größerer Bedeutung für das Marktmolekül. Dagegen führt die Vernachlässigung der anderen Seite dort zu Entkopplung und Bewegungsfreiheiten für den Markt. Die systematische Orientierung einer Reihe von miteinander verknüpften Märkten sorgt nun für Sicherheit oder Störbarkeit der Produktionsströme. Solche Ströme sind insbesondere dann sehr stabil und weniger störungsanfällig, wenn die Orientierung über mehrere aneinander gekoppelte Märkte in die gleiche Richtung weist. Die Märkte sind dann nicht so eng gekoppelt, wie dies bei benachbarten Märkten der Fall ist. Bei solch einer wechselseitigen Orientierung ist die Kopplung der Märkte wesentlich enger. Eine Störung kann sich so in wechselseitigen Irritationen aufschaukeln. Wie immer in Netzwerken steht das Bedürfnis nach Orientierung und Berechenbarkeit der eigenen Position in Spannung zur Suche nach Spielräumen für eigenes Handeln und das Ausüben von Kontrolle (siehe Kap. 5.1).

4.5 Resümee

Das Marktmodell von Harrison White war für die Entwicklung der *neuen Wirtschaftssoziologie* von großer Bedeutung (Mützel 2010). Allgemein wird wirtschaftliches Geschehen hier mehr und mehr durch die Einbettung von Akteuren in Netzwerke geprägt gesehen, wie dies auch Mark Granovetter postulierte (1985;

siehe Exkurs 4). Auch kulturelle Bedeutung – etwa die Konstruktion von Marktidentitäten in Erzählungen oder die Beobachtung von Signalen im Markt – tritt stärker in den Vordergrund. White selbst nimmt diese kulturelle Ebene in einem späteren Aufsatz in den Blick (2000). Dieser ist allerdings schon stark durch die Theorieumstellungen in *Identity and Control* bestimmt.

In einem Rezensions-Essay kritisiert Karin Knorr-Cetina eine verkürzte Sicht von White auf Märkte (2004). Whites Modell erfasse nur Märkte aus der Perspektive von produzierenden Firmen und nicht Märkte als strukturierende Mechanismen der Wirtschaft als einer gesellschaftlichen Sphäre. Die enge Kopplung von Markt und Firmen bei White sorge dafür, dass die eigenständige Problemdimension von Märkten aus den Augen verloren würde. Diese besteht vor allem in der Organisation von Transaktionen zwischen Verkäufern und Käufern. Hier liefern Knorr-Cetina zufolge die Modelle der klassischen Ökonomie ein besseres Verständnis. In Whites Konzeption stellt ein Markt eine eigenständige Identität dar, die im Fluss der Produktionsströme eigene Probleme zu lösen hat. Die Frage der Orientierung der Produzenten ist hier wichtiger als die Vermittlung zwischen Käufern und Verkäufern.

Whites Marktmodell zeigt dabei – insbesondere in Zusammenhang mit den Arbeiten seines Doktoranden und Ko-Autors Eric Leifer (Exkurs 8) – eine enge Anbindung an die Grundgedanken der Blockmodellanalyse. Es liefert aber auch wichtiges Material für die spätere Weiterentwicklung der Theorie. Ausgangspunkt ist die strukturelle Unsicherheit von Akteuren. Diese finden dann in der wechselseitigen Beobachtung Anhaltspunkte für eigene Entscheidungen und die eigene Rolle im Markt. Es entwickelt sich eine stabilisierte Rollenstruktur innerhalb des Markts. Märkte werden aber selbst als soziale Identitäten konzipiert, die ebenfalls in Netzwerke eingebettet sind (und hier eine je eigene Rolle spielen). Über verschiedene Ebenen hinweg zeigen sich hier gleichartige Strukturbildungen – der Markt von miteinander konkurrierenden Firmen wird selbst zum Molekül in einem übergeordneten Kontext. White nimmt diese Idee der Verfestigung von Rollenstrukturen in Molekülen später im Begriff der Disziplinen wieder auf.

Exkurs 8: Eric Leifer und das Problem der Unsicherheit

Leifer promovierte in den 1980ern bei Harrison White an der Harvard University. Er arbeitete insbesondere eng mit ihm zur Marktsoziologie zusammen (Leifer und White 1987). Der Grundgedanke war dort, dass Akteure in Märkten zunächst mit großer Unsicherheit umgehen müssen. Als Antwort auf diese Unsicherheit beobachten sich die Marktteilnehmer untereinander.

Die Ergebnisse sind Marktnischen und Relationen zwischen den Akteuren (siehe Kap. 4.3).

Diesen Grundgedanken der wechselseitigen Beobachtung und Orientierung nimmt Leifer in seinen Studien rund um seine Dissertation auf. Die wichtigste Publikation ist ein recht kurzer Aufsatz von 1988. Darin entwickelt Leifer ein einfaches Modell zur Entwicklung sozialer Ordnung in Interaktion: In relativ unstrukturierten Situationen begegnen sich Akteure mit einem hohen Maß an sozialer Unsicherheit. Diese Unsicherheit wird aufgelöst, sobald die Akteure Rollen in Bezug aufeinander einnehmen und damit die Sozialbeziehung zwischen A und B definieren.

Allerdings haben beide Akteure ein Interesse daran, dass der oder die *andere* jeweils einen ersten Vorschlag für eine Rollen- und Beziehungsdefinition macht (siehe auch Leifer und Rajah 2000). Diesen ersten Vorschlag kann man dann akzeptieren oder auch infrage stellen. Wer also als erstes eine Rolle einnimmt, hat eher einen Nachteil im Aushandlungsprozess – so der Gedanke von Leifer. Auf dieses prinzipielle Problem reagieren die Akteure, indem sie mit ihren Handlungen die Rollenunklarheit aufrechterhalten. Anstatt in unstrukturierten Situationen vorschnell Rollen- und Beziehungsdefinitionen anzubieten, explorieren sie vor allem die Situation und halten sich ihre eigenen Optionen offen. Beispiele hierfür sind der Flirt oder die Provokation (Leifer 1988, S. 869). Dieses gegenseitige Austesten und Abwarten nennt Leifer „*Local Action*". Dieses Konzept liefert eine wichtige Vorarbeit für den Begriff der „Robust Action", mit dem später John Padgett und Christopher Ansell die enigmatische Handlungsstrategie von Cosimo di Medici kennzeichnen (siehe Exkurs 9).

Wichtiger für die Netzwerkforschung ist das allgemeine Beziehungsmodell des „Leifer-Ties": A und B wissen nicht, was sie voneinander halten sollen. Deswegen beobachten sie ihr Handeln wechselseitig mit Blick auf Anzeichen für eine Rollenübernahme. In diesem Interaktions- und Beobachtungsprozess entstehen graduell Erwartungen über die Rollen von A und B und damit über die Sozialbeziehung.

Diese Überlegungen ließen sich auch aus dem symbolischen Interaktionismus oder der Rollentheorie ableiten, bei Leifer (wie allgemein in der relationalen Soziologie) kommen sie zunächst aus der Beobachtung des Marktgeschehens. Leifer benutzt an dieser Stelle noch das an Rollen und Beziehungen orientierte Vokabular des Strukturalismus, das wir etwa in der Blockmodellanalyse finden. Spätere Arbeiten von White und anderen bringen hier den Begriff der Stories („Erzählungen") in Anschlag.

Leifer weist den allgemeinen Mechanismus der wechselseitigen Beobachtung in einer empirischen Arbeit zu Schachspielern nach (1991). Diese sind dann besonders erfolgreich, wenn sie sich nicht zu sehr auf bestimmte Strategien festlegen. Stattdessen müssen sie jede Spielsituation neu bewerten und darauf flexibel reagieren. Beim Schach wie im wirklichen Leben ist es besser, nicht strategisch langfristig zu planen. Stattdessen sollte man kurzfristig und taktisch handeln und Sozialbeziehungen tentativ und explorativ aushandeln, so könnte man Leifers Ergebnisse als Lebensweisheit formulieren.

Leifers eigene wissenschaftliche Karriere verlief leider wenig erfolgreich. Nach seiner Promotion folgte er Harrison White nach New York, war dort auch formal an der Columbia University angesiedelt. Allerdings erhielt er nie eine feste Anstellung in der Wissenschaft, sondern hielt sich in den 1990er Jahren mit kurzfristigen Stipendien und Auftragsarbeiten über Wasser.

1995 veröffentlichte er eine große Studie über die Entstehung von Profi-Ligen in Teamsportarten in den USA (Basketball, American Football, Baseball). Leifer argumentiert hier, dass die Attraktivität von Profi-Ligen wesentlich an Mechanismen des Ausgleichs zwischen stärkeren und schwächeren Teams hängt. Nur wenn ein gewisses Maß an Gleichheit und Unsicherheit institutionalisiert wird (und der Zuschauer sich nicht sicher sein kann, wer ein Spiel gewinnt), bleibt der Sport spannend und interessant. Gegen Ende der 1990er Jahre schied Leifer auch wegen gesundheitlicher Probleme aus der Wissenschaft aus.

Identität, Kontrolle und Disziplinen 5

Nach der umfangreichen Vorgeschichte wenden wir uns in den folgenden drei Kapiteln dem theoretischen Hauptwerk von Harrison White zu: den zwei Auflagen von *Identity and Control* (1992, 2008). Zusätzlich hat White nach 1990 eine Reihe von Publikationen vorgelegt, die einzelne theoretische Aspekte genauer beleuchten. Angesichts der Vielzahl von theoretischen Konzepten und deren teilweise vielschichtigen Bedeutungen und vielfältigen Zusammenhängen versuchen wir hier, die Theorie etwas zu entwirren und in Teilen vorzustellen:

- In diesem Kapitel betrachten wir zunächst die beiden Hauptbegriffe *Identität* und *Kontrolle* und das 1992 noch zentrale Konzept der *Disziplinen*. Die damit markierte Grundarchitektur schließt unmittelbar an die Blockmodellanalyse und die Marktsoziologie an und bleibt noch recht *strukturalistisch*. Insofern bildet sie so etwas wie einen Prolog für die kommenden zwei Zäsuren in der Theorie.
- Das sechste Kapitel behandelt Whites *„kulturelle Wende"* der Netzwerktheorie. Netzwerke werden hier als grundlegend mit Deutungsmustern verwoben gesehen: mit *Geschichten, Domänen, Stilen* und *Institutionen*.
- Im siebten Kapitel werden soziale Strukturen nicht nur mit Kultur durchzogen, sondern auch noch in *Ereignisse* aufgelöst und dadurch dynamisch. Zentral hierfür ist der Begriff der *Kontextwechsel* („Switchings"). Hierhin gehören aber auch der Begriff der *Öffentlichkeiten*, die Auseinandersetzung mit Luhmanns *Kommunikation*sbegriff und die Konzeption von *Kommunikationsstilen* bei Ann Mische.

© Springer Fachmedien Wiesbaden 2015
M. Schmitt, J. Fuhse, *Zur Aktualität von Harrison White,* Aktuelle und klassische
Sozial- und Kulturwissenschaftler|innen, DOI 10.1007/978-3-531-18673-3_5

Eine perfekte Trennung dieser drei Ebenen oder Schichten von Whites Theoriearchitektur ist nicht möglich. Insofern müssen wir immer wieder auf Begriffe oder Zusammenhänge verweisen, die erst später geklärt werden. Doch damit zu den Fundamenten der Theorie – den beiden Grundbegriffen Identität und Kontrolle.

5.1 Identität und Kontrolle

Harrison White beginnt seine Theorie sozialer Strukturen mit zwei Grundelementen: *Identität* und *Kontrolle*. Dieses Begriffspaar sieht er als Möglichkeit, die Defizite der beiden großen Stränge soziologischer Theoriebildung zu überwinden: des Individualismus einerseits und des Strukturalismus andererseits. Beide bieten nach White jeweils nur halbierte Theorien und müssen dabei zentrale Fragen sozialer Ordnungsbildung ausklammern. Beide setzen mit dem Individuum bzw. der Gesellschaft gleichermaßen gegebene Entitäten voraus, von denen aus sich soziale Ordnungsbildung vollzieht:

> rational choice theory [...] takes identity for granted by ignoring the nesting of contexts and thereby tries to explain away control. Rational choice build upon the myth of the person as some preexisting entity. [...] In contrast to rational choice theory, structuralism disdains events, as when it explains the Civil War without Gettysburg, and the French Revolution without the Eighteenth Brumaire. Structuralism thus takes control for granted and tries to explain away identity. Structuralism builds from the myth of society as some preexisting entity. (White 1992, S. 8 f.)

Beide Ansätze sitzen aus Whites Sicht einem substanzialistischem Fehlschluss auf: Sie setzen mit dem Individuum oder der Gesellschaft Einheiten voraus, die jeweils nicht als feste Ausgangspunkte der Analyse überzeugen. Soziale Ordnung bildet sich nach White erst im Wechselspiel von Identität und Kontrolle in der Bearbeitung sozialer Unsicherheit.

Alles soziale Geschehen ist nach White – wie auch bei Simmel, Mead, Parsons und Luhmann – von einer fundamentalen Unsicherheit geprägt. Unsicherheit wird durch jede Form der sozialen Ordnung nicht aufgelöst, sondern nur transformiert, und taucht so immer wieder neu auf. Anders als bei Parsons oder Luhmann wird Kontingenz nie durch Notwendigkeit ersetzt. Jede Strukturbildung, jede Form sozialer Ordnung ist auch anders möglich. Aus dem Ringen von Identitäten um Kontrolle, um Sicherheit entstehen immer nur kurzzeitig haltbare Stabilisierungen, die mit immer neuen Bemühungen und in ständig sich ändernder Form erhalten werden müssen. Unsicherheit, Identität und Kontrolle stehen so in einem theoretischen Dreieck:

The two primitives of the theory are *identities* and *control*, the former being triggered into efforts at the latter by *contingencies* which bridge physical with social. (White 1992, S. 16, Hervorhebungen im Original)

5.1.1 Der Kinderspielplatz

White benutzt zur Illustration dieser grundlegenden Prozesse sozialer Ordnungsbildung die Szene des Kinderspielplatzes (1992, S. 6 ff., 2008, S. 4 ff.; für eine ausführlichere Analyse vgl. Schmitt 2013). Im Gegensatz zu den meisten anderen sozialen Kontexten ist der Kinderspielplatz nicht nur klein, begrenzt und gut beobachtbar. Zumindest das Zusammenspiel der Kinder (unter Ausklammerung der Eltern) bleibt auch relativ unbelastet von kulturellen Überformungen (institutionalisierten Regeln und Rollenkategorien). Deswegen ziehen hier schon kleine Ereignisse soziale Strukturbildung nach sich – es entsteht „order from noise".

Nach White zeigt eine längere Beobachtung eines Spielplatzes vielfältige Formen der Ordnungsbildung aus Kontrollversuchen und deren kontingenten Ergebnissen heraus. Die Identität einzelner Kinder auf dem Spielplatz wird bestimmt durch die Wahrnehmung von Ähnlichkeit (etwa des Geschlechts, des Alters oder auch von Größe und Hautfarbe) und durch Kontingenzen des Spielgeschehens. Diese werden in „Geschichten" formuliert, etwa: „Tom is the bad guy who always breaks the toys of other kids." (White 2008, S. 4) Zum wichtigen Begriff der Geschichte kommen wir erst im nächsten Kapitel. Hier genügt die Feststellung, dass die Kontrollversuche von Kindern beobachtet werden – und dies führt zur Festlegung von Identitäten („bad guy") als Aspekte sozialer Ordnung.

Zur Identität eines Kindes gehört aber auch, dass dieses häufig mit den gleichen anderen Kindern spielt. Auch bei der Auswahl von Mannschaften gruppieren sich die Kinder wiederholt auf bestimmte Weise – nach wahrgenommener Ähnlichkeit nach Alter, Geschlecht oder ethnischer Herkunft. (White nennt die „Hispanics" als Beispiel, die sich in den USA durch ihre Hautfarbe und ihre Sprache abheben.) Wenn sich auf diese Weise wiederkehrende Gruppierungen bilden, werden diese selbst zu einer Identität, die möglicherweise mit anderen Gruppenidentitäten konkurriert (White 2008, S. 5). Dies erinnert deutlich an die Märkte als beobachtbare Identitäten im Austausch mit anderen Märkten – beide bilden Moleküle im sozialen Raum mit einer eigenen Identität (siehe 4.4.)

Identitäten werden so mit der Beobachtung dieses Geschehens in Relation zu anderen Identitäten gebracht. Kontingenzen werden zu Erwartungen (ein Begriff, den White allerdings nicht benutzt) durch vereinfachende Geschichten über die soziale Turbulenz:

Neat accounts only faintly reflect the real turbulence, energized by unending searches for self and control. In this sense, the social never stands still. Identities couple and decouple, thus continuously creating social space and time. (White 2008, S. 6)

Insgesamt bleiben die Ausführungen Whites hier noch recht abstrakt. Die Spielplatzszene dient nur in Ansätzen einer narrativen Illustrierung. Sie zielt wohl in erster Linie darauf, das Bild einer relativ voraussetzungslosen Strukturbildung des Sozialen zu erzeugen.

5.1.2   Fünf Bedeutungen von Identität

Zunächst zum Identitätsbegriff. Wir haben schon angedeutet, dass sich dieser auf erreichte Stabilisierungen im Sozialen bezieht. Dabei entkoppelt White den Identitätsbegriff von der Person. Identitäten können Personen markieren. Sie können aber auch viel bescheidener und kurzlebiger sein, oder viel umfangreicher und weitreichender:

A firm, a community, a crowd, oneself on the tennis court, encounters of strangers on a sidewalk – each may be identities. Identity here is not restricted to our everyday notion of person, of self, which takes for granted consciousness and integration, and presupposes personality. Instead I generalize identity to any source of action, any entity to which observers can attribute meaning not explicable from biophysical regularities. (White 2008, S. 2)

Der Identitätsbegriff wird über seine alltägliche, auf Individuen bezogene Bedeutung hinaus erweitert. Dennoch ist die Bedeutungsdefinition sehr klar. Eine Identität ist eine Entität, die von Beobachtern als Quelle von „Action", von sozialen Bedeutsamkeiten angesehen wird. Entscheidend ist hier die Zuschreibung von Bedeutung – und nicht irgendwelche vorgängigen Eigenschaften der Entität. Der „Action"-Begriff steht bei White allerdings nicht für von einem subjektiven Sinn angetriebene Handlungen von Individuen, sondern allgemeiner (und vom Subjektiven losgelöst) für soziale Dynamik, für Veränderung (2008, S. 279 ff.). Damit kommt der Identitätsbegriffs White dem Aktantenbegriff der Akteur-Netzwerk-Theorie (Latour 2005, S. 46 f., 71) sehr nahe.

▶ **Identität** steht für Zurechnungspunkte, die Beobachter als nicht-bio-physische Ursache von Prozessen sehen (und sich aus der Beobachtung entsprechende Erwartungen hinsichtlich der Identität entwickeln).

Der Identitätsbegriff steht für zumindest kurzzeitig stabilisierte Zurechnungspunkte für soziale Prozesse. Insofern nimmt White eine konstruktivistische Perspektive auf die Grundeinheiten sozialer Prozesse ein. Damit wendet er sich bereits der Rolle von Sinn und Bedeutungszuschreibung zu, was wir aber erst im nächsten Kapitel betrachten. Soziale Identitäten können sich ad hoc innerhalb von Situationen bilden, indem sich Erwartungen auf relativ marginale Signale stützen. Damit ist der Prozess sozialer Identitätsbildungen nach White jedoch keineswegs abgeschlossen. Denn auch diese minimalen Identitäten können wieder gebündelt und zu komplexeren Identitäten zusammengefasst werden. Immer mehr Erwartungen und Signale lassen sich mit diesen komplexeren Zurechnungseinheiten verbinden. White entwickelt auf dieser konzeptionellen Basis fünf Bedeutungen von Identität (2008, S. 17 f.). Diese unterscheiden sich danach, was in die Bündelungen mit aufgenommen und was durch Abstraktion wieder unsichtbar gemacht wird.

- Die erste Bedeutung von Identität steht für die *Position* in einem Netzwerk.[1] Zum Beispiel kann man in seinem Büro ein Außenseiter sein, oder der beliebte Kapitän einer Fußballmannschaft. Eine Person nimmt jeweils eine Reihe von solchen Positionen in unterschiedlichen Kontexten ein. Insofern sind Personen Bündel von Identitäten in dieser ersten Bedeutung.
- Zweitens steht Identität für eine *Verknüpfung mehrerer Identitäten* (im ersten Sinne) miteinander („connected bunch of the first-sense-identities". Dabei geht es wohl weniger darum, dass eine Identität (etwa: eine Person) Positionen in unterschiedlichen Netzwerkkontexten einnimmt. Vielmehr sind mehrere Identitäten im Verhältnis zueinander relationiert und bilden dabei eine neue Einheit. Ein Beispiel dafür wäre ein Markt, der ja eine Struktur aus mehreren Unternehmen bildet. Die Voraussetzung für diese zweite Bedeutung (oder Ebene) von Identität ist wieder, dass der neuen übergreifenden Einheit Bedeutung zugeschrieben wird.
- In der dritten Bedeutung steht Identität für eine *Spur* („trace") von Identitäten *in verschiedenen Netzwerkkontexten*. Etwa eine Person wechselt von Kontext (Büro) zu Kontext (Fußballmannschaft) und wird dabei als sich bewegende Einheit beobachtet. White zufolge wird durch eine solche Bewegung durch Kontexte hinweg sowohl eine zeitliche als auch eine räumliche Dimension im Sozialen aufgespannt: „It is the pathway a person, entity, or place takes through social time." Die Spur der Wechsel zwischen Kontexten definiert dabei eine in

---

[1] White schreibt an dieser Stelle von einem „Netdom", das für ein mit kulturellen Bedeutungen unterlegtes Netzwerk steht (siehe Kap. 6.2). Netzwerkkontexte werden hier also als sinnhaft voneinander abgegrenzt gedacht – eine Voraussetzung dafür, dass man im Büro und in der Fußballmannschaft tatsächlich *unterschiedliche* Positionen einnehmen kann.

der Zeit dynamische Identität. Hier geht es zunächst nur um die strukturellen Merkmale dieser Wechselspur. Sie ist noch nicht mit integrierenden Bedeutungen belegt und reproduziert sich lediglich als Abfolge von Positionierungen in Kontexten.

- Die vierte Bedeutung von Identität steht nun für die *Interpretation dieser Wechselspur* (der Identität im dritten Sinne). Dabei geht es nach White um die Selbstbeobachtung der Identität als identisch über die unterschiedlichen Positionen hinweg – also das einzige Mal um eine subjektive Perspektive: „This is what a person perceives to be his or her self – a narratively embedded history of a journey through different netdoms." So lässt sich dann auch vermuten, dass Identität in diesem vierten Sinne nur in sinnverarbeitenden Systemen realisiert werden kann, also etwa in Individuen oder in Organisationen. Hier kommt es durch den Rekurs auf Bedeutung zu einer Verdichtung und weiteren Festigung der Identität. Die Struktur (von Positionen in Netzwerkkontexten) wird zum Ausgangspunkt für eine Zuschreibung von Bedeutung (in der Selbstbeobachtung).

- Schließlich schreibt White noch von einer fünften Bedeutung von Identität als einer „dynamischen", aber sich „selbst reproduzierenden *Amalgamierung" von Identitätszuschreibungen in den ersten vier Varianten.* Hier schließlich ist etwa die Identitätskonstruktion von „Personen" zu finden. Eine personale Identität muss mithin alle situationsbezogenen Stabilisierungen (1), ihre Verknüpfung miteinander (2), ihre Verkettung in der Zeit (3) und die damit verknüpfte Selbstbeobachtung (4) integrieren.

Diese fünfte Identitätsform wird als eins der zentralen Theoriekonstrukte Whites noch häufiger Thema dieser Abhandlung. Wir diskutieren es etwa im Zusammenhang mit Stilen noch zweimal. An dieser Stelle bleibt festzuhalten: White erweitert den Identitätsbegriff stark und will ihn nicht verfrüht durch Festlegungen beschränken.

White denkt Identität als verschachteltes Konzept mit verschiedenen Komplexitätsstufen. Diese bauen aufeinander auf und kombinieren Strukturaspekte (Position/Verknüpfung im Netzwerk) und deren Beobachtung und Bedeutung miteinander. Identitäten sind nicht unmittelbar gegeben, sondern werden in sozialen Prozessen hergestellt. Sie fungieren dann jedoch durch diese Konstruktionsprozesse in neuen Prozessen als gegeben und teilweise unverhandelbar.

Die Verwandtschaft zum Rollenkonzept in der Blockmodellanalyse ist deutlich sichtbar (siehe 3.3). Auch dort geht es wesentlich um die Positionierung in systematischen Beziehungsnetzen (wie im ersten Sinne von Identität). Gegenüber dem Rollenkonzept rückt der Identitätsbegriff aber erstens die Konstruktion von

Bedeutung in den Vordergrund. Zweitens bleibt der Rollenbegriff meist eng an Individuen gebunden. Diese Fixierung auf Personen löst White mit seiner Konzeption von Identitäten auf. Beide Aspekte haben vermutlich zur Verschiebung der Begrifflichkeit beigetragen.

5.1.3 Kontrolle

Gegenüber dem Identitätsbegriff erweist sich Whites zweites Grundkonzept der „Kontrolle" als schwieriger zu greifen. Kontrolle hat bei White zwei schwerpunktmäßige Bedeutungen: Zum einen geht es um alle Bemühungen, mit der allgegenwärtigen Unsicherheit umzugehen – um die Reduktion von Unsicherheit oder um die Kontrolle von Aspekten der Umwelt. Zum anderen bezieht sich Kontrolle auf etwas, das Identitäten an ihrem Platz hält. Hier erscheint Kontrolle als anderer Begriff für die Einbettung und Stabilisierung von Identitäten. Kontrolle entspringt damit Identitäten (als Kontrollversuche) und stellt diese zugleich von außen fest bzw. hält sie fest und schränkt sie ein. Kontrolle geht von Identitäten aus und trifft sie gleichzeitig von Außen.

> Control is both anticipation of and response to eruptions in environing process. Seeking control is not some option of choice, it comes out of the way identities get triggered and keep going. [...] Control efforts are responses by identities to endless stochastic contingencies to which others' control efforts should be added. Each control effort presupposes and works in terms of realities for other identities. (White 1992, S. 9 f.)

Identitäten können sich daher nicht für oder gegen ein Streben nach Kontrolle entscheiden. Kontrollstreben zeichnet vielmehr Identitäten generell aus. Nur durch Kontrolle kann es zu einer ausreichenden Stabilisierung kommen, um von Identitäten überhaupt sprechen zu können. Gleichzeitig kann Kontrolle nicht einfach einzelnen Identitäten zugeschrieben werden, wie auch Identitäten nicht selbst über ihre Stabilisierung bestimmen. Kontrolle meint immer auch Verstrickung verschiedener Kontrollversuche und damit auch ganz unterschiedlicher Identitäten miteinander. Die Identitäten suchen Halt durch Kontrolle und werden gleichzeitig gehalten von Kontrolle. Kontrolle steht damit nicht für das Beziehungsmanagement von Akteuren (Azarian 2005, S. 69), sondern das verflochtene Netz von immer neuen Kontrollprojekten:

▶ Kontrolle steht für die Verflechtungen zwischen Identitäten, die diese als Identitäten stabilisiert.

Identität und Kontrolle werden von White in einem Zirkel verbunden – als notwendige Bedingungen füreinander und gleichzeitig als dynamisches Prinzip der Bildung und Auflösung sozialer Ordnungen. White betont immer wieder die Notwendigkeit ihres Zusammenhangs und kritisiert ja auch Individualismus und Strukturalismus für die Ausblendung bzw. einseitige Auflösung des Zusammenhangs. Kontrolle setzt immer schon Identitäten als Ziele und Ausgangspunkte voraus. Und diese Identitäten können sich nur ausbilden, wenn sie durch Kontrolle an diesen Positionen gehalten werden. Kontrolle ist daher die notwendige Bedingung für die Bildung von Identitäten, während Identität die notwendige Bedingung für Kontrollversuche und deren Stabilisierung bildet.

Mit dieser Theorie von Identität und Kontrolle entwirft White ein dynamisches Prinzip der Veränderung sozialer Ordnung. Die immer neuen Kontrollversuche zur Festigung von Identitäten führen genau zu immer nur vorläufigen und kontingenten Ausbalancierungen zwischen Identitäten. Die soziale Welt erscheint damit als turbulent und „messy", als durchgängig in Bewegung und nur vorläufig und lokal stabilisiert. Die Dialektik von Identität und Kontrolle treibt Strukturbildungen an und löst diese immer wieder von neuem auf.

Damit unterscheidet sich Whites Theorieansatz einerseits von den Makro-Theorien von Parsons, Luhmann und Bourdieu, die alle auf ihre Weise eine recht geordnete und ständig reproduzierende Gesellschaft entwerfen. Andererseits stützt sich Whites Theoriearchitektur auch nicht wie handlungstheoretische Ansätze auf autonome Individuen. Die entscheidenden Prozesse finden zwischen Individuen statt und führen dort zu (prekären) Ordnungsbildungen. Auch die sozialen Identitäten von Individuen (und anderen sozialen Einheiten) sind erst Ergebnisse dieses Geschehens – und nicht deren Ausgangspunkte.

5.2 Disziplinen als soziale Moleküle

Welche Arten sozialer Strukturen bilden sich aus diesem Wechselspiel von Identität und Kontrolle? Es liegt nahe, hier auf soziale Netzwerke der (sinnhaften) Relationierung von Identitäten zu kommen. Wir kommen zu dieser Antwort im nächsten Kapitel. In der ersten Auflage von *Identity and Control* (1992) stellt White aber ein anderes Konzept an den Anfang: die *Disziplinen*. Damit bezeichnet er die Bildung von sozialen Molekülen aus mehreren Identitäten wie etwa in einem Markt, in einer Kommission oder einer sozialen Bewegung. Damit schließt White direkt an seine marktsoziologischen Überlegungen an (siehe Kap. 4).

Die Produktionsmärkte sind bei White ein Beispiel dafür, wie sich aus der wechselseitigen Orientierung von Akteuren eine relativ stabile soziale Konstellation ergibt. Diese Konstellation zeichnet sich dadurch aus, dass sie Akteure nach je eigenen Kriterien bewertet und ins Verhältnis zueinander setzt. Zugleich wird sie im Vergleich und im Verhältnis zu anderen sozialen Konstellationen (hier: anderen Märkten) selbst zu einer Identität, mit der bestimmte Erwartungen verknüpft sind. Wie wir kurz angedeutet haben, bilden Märkte nach White eine Art „soziales Molekül", in der Akteure (in diesem Fall Organisationen) zueinander in Beziehung gesetzt werden und dabei zu einer neuen Einheit verschmelzen.

Diesen Gedanken verallgemeinert White in der Theoriefigur der „*Disziplinen*" (1992, S. 22 ff.). Disziplinen stehen für relativ stabile Kristallisierungen von Sozialkonstellationen und sind ein Beispiel für eine eigenwillige Begriffsbildung bei White. Man sollte dabei weniger an eine „Disziplin" – also eine fachliche Spezialisierung in der Wissenschaft denken – als an die Disziplin, die von einer (relativ abgeschlossenen) sozialen Struktur auf Akteure ausgeübt wird. Allerdings wäre auch eine wissenschaftliche Disziplin eine solche „Disziplin" nach White, weil auch dies eine sich selbst reproduzierende Struktur darstellt, die die beteiligten Akteure mit eigenen Bewertungskriterien diszipliniert.

5.2.1 Die Grundidee

Schon bei der Kritik an der klassischen Ökonomie, an der Rational-Choice-Theorie und den Struktur- und Systemtheorien wurde deutlich, dass sich White von atomistischen und holistischen Sichtweisen auf soziale Ordnungen lösen will. Mit dem Disziplinenkonzept propagiert White eine molekulare Soziologie. Diese geht zwar davon aus, dass die soziale Welt „a shambles" (White 1992, S. 22) mit großer Unordnung (und ohne übergeordnetes Strukturprinzip) ist. Aber dennoch enthält sie eine Reihe von lokalen Ordnungen – wie etwa die im letzten Kapitel behandelten Marktkonstellationen. Diese Kerne sozialer Ordnung sind Sozialzusammenhänge, die die einzelnen Akteure (hier: Firmen) im Verhältnis zueinander definieren. White zufolge ergeben sich solche molekularen Konstellationen einfach aus der fundamentalen sozialen Unsicherheit durch das Zusammenspiel von Identität und Kontrolle:

> But molecules are unavoidable. These are distinctive units of mutually constraining efforts at control, which survive contentions among identities that were triggered by happenstance. These identities survive with some uniformity and regularity only as they fall into self-reproducing configurations. Each such configuration is a discipline for social action which inducts as it embeds an identity into still further social organization. (White 1992, S. 23)

Identitäten können sich nur in einer Balance zwischen Kontrollprojekten stabilisieren. Eben dies geschieht in den Disziplinen als sich reproduzierenden Molekülen.

Sie sind in der ersten Auflage von *Identity and Control* die Basis von „social organization" (einführend White 1992, S. 16). Eine solche molekulare Soziologie kann sowohl die hochaggregierten als auch die desaggregierten sozialen Identitäten als Ergebnisse von Verbindungen modellieren und muss keine von ihnen zum Ausgangspunkt soziologischer Analysen machen.

Der Ausgangspunkt sozialer Molekülbildung ist die *Hackordnung* (pecking order), die man auch aus dem Tierreich kennt (Chase 1980; Martin 2009, S. 104 ff.). Die klassische Hackordnung richtet sich auf den Zugang zur materiellen Umwelt und resultiert in einer klaren und eindeutigen Dominanzordnung (1992, S. 24). Zwischenmenschliche Sozialmoleküle können sich gegenüber den Hackordnungen im Tierreich in einem größeren Maße ausdifferenzieren. Es entstehen differenzierte Jägerdisziplinen und andere soziale Moleküle, die nach je eigenen Kriterien ordnen und *Dominanz* realisieren. Klassische Hackordnungen sind daher im sozialen Zusammenleben sehr selten. Allerdings bilden sich auch im Sozialen Moleküle, die den Umgang mit und den Zugang zur materiellen Umwelt regeln und dabei eine nach spezifischen Kriterien organisierte Dominanzordnung bilden.

Neben dem Bezug auf die Hackordnung und damit auf eine Form der Dominanz als Ordnungskriterium, zeichnen sich die menschlichen Sozialmoleküle durch die Orientierung an spezifischen *Werten* aus. Und sie zeigen einen je eigenen *Prozess*, den der Kampf um Kontrolle in diesem Molekül annimmt. Die von White als Disziplinen bezeichneten Sozialmoleküle sind daher eine Verbindung von Dominanz- und Werteordnung, die intern bestimmte Kontrollprozesse organisieren.

▶ Eine **Disziplin** steht für eine relativ dauerhafte Molekülbildung im Sozialen. Diese reproduzieren sich in internen Kontrollprozessen, bei denen Identitäten nach spezifischen Wertmaßstäben beobachtet und zueinander in Beziehung gesetzt werden.

5.2.2 Typologie von Disziplinen

Bei den kommunikationsorientierten sozialpsychologischen Ansätzen von Robert Bales (1950) und Michael Argyle ([1975] 2013) findet White einfachste Schemata für die Differenzierung solcher Werteordnungen:

- das instrumentelle Schema: *nützlich/ohne Nutzen*;
- das *Freund-Feind*-Schema;
- und die Unterscheidung zwischen *Über-* und *Unterordnung*.

Jedes dieser Schemata bildet nach White einen Maßstab für die wechselseitige Beobachtung in einer Disziplin:

- Das instrumentelle Schema liefert das Ordnungsprinzip der *Qualität*. Die Orientierung an diesem Kriterium ist kennzeichnend für Produktionsordnungen, die White als „*interface*" bezeichnet (White 1992, S. 30). Produktionsordnungen haben wie die anderen Disziplintypen einen prototypischen Kontrollprozess (2008, S. 64 f.): Hier müssen sich die beteiligten Identitäten an den Produktionsprozess „*binden*" („commit"). Für diesen Typ Disziplin stehen die Produktionsmärkte aus Kap. 4 Paten.
- Aus dem Freund-Feind-Schema ergibt sich das Ordnungsprinzip der *Reinheit*, des Dazugehörens oder Draußenbleibens. Sie erzeugt die Selektionsordnung, der „*arena*". Der Kontrollprozess besteht hier eben in der *Auswahl* von Mitgliedern. Whites Beispiele hierfür sind Heiratsmärkte, Kulte und Professionen.
- Schließlich ergibt sich aus dem Schema der Über- und Unterordnung das Ordnungsprinzip des *Prestiges* – der Frage, wer über etwas bestimmen darf. Kontrolle wird hier als *Vermittlung* („mediation") zwischen Vorschlägen prozessiert. Die sich ergebende Mediationsordnung heißt bei White „*council*". Als Beispiele nennt White Parlamente oder auch Filmproduktion und Föderationen.

Damit sind die grundlegenden Typen sozialer Moleküle – Interface, Arena und Council – bezeichnet und nach ihren Beobachtungs- und Bewertungsschemata sowie ihren spezifischen Kontrollprozessen charakterisiert (Tab. 5.1).

Whites Theorie von Disziplinen liefert damit eine ambitionierte und umfangreiche Typologie sozialer Strukturen. Diese bilden White zufolge „Moleküle", in denen je eigene Prozesse Identitäten nach spezifischen Bewertungskriterien ordnen. Immer geht es also darum, dass Identitäten miteinander verknüpft werden und sich dadurch eine bestimmte Art von Kontrolle über diese im Molekül ergibt. Bevor wir zu einer Bewertung dieses Theoriebausteins kommen, gehen wir kurz auf die einzelnen Typen von Disziplinen genauer ein.

Tab. 5.1 Typen von Disziplinen mit Kontrollprozessen und Bewertungskriterien (nach White 2008, S. 65)

Disziplin-Typ	Kontrollprozess	Bewertungskriterium	Beispiele
Produktionsordnung (*„interface"*)	Bindung an Produktionsprozess („commit")	Qualität	Produktionsmärkte, Diskussionsrunden, Kampfeinheiten
Arena	Auswählen von Mitgliedern („select")	Reinheit („purity")	Professionen, Tauschmärkte, Kulte
Mediationsordnung (*„Council"*)	vermitteln zwischen Vorschlägen („mediate")	Prestige	Parlamente, Filmproduktionen, Föderationen

5.2.3   Produktionsordnungen (interfaces)

Produktionsordnungen sind die von White am besten untersuchte Spezies von Disziplinen. Die Überlegungen bauen stark auf Whites Marktmodell auf (siehe Kap. 4). Produktionsordnungen sind am stärksten mit klassischen Hackordnungen verwandt, da sie sich primär mit der (auch materialen) Umwelt auseinander setzen:

> Interfaces are akin to dominance orderings in being driven by productions. Physical production and biophysical reality matter. Work is our adaptation to them. Much of life is work (…), and work takes place in concrete ecologies. But much of work also involves coping with other identities and their control efforts, typically through interface disciplines. (White 1992, S. 38)

Produktionsmärkte sind nur das einfachste Beispiel für ein Interface. Daneben sieht White auch Amateur-Theater-Gruppen, Diskussionsrunden, militärische Kampfeinheiten und Büros von Professoren als Produktionsordnungen. Immer geht es darum, eine Arbeitseinheit herzustellen: ein Theaterstück, ein Diskussionsergebnis, den Kampf gegen feindliche Einheiten. Dies erzeugt einen Produktionsstrom, dessen Ergebnis im Aggregat weitergegeben wird. Produktionsordnungen drehen sich um Arbeit, Zusammenarbeit und das Besetzen von Nischen in einem Arbeitszusammenhang. Dabei steht nicht unbedingt die Teilung der Arbeit im Vordergrund, sondern die Bewertung der *Qualität* von Beiträgen. Diese Werte spannen eine Rangfolge der beteiligten Identitäten auf und konstituieren eine Gesamtidentität des Produktionszusammenhangs.

Der von White gewählte Begriff „interface" macht deutlich, dass es um einen Transformationsprozess geht. Die Disziplin sammelt diverse Einflüsse auf und macht daraus ein gemeinsames, der Identität des sozialen Moleküls zugeschriebenes Resultat. Die unterschiedlichen eingehenden Identitäten werden in dieser Situation zu vergleichbaren „peers". Diese Herstellung von Gemeinsamkeit und Vergleichbarkeit ist zugleich Resultat der Produktionsordnung und Voraussetzung der Produktion einer übergeordneten Identität.

Wie wird dieser Prozess über das Kriterium der Qualität gesteuert? Zum Beispiel stellt der gemeinsame Bau einer Sandburg auf dem Kinderspielplatz eine Produktionsordnung dar. Unterschiedliche Kinder stellen mit individuellen Beiträgen ein gemeinsames Produkt her. Sie alle werden Sandburgenbauer, und ihre Beiträge lassen sich hinsichtlich ihrer Qualität vergleichen. Gleichzeitig ist der Sandburgenbau selber eine wenn auch sehr vorübergehende soziale Identität. Er diszipliniert die möglichen Beiträge und die Identitäten der beteiligten Kinder. Das Produkt Sandburg steht im Vordergrund des sozialen Moleküls und konstituiert gleichzeitig die Einheit des Zusammenhangs. Nur in Bezug auf dieses Produkt werden auch

die Positionen einzelner beteiligter Kinder innerhalb der Produktionsordnung bestimmt. Damit wird diese am unmittelbarsten mit der materiellen Umgebung verknüpfte Disziplin zum primären Ort der Produktion sozialer Identitäten. Dies wird
jedoch häufig unsichtbar vor dem Hintergrund des Wettbewerbs um Positionen
innerhalb der Produktionsordnung:

> Interfaces yield substantive outputs as well as comparative standings, and this dis-
> tracts attention from the new integral identity on different levels. Competition is
> about the importance of doing slightly better than your peers who in the larger context
> are so very similar to oneself; what is not necessarily signified is the strength of the
> new identity created by the competition. (White 2008, S. 82)

Das Sandkastenbeispiel stößt hier jedoch an Grenzen: Der Sandburgbau steht für
einen nur vorübergehenden Sozialzusammenhang – anders als etwa Produktionsmärkte. Nach Abschluss der Arbeit wird der Sandburgenbau zu einer „failed disci-
pline" (White 1992, S. 66). Sie lässt nur Beziehungen übrig, die für die Identitäten
der Kinder durchaus bedeutsam sind, aber keine längerfristige Produktionsordnung hervorbringen (siehe auch Kap. 5.1).

5.2.4   Selektionsordnung (Arena)

Die *Arena* bzw. *Selektionsordnung* ist weniger auf die Bearbeitung der natürlichen
Umwelt ausgerichtet. Vielmehr geht es um die Anwendung von Inklusions- und
Exklusionsmechanismen auf der Basis von häufig ad hoc erzeugten Vergleichen:

> The arena discipline selects and matches, typically in an episodic fashion. In the play-
> ing-field case, formal teams may be only two in number, but the number of clusters
> going into and out of selections and matchings is various and shifting. Selecting here
> is concerned with variously perceived real tasks – throwing passes versus line play
> and the like – and corresponding degrees of social ‚fits'. (White 2008, S. 95)

Die Arena inkludiert also passende Identitäten aufgrund von je eigenen Auswahl-
kriterien. White spricht auch von der Orientierung dieser Disziplin am Wert der
Reinheit im Sinne von Passgenauigkeit auf die Selektionskriterien. Identitäten
werden hinsichtlich ihres Passens zu einer Reinheitsvorlage sortiert. Alle sozialen
Auswahlprozesse folgen diesem allgemeinen Mechanismus in einer Fülle spezi-
fischer Varianten.

White bezeichnet diese Disziplin auf dieser Basis auch als „purifier" (White 1992, S. 52 ff.). Die Arena nimmt dabei aufgrund der eigenen Kriterien eine soziale Abgrenzung ihrer Mitglieder von der Außenwelt vor. Der Vorgang der Reinigung („purification") durch Auswahl ist öffentlich sichtbar. Aber die genauen Selektionsregeln und Standards ändern sich fortlaufend durch das Zusammenspiel der Beteiligten. Auf diese Weise bleibt die Arena für die Außenstehenden undurchschaubar („opaque"). Als Beispiele für solche Arenen nennt White Austauschmärkte wie auch den Heiratsmarkt (im Gegensatz zu Produktionsmärkten), Professionen, Kulte und auch Mehrparteiensysteme. Oft entscheidet etwa in professionellen Kontexten eine Elite über die Kriterien der Zugehörigkeit.

White zufolge wird die Entstehung einer Arena-Disziplin häufig durch Zufälle ausgelöst (1992, S. 49). Die Selektionsordnung ist sehr flexibel in der Prüfung ganz unterschiedlicher neuer Identitäten und kann schnell die Reinheitskriterien anpassen. Sie wird damit zu einem „effective and predictable regulator of real network flows" (White 1992, S. 49). Allerdings kann sie wegen dieser Flexibilität schlechter eine stabile dauerhafte Identität ausbilden, sich also als festes soziales Molekül etablieren. Die Arena ist kurzlebig und kann Identitäten kaum längerfristig abstützen. Allerdings werden Ergebnisse dieser Selektionsprozesse in der Form von *Ruhm* als genereller Währung abgespeichert und in andere Settings übertragen.

5.2.5 Vermittlungsordnung („council")

In dem „*Council*" als der dritten Spezies von Disziplinen geht es um die Vermittlung zwischen unterschiedlichen Interessen bzw. um die Mobilisierung für bestimmte Interessen. Eine *Vermittlungsordnung* versammelt Identitäten hinter gemeinsamen Kontrollprojekten. White macht 1992 noch die Mobilisierung als zentralen Prozess dieser Ordnung aus (1992, S. 55). 2008 steht dagegen der Begriff der Mediation bzw. Vermittlung im Vordergrund (White 2008, S. 87). Die Mobilisierung erhält nun einen abgeleiteten Status. Diese Umstellung verschiebt den Akzent von der direkten Rekrutierung von Mitstreitern hin zu einem Aushandlungsprozess von Möglichkeiten der Unterstützung. Die Vermittlungsordnung rückt nun weg vom Idealtyp sozialer Bewegungen und in die Nähe politischer Versammlungen.

Für White kommt die Vermittlungsordnung dem Idealtyp einer rein sozialen Disziplin am nächsten (White 2008, S. 88). Es geht hier 1) nie direkt um die Auseinandersetzung mit der materiellen Umwelt und 2) ebenso wenig um einfache Zuordnungen nach vorgegebenen Kriterien. Stattdessen werden aufwendig Korrelationen zwischen beteiligten Identitäten konstruiert:

Correlation among involved identities is key as both source and outcome of mediation. To mediate is to induce similarity, in actual social enactment, even though the story told may be a unique claim. This is so because, objectively, mediation is always a reciprocating process of inducing like claims and commitments in response to those of other actors (these claims and commitments need not be verbalized. (White 2008, S. 88)

In der Vermittlungsdisziplin geht es also um Mediationsprozesse zwischen heterogenen Identitäten. Whites Beispiele für die Council-Disziplin sind vor allem politische oder quasi-politische Institutionen (mit unterschiedlichem Grad an Differenzierung von ihrer Umwelt): Parlamente, der römische Senat, aber auch Aufsichtsräte, Filmproduktionen, Föderations- und Klientel-Systeme (1992, S. 56).

Eine zentrale Ressource in der Versammlung ist Prestige. Wer Prestige über erfolgreiche frühere Versammlungen und Vermittlungen gewinnt, der kann auch bei neueren Mobilisierungsversuchen darauf bauen. Prestige beschreibt die Vertrauenswürdigkeit einer Identität beim Vermitteln zwischen unterschiedlichen Ansprüchen. Um dieses Kriterium herum bilden sich Allianzen in der Vermittlungsordnung.

5.3 Umwelteinbettung von Disziplinen

Disziplinen sind aber keine selbst-genügsamen, abgeschlossenen sozialen Einheiten. Nach White ist jedes soziale Molekül eingebettet in eine spezifische Umwelt, mit der es eine Reihe von wichtigen Verbindungen unterhält. Diese *Umwelteinbettung* erfasst dabei sowohl eine basale Kopplung an bestimmte Ausschnitte der Umwelt, als auch eine Abkopplung von anderen Umweltgesichtspunkten – sie ist Kopplung und Abkopplung zugleich. White macht drei Dimensionen dieser Umwelteinbettung aus:

- *Selbstbezogenheit* („involuteness") bezieht sich auf die Spezialisierung einer Disziplin: Wie sehr kann sie sich auf ihre eigene Wertordnung berufen? Und wie groß ist der Einfluss anderer Wertorientierungen? Je stärker selbstbezogen eine Disziplin ist, desto unwichtiger werden externe Bewertungen für die internen Positionen.
- Die *Abhängigkeit* („dependence") bezieht sich auf die gerichtete Einbettung einer Disziplin. Inwieweit ähnelt sie in ihrer Wertordnung den angrenzenden Disziplinen – also Sozialkonfigurationen, die einen direkten Beitrag zur betreffenden Disziplin leisten (upstream) oder deren Beiträge weiterverwenden (downstream)? Je ähnlicher sich die Wertorientierungen dieser Disziplinen sind, desto stärker ist die Abhängigkeit zwischen ihnen.

- Die *Differenzierung* („differentiation") schließlich steht für die Übereinstimmung zwischen der inneren wertbezogenen Positionierung von Identitäten und ihrer Wahrnehmung in anderen Disziplinen. Wird die innere Ordnung von außen genauso wahrgenommen wie von innen?

Diese drei Dimensionen spannen nun einen Raum für mögliche Einbettungsprofile von Disziplinen auf (White nennt diesen Raum „index space"; White 1992, S. 35 ff.). Alle drei Typen von Disziplinen lassen sich nun im Prinzip überall in diesem dreidimensionalen Raum verorten, wie Whites Übersichten verdeutlichen (1992, S. 44, 47, 50, 56).

Dabei scheint jede Art von Disziplin mit einer Dimension von Umwelteinbettung besonders verbunden. Die diesbezüglichen Ausführungen unterscheiden sich in den beiden Auflagen von *Identity and Control* (1992 und 2008) gravierend: 1992 ordnet White jedem Disziplin-Typ eine Art von Umweltbezug zu, der für die unterschiedlichen Ausprägungen der Typen besonders wichtig („kritisch") sein soll (1992, S. 36 f.). 2008 wird nun der jeweils selbe Umweltbezug für die jeweilige Disziplin plötzlich unwichtig: Die Disziplin soll durch Veränderungen in dieser Art von Umwelteinbettung wenig betroffen sein (2008, S. 78).

Wir bieten hier eine Interpretation an, die beide Auflagen berücksichtigt: Jede Disziplin kann über diesen einen Typ von Umweltbezug autonom verfügen. Deswegen spielen für Variationen in dieser Einbettung Einflüsse aus der Umwelt eine geringe Rolle – wie in der Auflage von 2008 formuliert. Umgekehrt ist das Ausmaß der auf diese Weise selbst erzeugten Umwelteinbettung für die Ausprägung der jeweiligen Disziplin entscheidend – „critical" im Sinne der Auflage von 1992. Damit ergibt sich folgendes Bild:

- *Produktionsordnungen* (Interface) konzentrieren sich auf die Erzeugung von Output auf der Basis von Commitments. Dies erzeugt ein je spezifisches Maß an *Selbstbezogenheit*. Produktionsmärkte zeichnen sich durch eine mittlere Selbstbezogenheit aus. Amateur-Theater- und Diskussionsgruppen realisieren eine geringe Selbstbezogenheit, Kampf-Einheiten und Büros von Professoren (wie auch Universitäten insgesamt) hohe Selbstbezogenheit (1992, S. 44, 47).
- *Selektionsordnungen* (Arenen) grenzen sich fundamental von nicht-dazugehörigen Identitäten ab. Sie kontrollieren damit das Ausmaß an *Abhängigkeiten* zu umliegenden Disziplinen. Austauschmärkte und Kulte zeigen eine geringe Abhängigkeit, Professionen eine mittlere und multiple Hierarchien (ein weiteres Beispiel einer Arena) eine hohe Abhängigkeit von der Umwelt (1992, S. 50).
- Eine *Mediationsordnung* (Council) basiert auf eigenen Regeln für die Vermittlung von Ansprüchen. Dabei kontrolliert sie den Grad an *Differenzierung*

zwischen Selbst- und Fremdwahrnehmung. Autokratien und Föderationen sind nach White minimal differenziert, Parlamente mittel und Film-Produktions-Teams maximal differenziert von ihrer Umwelt (1992, S. 56).

Dann würde der Grad der Selbstbezogenheit eines Interface gerade durch das Commitment zum Produktionsprozess sichergestellt. Und Interfaces unterscheiden sich (im Sinne der Auflage von 1992) gravierend im Ausmaß dieser selbst erzeugten Selbstbezogenheit.

Die Mitte des dreidimensionalen Raums von Umwelteinbettungen (wo alle Einbettungsaspekte einen mittleren Wert annehmen) nennt White ein „Schwarzes Loch" (White 1992, S. 60 ff.). Hier sind die entstehenden sozialen Moleküle nicht eindeutig identifizierbar und lassen sich kaum zu sozialen Identitäten stabilisieren. An der Stelle dieses „schwarzen Lochs" kommt es White zufolge zur Ausbildung der bereits in Kap. 3.1. diskutierten Catnets:

> When clear-cut disciplines do not emerge, one can expect not only a profusion of identities of limited durations but also much more prominence for looser forms of social organization. [...] Attributes, of actors or events, become more prominent in the absence of place in an articulated mechanism of discipline. Stereotypes – that is to say, categorical attribution of character – appear among actors and events. Catnets appear in the absence of stable well-formed disciplines. (White 2008, S. 107)

Wenn die Strukturbildung in sozialen Molekülen nicht möglich ist, leistet der Rückgriff auf soziale Kategorien dennoch eine gewisse Stabilität von Erwartungen. Das Kategoriennetzwerk erzeugt kein überlebensfähiges soziales Molekül. Aber es induziert eine gewisse Ordnung mit einer eigenen, relativ voraussetzungsschwachen Koordinierung von Kontrollprojekten (und Etablierung von Identitäten). An dieser Stelle kommen wir von der stark strukturalistischen Disziplinen-Theorie zum Zusammenspiel von Netzwerken und kulturellen Formen (Kategorien), um die es im nächsten Kapitel geht.

5.4 Verteiltheit und Selbstähnlichkeit

White umreißt Disziplinen als relativ dauerhafte soziale Moleküle: Konstellationen von Identitäten mit je eigenen Bewertungskriterien und charakteristischem Umweltbezug. Diese Disziplinen werden selbst zu Identitäten im Verhältnis zu anderen Disziplinen. Auf diese Weise lassen sich – analog zu den Marktformationen – Netzwerke von Disziplinen beobachten. Teilweise verhärten sich diese Netzwerke auch selbst wieder zu Disziplinen – zum Beispiel in einer Föderation, in der mehrere Vereine Mitglied sind und ihre Interessen vermitteln. Diese Föderation wird dann selbst wieder zu einer Identität im Zusammenspiel mit anderen Einheiten auf einer darüber liegenden Ebene.

Die Grundidee der Molekülbildungen in Disziplinen ermöglicht solche Konstruktionen von ineinander verschachtelten Strukturbildungen. White nennt diese Architektur *Selbst-Ähnlichkeit* („self-similarity"), weil sich über verschiedene Ebenen hinweg ähnliche Strukturbildungen beobachten lassen. Das Konstruktionsprinzip der Selbstähnlichkeit ist bei ihm eng mit einem zweiten verbunden: dem Prinzip der *Verteiltheiten* („dispersions"). White erläutert beide Konzepte kaum. Sie scheinen aber grundlegend für seine Theoriekonstruktion, weswegen wir sie hier kurz genauer beleuchten. White führt beide Konzepte am Anfang seines Buchs ein:

> This book asserts and highlights *self-similarity* of social organization, as a first principle, according to which the same dynamic processes apply over and over again across different sizes and scopes. [...] The principle of self-similarity then suggests that *dispersions* are the key measures for all observed social formations. Dispersions are the sources of identities and control, which are the sources of social organization. Let this be the second principle: It is not averages which are crucial, but rather spreads across locale and degree of social connections. Particularly important is how events are spaced. (White 1992, S. 5; Hervorhebungen M.S./J.F.)

White spricht von zwei „master principles", Grundprinzipien, die seine gesamte Theorie tragen. Dem Prinzip der *Selbstähnlichkeit* folgend konstituieren gleichartige Prozesse die unterschiedlichen sozialen Organisationsformen auf verschiedenen Aggregationsebenen. Zunächst sind also Konstitutionsprozesse selbstähnlich und in zweiter Linie die damit erzeugten Einheiten, die dann ja auch unterschiedlichen Größenordnungen angehören können.

Ein Beispiel hierfür ist die soziale Formation „Akteur", die wir auf unterschiedlichen Ebenen sozialer Zahl und physischer Ausdehnung finden (White 1992, S. 17). So können Menschen als Akteure auftreten, aber auch Organisationen unterschiedlicher Größe und auch andere aggregierte Einheiten wie Gruppen, Gemeinschaften und soziale Bewegungen. Alle zeigen ein ähnliches Format und gleichartige Herstellungsprozesse, wie insbesondere die Neo-Institutionalisten John Meyer und Ronald Jepperson herausgearbeitet haben (Meyer und Jepperson 2000; siehe auch Fuhse 2009a).

White ebnet also das Soziale gewissermaßen ein: Unterschiedliche Ebenen (mikro, meso, makro) unterscheiden sich nicht substanziell, weil wir auf ihnen die gleichen Prozesse und ähnliche Strukturen finden. Der Grundprozess ist jeweils die Relationierung von Identitäten (nach unterschiedlichen Kriterien) und teilweise deren Verbindung in einer darüber liegenden Einheit, die wiederum mit anderen, dort zu findenden Identitäten in Beziehung gesetzt wird.

An dieser Stelle taucht der Zusammenhang mit dem zweiten Grundprinzip der *Verteiltheit* auf. White spricht von Verteiltheit (dispersion) und nicht von Verteilung (distribution). Verteilungen stellen eine statistische Form dar. Beim Prinzip der Verteiltheit geht es dagegen darum, dass Einheiten erst aus verteilten Elementen hergestellt werden müssen. Dabei interessieren sich die Beobachter weniger für Durchschnitte als für Abstände und Abweichungen (spreads). Diese ergeben und reflektieren die Muster sozialer Ordnung. Und erst aus diesen Mustern, aus diesen selbstähnlich erzeugten Verteilungen resultieren die sozial bedeutsamen Entitäten wie Personen oder soziale Gebilde. Durchschnittswerte verstellen White zufolge oft den Blick auf die Dynamik und auf die interessanten Aspekte der Verteilungen sozialer Ereignisse. Die Verteiltheit eines Musters würde damit unsichtbar; strukturelle Ähnlichkeiten ließen sich nicht mehr beobachten.

Bei White markieren diese beiden Grundprinzipien der Selbst-Ähnlichkeit und der Verteiltheit eine generelle Perspektive auf soziale Strukturbildung. Die beiden Konzepte bilden gewissermaßen die „Basis der Basis" von Whites Theorie (Schmitt 2009, S. 250). Aus ihnen werden selbst die primitiven Elemente der Theorie – Identität und Kontrolle – abgeleitet. Identitäten und Kontrollprojekte lassen sich auf verschiedenen Ebenen beobachten. Und genau dies sorgt für ähnliche Strukturbildungen wie Disziplinen oder Netzwerke.

Wir kehren für eine kurze Illustration wieder zur Szene des Spielplatzes zurück: Die Selbstähnlichkeit von Prozessen der sozialen Relationierung lässt sich hier bei der Sortierung von Kindern in Spielgruppen beobachten. Kinder sortieren sich bezüglich von implizit oder explizit wahrgenommenen Ähnlichkeiten zu Clustern, die auf dem Spielplatz wiederholt auftauchen. Dadurch werden diese Gruppen teilweise selbst als sozial bedeutsame Einheiten wahrgenommen. Welche Arten von Verteiltheit sind nun auf dem Spielplatz bedeutsam? Zunächst lassen sich Cliquen oft über die physische Verteilung der Körper im Raum identifizieren. Der Zusammenhang mit der räumlichen Ordnung des Spielplatzes (Sandkasten, Klettergerüst etc.) liefert Hinweise auf die Spielformen der verschiedenen Gruppen. Aber natürlich bilden auch Attribute wie Alter, Nachbarschaft und Geschlecht Anhaltspunkte für Gruppierungen und schließlich auch für deren Etikettierung als soziale Einheiten. Auf dem Spielplatz finden wir damit vielfache, sehr einfach zu beobachtende Formen der Produktion sozialer Ordnungsmuster. Diese basieren auf stochastischen Verteilungen (Verteiltheit) und selbstähnlichen, sich ständig wiederholenden Prozessen (der Beobachtung dieser Verteiltheiten).

5.5   Resümee

Wir haben in diesem Kapitel einige der Grundideen von Harrison White aus *Identity and Control* vorgestellt: Das Begriffspaar von Identität und Kontrolle, die sozialen Molekülbildungen in (verschiedenen Typen von) Disziplinen und die beiden Grundprinzipien von Selbstähnlichkeit und Verteiltheit:

- *Identitäten* sind Zurechnungspunkte des Sozialen. Sie entstehen aus der Beobachtung von *Kontroll*projekten und markieren Erwartungen, die sich an die jeweiligen Identitäten richten. Aus dieser Verflechtung und Beobachtung von Kontrollprojekten entstehen unterschiedliche *soziale Strukturbildungen*. Diese räumen den Identitäten nicht nur spezifische Räume ein (im Sinne von „footing"). Sie üben dabei auch Kontrolle über diese Identitäten aus. Identität und Kontrolle sind also miteinander verwoben und bedingen sich gegenseitig.

Mit dem Begriffspaar von Identität und Kontrolle sieht White individualistische und strukturalistische Ansätze überwunden, die entweder allein von Identitäten oder von der von Strukturen ausgeübten Kontrolle ausgehen. Identitäten werden zu solchen erst als Ergebnis von Kontrollprojekten und deren Beobachtung. Umgekehrt benötigen Kontrollprojekte Identitäten als Anknüpfungspunkte.

Der Identitätsbegriff wird von White auf verschiedenen Ebenen festgemacht. Er steht für eine Position im Netzwerk (1), für die Verknüpfung mehrerer Positionen in einem Molekül (2), für eine Spur einer Identität über mehrere Netzwerkkontexte hinweg (3) und für die Beobachtung und Interpretation dieser Spur (4). Erst die Verknüpfung dieser vier Bedeutungen von Identitäten führt zur Identitätskonstruktion einer „Person" (5).

Der Identitätsbegriff ist prinzipiell nicht im Sinne eines innengetriebenen Akteurs gedacht. Vielmehr entstehen Identitäten erst durch die Beobachtung von Kontrollprojekten im Sozialen (etwa in „Stories"; siehe Kap. 6.1). Insofern entfernt sich White deutlich von individualistischen Ansätzen in der Soziologie und nimmt an dieser Stelle eine konstruktivistische Perspektive ein: Identitäten entstehen durch Zuschreibung, nicht durch innengetriebenes Handeln. Deswegen können auch soziale Moleküle – nicht nur Individuen – zu Identitäten werden.

Der Kontrollbegriff bleibt demgegenüber relativ verschwommen. Einerseits steht er nun doch für Kontrollprojekte von Identitäten. Andererseits werden diese Kontrollprojekte beobachtet und vernetzt und ergeben dadurch einen Kontrollzusammenhang. Dies scheint bei White prinzipiell strukturalistisch gedacht. Doch die genauen Mechanismen beleuchtet er nicht und bringt den Kontrollbegriff auch nur selten in Zusammenhang mit den Konzepten der sozialen Strukturbildung wie Disziplin oder Netzwerk.

- *Disziplinen* sind relativ dauerhafte soziale Moleküle, in denen mehrere Identitäten miteinander verknüpft sind und nach spezifischen Kriterien (Wertmaßstäben) relationiert werden. Durch den dauerhaften Zusammenhang (und die Eigenständigkeit der Bewertungsmaßstäbe) werden einzelne Disziplinen selbst zu Identitäten in einem übergeordneten Netzwerk (oder sogar in neuen Molekülbildungen).

White unterscheidet drei Grundtypen von Disziplinen:

- *Produktionsordnungen* („interface") drehen sich um die Herstellung eines Produkts. Identitäten binden („commit") sich an den Produktionsprozess und werden hinsichtlich der Qualität ihrer Beiträge geordnet.
- *Selektionsordnungen* („arena") trennen klar zwischen zugehörigen Mitgliedern und Außenstehenden. Mitglieder werden nach dem Kriterium der Reinheit ausgewählt.
- In einer *Mediationsordnung* („council") werden Ansprüche von heterogenen Identitäten vermittelt. Ordnungskriterium ist hier das Prestige, nach dem Identitäten ein über- oder untergeordneter Platz im Vermittlungsprozess zugeteilt wird.

Die Disziplinentheorie baut deutlich auf der Marktsoziologie Whites auf und generalisiert diese zu einer allgemeinen Theorie sozialer Moleküle. Disziplinen sind eigenständige soziale Einheiten mit interner Relationierung von Identitäten und mit je eigenem charakteristischem Umweltbezug. Die zentralen Beispiele für Identitäten zeigen eine deutliche Nähe zur Organisationssoziologie. Disziplinen stellen unterschiedliche Formen sozialer Organisation dar. Diese bilden für White 1992 das Grundgerüst des Sozialen – Netzwerke bleiben hier noch nachgeordnet.

Die Grundidee sozialer Molekülbildungen wirkt unmittelbar einleuchtend. White formuliert auch eine Reihe von theoretischen Erwartungen hinsichtlich von zentralen Prozessen, Bewertungskriterien und Formen der Umwelteinbettung. Dennoch hat die Disziplinen-Theorie nur geringe Resonanz gefunden: Die Ausführungen bleiben recht abstrakt und teilweise auch schwer verständlich. Zudem erläutert White nicht klar genug, inwiefern sehr unterschiedliche Organisationsformen wie Föderationen, der Ständestaat, der römische Senat, Filmproduktionen und Verwandtschaftssegmente zu einer ähnlichen Form sozialer Organisation (hier: der Vermittlungsordnung) zusammengefasst werden können. Zudem fehlt bei White der Anschluss an die bisherige Organisationssoziologie. Im Gegensatz zu seiner Netzwerktheorie mangelt es auch an der Verbindung zu empirischen Forschungsmethoden. 2008 stellt White soziale Netzwerke und nicht mehr Disziplinen an den Anfang seiner Theorie.

Wir sehen das Konzept der Molekülbildung trotzdem als fruchtbaren Baustein einer Theorie sozialer Strukturbildung. Damit unterschiedliche Einheiten (von Individuen bis zu Organisationen oder Staaten) als Akteure in Netzwerken fungieren können, müssen sie eine relativ dauerhafte Struktur mit eigener Bearbeitung von Umwelteinflüssen bilden. Dies erinnert an systemtheoretische Konzeptionen. Bei White finden wir eine sinnvolle, jedoch anders verlaufende Ausformulierung. Die zentralen Prozesse in Disziplinen (Bindung, Selektion, Vermittlung) führen zu jeweils unterschiedlichen internen Relationierungen. An diesen könnten Organisationssoziologie und Systemtheorie fruchtbar anschließen.

Disziplinen decken einen erheblichen Bereich der Meso-Ebene des Sozialen ab. Und die von White identifizierten elementaren sozialen Prozesse lassen sich in ganz unterschiedlichen Lagen wiederfinden. Außerdem ist eine molekulare Soziologie prinzipiell mit der Netzwerkperspektive kompatibel. Da Netzwerke keine Grenzen haben, sind die Verdichtungen innerhalb von Netzwerken besonders wichtig, um soziale Identitäten und abgrenzbare Sozialphänomene zu beschreiben. Auch die Konzentration auf lokale soziale Ordnungsmechanismen im Disziplinen-Konzept ist ein zentrales Charakteristikum der Theorie von White. Reza Azarian zufolge müssten sich Disziplinen auch innerhalb größerer Netzwerke mit den Mitteln der Blockmodell-Analyse identifizieren lassen (2005, S. 102).

Für die Netzwerktheorie ist darüber hinaus die Überlegung wichtig, dass Netzwerke „gescheiterte Disziplinen" („failed disciplines"; White 1992, S. 66) darstellen. Nicht überall werden Identitäten dauerhaft und nach konsistenten Kriterien relationiert. Wenn also die Bildung einer Disziplin scheitert (wie systematisch im „Schwarzen Loch" in der Mitte des Indexraums), dann lassen sich die Strukturen zwischen Identitäten trotzdem beobachten: als „informelle" Netzwerke. In der ersten Auflage von *Identity and Control* (1992) wirkt es so, als ob eher die gelungene Strukturbildung (als Disziplin) der Normalfall ist. In der zweiten Auflage (2008) scheint dies eher die Ausnahme und die Bildung von Netzwerken die Regel. Eine Antwort auf diese Frage ist vermutlich weder möglich noch notwendig.

Diese Überlegungen bauen bereits auf den Grundprinzipien der Selbstähnlichkeit und der Verteiltheit auf:

- *Selbstähnlichkeit* steht für die Gleichartigkeit von Prozessen der Strukturbildung auf verschiedenen Ebenen: Disziplinen von Individuen können selbst wieder zu Identitäten auf einer darüber liegenden Ebene werden.
- Die Relationierung von Identitäten setzt an deren *Verteiltheiten* an. Je eigene Beobachtungskriterien relationieren Identitäten zueinander und sorgen damit für deren Verteilung im sozialen Raum (der jeweiligen sozialen Struktur).

Identität und Kontrolle, die drei Arten von Disziplinen mit ihren Kontroll- bzw. Relationierungsprozessen und die Grundprinzipien von Selbstähnlichkeit und Verteiltheit bilden gewissermaßen den strukturalistischen Rahmen von Whites Theorie. Diese scheint schon an dieser Stelle sehr originell, wenn auch der Anschluss etwa an die Disziplinen-Theorie oder den Kontroll-Begriff schwer fällt. Unseres Erachtens liegen Whites zentrale theoretische Beiträge erst in den beiden darauf aufbauenden Schritten: der Verbindung von Netzwerken mit kulturellen Bedeutungen (Kap. 6) und der Einführung von Dynamik in dieses Wechselspiel (Kap. 7).

Exkurs 9: John Padgett und der Aufstieg der Medici
Knapp nach Harrison Whites *Identity and Control* erschien 1993 im *American Journal of Sociology* ein Artikel, der für die Netzwerkforschung in Politikwissenschaft und historischer Soziologie von enormer Bedeutung wurde: die Erklärung für den Aufstieg der Medici im Florenz der Renaissance von John Padgett und seinem Doktoranden Christopher Ansell.

Padgett hatte in den 1970er Jahren in Michigan mit organisationssoziologischen Arbeiten promoviert, die wesentlich von Herbert Simon beeinflusst waren. Ende der 1970er Jahre kam Padgett als Assistant Professor an die Harvard University und wurde dort von White unter seine Fittiche genommen. Dort kam er umfangreich mit Whites Sicht auf Netzwerke in Kontakt und freundete sich auch mit Whites früherem Doktoranden Ronald Breiger an (siehe Exkurs 6). Padgett ging 1981 an die University of Chicago und wurde dort zunächst Assistant Professor, später Associate und Full Professor im Department für Politikwissenschaft.

Der Artikel von 1993 stellt zunächst eine Ablenkung von Padgetts organisationssoziologischen Arbeiten dar. Padgett und Ansell rekonstruieren hier ohne große Archivarbeit einfach aus der Sekundärliteratur das Netzwerk der 92 wichtigsten Florentinischen Familien aus der Zeit um 1400. In die Analyse gehen dabei zwei Arten von Beziehungen ein: Heirats- und Geschäftsbeziehungen. Mit einer Blockmodellanalyse über diese beiden Beziehungsarten partitionieren Padgett und Ansell die 92 Familien in 33 Blöcke von Familien mit ähnlichen Positionen im Heirats- und Geschäftsnetzwerk von Florenz.

Dabei zeigen sich zwei rivalisierende Fraktionen: In der „Oligarchen"-Fraktion fanden sich die alten Patrizier-Familien von Florenz. Sie waren über Heiratsbeziehungen eng miteinander vernetzt. Die nominellen Anführer der Oligarchen waren die Albizzi. Aber allgemein war diese Fraktion wenig zentralisiert und zeichnete sich durch relativ viele Familien mit einem ähnlichen Status aus.

Demgegenüber war die Medici-Fraktion deutlich stärker zentralisiert um die Medici-Familie selbst. Insbesondere war sie mit vielen „Neureichen" („New Men") über Kreditbeziehungen verbunden. Bei den Heiratsbeziehungen dagegen gingen die Medici – ähnlich wählerisch wie die Oligarchen – vor allem Ehen zu anderen status-hohen Patrizier-Familien ein. Die besondere Netzwerkposition der Medici als „Broker" zwischen den Schichten zeigt sich also erst in der gemeinsamen Betrachtung beider Netzwerke: Über Kreditbeziehungen pflegten sie Beziehungen zu wirtschaftlichen Aufsteigern (vor allem aus dem eigenen Viertel); über Hochzeiten sicherten sie ihre Verbindungen zur alten Elite.

Padgett und Ansell verknüpfen nun diese Netzwerkanalyse mit historischen Informationen und liefern damit ein überzeugendes Bild der politisch-sozialen Struktur und Dynamik von Florenz an der Schwelle zur Medici-Herrschaft. Die Stadt war durch eine Reihe von Kriegen und Revolten destabilisiert, und die Medici selbst standen einmal zu oft (in der Ciompi-Revolte) auf der falschen Seite. In der Folge vermieden sie die aktive Politik und sicherten sich ihre herausgehobene Position durch „multi-vokales" Verhalten.

Cosimo di Medici wurde als Sphinx-ähnlich beschrieben. Bittstellern gegenüber versicherte er enigmatisch, dass er sich um deren Anliegen kümmern werde. Auf diese Weise ging er offensichtlicher Parteinahme aus dem Weg und konnte seine Position zwischen Aufsteigern und alter Elite festigen. Zugleich förderte Cosimo eigene Anhänger in politischen Wahlen und stärkte so hinter den Kulissen seine Fraktion. In Anlehnung an Leifers „local action" nennen Padgett und Ansell dieses Verhalten „robust action", mit der Cosimo erst das Netzwerk gestaltet, um anschließend eigene Ziele zu verwirklichen. Als eine weitere Krise die Republik erschütterte, wurden die Medici als Retter der Stadt gerufen und übernahmen so die Macht.

Padgetts und Ansells differenzierte Analyse wurde und wird umfangreich gewürdigt. In ihrer Kritik der Netzwerkforschung loben Emirbayer und Goodwin die Arbeit für ihre Berücksichtigung von Kultur und Agency (siehe Exkurs 10). Dabei ist John Padgetts Arbeit als eher strukturalistisch-deterministisch einzuordnen. Später interpretiert er den Medici-Aufstieg als Beispiel für einen allgemeinen Mechanismus: Sobald sich in einem sozialen Kontext verschiedene Netzwerke (Ehen, wirtschaftliche und politische Beziehungen) nicht mehr decken, ergeben sich Konflikte und schließlich eine grundlegende Transformation in der sozialen Organisation (Padgett und Powell 2012a). Einem ähnlichen Prozess wie im Florenz der Renaissance

entspringt einer Arbeit von Padgett mit seinem Doktoranden Paul McLean
zufolge auch das moderne Bankwesen (2006).

2012 veröffentlicht Padgett gemeinsam mit Walter Powell einen umfangreichen Band, in dem allgemein die Entstehung neuer Organisationsprinzipien aus multiplen Netzwerken heraus erläutert wird (2012b). Hierin
analysiert Padgett unter anderem die Stellung kommunistischer Machthaber
und Reformer von Stalin und Mao bis zu Deng Xiao Ping und Gorbatschow
mit dem theoretischen Modell aus der Medici-Studie. Kommunistische
Regimes zeichnen sich durch multiple Netzwerke aus: politische Netzwerke innerhalb der Partei, in den Ministerien und in den Provinzen und
ökonomische Netzwerke der Manager großer Staatsbetriebe. Padgett sieht
Deng ähnlich wie Cosimo di Medici als Sphinx zwischen den verschiedenen Netzwerken, der mit „robust action" seine Machtposition sichert und
Reformen durchführen konnte. Gorbatschows Reform-Versuche scheiterten
jedoch nicht nur wegen struktureller Probleme der Sowjetunion, sondern
auch wegen seiner weniger robusten Netzwerkposition.

Padgett hat seit den 1990er Jahren eine äußerst wichtige Stellung innerhalb der amerikanischen relationalen Soziologie eingenommen. Hiervon
zeugen auch die von ihm betreuten Doktoranden wie Roger Gould, Ansell,
McLean und Daniel McFarland, die mit Schülern von White, Tilly, DiMaggio, Breiger und Bearman eine neue Generation von relationalen Soziologen
bilden. Allgemein berücksichtigen Padgetts Arbeiten Kultur weniger als die
von White und vielen anderen seiner Anhänger. Seine Argumente zeigen
jedoch eine große Nähe zum Neo-Institutionalismus und sind in vielerlei
Hinsicht von White beeinflusst. Das umfangreiche Buch mit Walter Powell
von 2012 ist denn auch White gewidmet: dem „maestro della bottega".

Netzwerke und Kultur 6

Die zweite und wichtigste Komponente von Whites Theorie in *Identity and Control* ist die Einbeziehung von Sinnformen und Kultur in seine Netzwerktheorie. Dies deutet sich schon in den grundlegenden Konzepten Whites an, wie wir sie in Kap. 5 kurz eingeführt haben. So ist der Identitätsbegriff durchsetzt mit kulturellen Bezügen, mit der Verwendung von kulturell verfügbaren Beschreibungen und reflexiven Verdichtungen auf der Bedeutungsebene. Die sozialen Moleküle (oder Disziplinen) sind zwar noch schwerpunktmäßig strukturalistisch gedacht. Zugleich zeigen sie einen deutlichen Bezug auf „Werte". Diese sollte man nicht nur formal verstehen, da sie ein starkes kulturelles Element enthalten. Eine Reihe von weiteren Konzepten stellen Kultur und Sinn noch stärker in den Vordergrund: Wir sehen vor allem neben den schon vorgestellten Begriffen vor allem vier Konzepte bei White, die diesen zunehmenden kulturorientierten Fokus der Netzwerkforschung mitverfolgen und prägen sollen:

- Der Begriff der *Beziehung* wird nun eng an *Erzählungen* („Stories") gekoppelt. Eine soziale Beziehung wird durch sie begleitende Erzählungen bestimmt – und nur dadurch lässt sie sich in ihrer Art von Beziehung bestimmen.
- Der engen Verknüpfung von Beziehungen und Geschichten entspricht die Kopplung von *Netzwerken* an eine *Domäne* von Sinnformen. Zu dieser gehören etwa Regeln und Bedeutungen die in einem bestimmten Netzwerkkontext kursieren und dort Grundlage der Interaktion bilden.
- *Institutionen* stehen bei White für Netzwerke, die stark durch kulturell verfügbare Modelle geformt werden – wie etwa das indische Kastensystem oder die

© Springer Fachmedien Wiesbaden 2015
M. Schmitt, J. Fuhse, *Zur Aktualität von Harrison White,* Aktuelle und klassische
Sozial- und Kulturwissenschaftler|innen, DOI 10.1007/978-3-531-18673-3_6

Rollenstruktur in einer Universität. Dabei geht es vor allem um die Generalisierung von Wertordnungen (wie sie auch dem Disziplinbegriff zugrunde liegen).

- *Stile* bilden schließlich beobachtbare Regelmäßigkeiten auf der qualitativ-kulturellen Ebene, die mit Verdichtungen („Clustern") oder auch mit bestimmten Positionen in Netzwerken einher gehen.

Später hinzu gekommene und stärker auf Dynamik und kommunikative Ereignisse abzielende Konzepte wie „Switchings" oder auch „Kontrollregimes" behandeln wir im nächsten Kapitel.

Die in diesem Kapitel angeführten Konzepte markieren eine deutliche Verschiebung des Blickwinkels – eine „kulturelle Wende" in der Netzwerkforschung (Fuhse und Mützel 2010). Netzwerkstrukturen werden nun von einer einflussreichen Gruppe von Autoren um Harrison White mit Blick auf ihre Verknüpfung mit Kultur, oder allgemeiner: mit Sinn, untersucht. Zu diesen Autoren gehören unter anderem Charles Tilly, Paul DiMaggio und sein früherer Doktorand John Mohr, denen jeweils einzelne Exkurse in diesem Kapitel gewidmet sind. Der erste Diskurs dreht sich aber – gleichsam als Prolog – um Mustafa Emirbayer, der mit zwei wichtigen Aufsätzen im *American Journal of Sociology* zu einer der wichtigsten programmatischen Stimmen dieser kulturellen Wende wurde.

Exkurs 10: Mustafa Emirbayers Manifest für eine relationale Soziologie
Kaum ein anderer Name steht so sehr für „relationale Soziologie" wie Mustafa Emirbayer. Mit seinem „Manifesto for a relational sociology" von 1997 und einigen anderen Aufsätzen aus den 1990er Jahren belebte er die theoretische Reflexion der Netzwerkforschung und insbesondere deren Hinwendung zu Kultur und Agency.

Wie so viele andere relationale Soziologen promovierte Mustafa Emirbayer in den 1980er Jahren an der Harvard University. Dort kam er auch mit der Netzwerkforschung von und um Harrison White in Kontakt. Allerdings setzte er sich dort vor allem mit soziologischen Klassikern und politischer Soziologie auseinander. Zur Netzwerkforschung kam Emirbayer erst nach 1991, als er als junger Assistant Professor an der New School for Social Research wechselte und dort Kollege von Charles Tilly wurde. Seine eigene Position kam dabei weniger aus empirischen Netzwerkstudien – solche hat Emirbayer bisher nicht vorgelegt. Vielmehr speisen sich seine Überlegungen aus einer stark normativen und vom Pragmatismus beeinflussten ausgerichteten sozialtheoretischen Position. Auf seiner Homepage schreibt Emirbayer:

As a faculty colleague of Charles Tilly, [...] and also through association with Harrison White, who was at Columbia University, I became especially intrigued by the assumptions underlying social network studies – and the linkages between these and classical pragmatism. I became convinced that a relational turn in sociology was necessary and that pragmatism, with its sharp focus on transactions and modes of engagement, was a crucial source of inspiration for bringing that about.[1]

Erstes Ergebnis dieser Auseinandersetzung war der Artikel „Network Analysis, Culture, and the Problem of Agency", den Emirbayer gemeinsam mit Jeff Goodwin 1994 im American Journal of Sociology veröffentlichte. Emirbayer und Goodwin kritisieren darin den anti-humanistischen Strukturalismus der klassischen Netzwerkforschung. Insbesondere sollte die menschliche Handlungskapazität („Agency") stärker berücksichtigt werden. Diese baue stark auf kulturellen Prägungen und Repertoires auf. Deswegen müsste neben Agency auch Kultur in Netzwerkanalysen auftauchen.

Dieser programmatische Aufruf hat in Netzwerkforschung und Soziologie großen Widerhall gefunden. In mancherlei Hinsicht läuft er parallel zu Whites eigenen Bemühungen in der ersten Auflage von *Identity & Control* (1992). Whites Formulierungen bleiben dabei erstens schwerer verständlich als die von Emirbayer/Goodwin, auch weil ihm der Anschluss an die etablierte Begrifflichkeit der soziologischen Theorie fehlt. Zweitens benutzt White verschiedene Konzepte für kulturelle Muster in Netzwerken wie Identität, Stories, Styles oder Institutionen, wo Emirbayer und Goodwin nur von „Kultur" schreiben.

Dies liegt an der unterschiedlichen Grundanlage: Emirbayer und Goodwin wollen die Unterschiedlichkeit individuellen Verhaltens (Agency) in der Netzwerkforschung berücksichtigen. Deswegen fordern sie eine Betrachtung von „Kultur" in Form des subjektiven Sinns, aus dem heraus Individuen in Netzwerkkonstellationen handeln. White hingegen interessiert sich wenig für individuelles Handeln. Er sieht Netzwerke als überindividuelle Strukturen, die sinnhaft-kommunikativ konstruiert werden. Entsprechend spielt auch Agency bei White keine große Rolle. Bei Emirbayer/Goodwin ist sie dagegen der Grund, weswegen man sich mit Kultur beschäftigen soll.

Emirbayer und Goodwin kritisieren denn bei White eine mangelnde handlungs- und kulturtheoretische Fundierung von Kontroll-Versuchen

---

[1] http://www.ssc.wisc.edu/~emirbaye/Mustafa_Emirbayer/BIO.html, abgerufen am 20.11.2013.

und Identitäten (1994, S. 1437). Insbesondere bemängeln sie die untrennbare Verflechtung von Netzwerkstruktur und Kultur bei White (1994, S. 1438 ff.). Kulturelle Diskurse, Narrative und sprachliche Idiome besäßen eine „analytische Autonomie", die bei White fehle. Etwa mit Bezug auf Whites etwas unbeholfenen Institutionen-Begriff kann man diesem Befund wohl zustimmen (siehe Kap. 6.4), wobei eine analytische Trennbarkeit auch in Whites Entwurf gegeben ist. Emirbayer und Goodwin loben dagegen Padgett und Ansells Analyse des Aufstiegs der Medici (1993, s. o. Exkurs 9) für ihre Berücksichtigung des „robusten Handelns" und damit der Agency von Cosimo di Medici (Emirbayer und Goodwin 1994, S. 1434 f.). Dabei finden wir bei Padgett und Ansell deutlich weniger systematische Berücksichtigung von kulturellen Formen als bei White.

Zu erwähnen ist noch die mittlerweile klassische Formulierung eines „antikategorischen Imperativs" bei Emirbayer und Goodwin (1994, S. 1414 f.). Dieser besteht in der allgemeinen Annahme der Netzwerkforschung, dass individuelle oder kollektive Kategorien (wie Geschlecht oder Klasse) niemals individuelles Verhalten oder soziale Prozesse erklären können. Dies richtet sich insbesondere gegen die statistischen Analysen der empirischen Sozialforschung und findet sich ähnlich schon bei Wellman (1983, S. 165) und auch in den frühen Blockmodell-Papers (siehe Kap. 3.3). Emirbayer und Goodwins griffige Formulierung eines „antikategorischen Imperativs" wurde und wird immer wieder aufgenommen.

In der ersten Hälfte der 1990er war Emirbayer sehr aktiv in den theoretischen Diskussionen um die Netzwerkforschung in New York, etwa bei den von Harrison White an der Columbia University durchgeführten Mini-Konferenzen (Mische 2011, S. 82 f.). Er organisierte auch selbst eine Studiengruppe zu „Theorie und Kultur" an der New School mit stark relationalem Einschlag. Bei einer von Whites Mini-Konferenzen bekam Emirbayer die Idee, ein programmatisches Statement für den relationalen Ansatz zu schreiben. Dieses „Manifesto for a Relational Sociology" erscheint 1997 im *American Journal of Sociology* und hatte – wie schon der Artikel von Emirbayer und Goodwin – eine durchschlagende Wirkung.

In dem Manifesto unterscheidet Emirbayer zwei grundlegende Herangehensweisen an soziale Zusammenhänge: „wether to conceive of the social world as consisting primarily in substances or in processes, in static „things" or in dynamic, unfolding relations" (1997, S. 281). Im Anschluss an Norbert Elias und John Dewey sieht er substanzialistisches Denken tief in der Struktur unserer Sprache verankert. Die Sprache verdichtet ständig ablaufende Prozesse zu Dingen oder feststehenden Entitäten, um so Bezugspunkte zu generieren. Das Ausgehen von solchen feststehenden Bezugspunkten ist daher auch in der Theoriebildung immer dominant geblieben. Im Gegensatz dazu konzipiert Emirbayer Menschen, Akteure, Gesellschaft oder Gruppen nicht in erster Linie als Substanzen, sondern als Prozesse. Diese entfalten sich in der Zeit und verdichten sich temporär, lösen sich aber auch wieder auf:

> In this point of view, which I shall label ,relational', the very terms or units involved in a transaction derive their meaning, significance, and identity from the (changing) functional roles they play within that transaction. The latter, seen as a dynamic, unfolding process, becomes the primary unit of analysis rather than the constituent elements themselves. (Emirbayer 1997, S. 287)

Emirbayer sieht eine ganze Reihe von Autoren von Karl Marx über Georg Simmel, die amerikanischen Pragmatisten, Charles Horton Cooley, Norbert Elias und Michel Foucault bis hin zu Harrison White als Protagonisten der relationalen Perspektive. Der Grundbaustein dieser Perspektive ist nicht das Individuum, aber auch nicht die Relation, sondern die „Transaktion" als soziales Mikro-Ereignis. Den Begriff übernimmt Emirbayer von den Pragmatisten John Dewey und Arthur Bentley (Emirbayer 1997, S. 28 ff.). Wie diese unterscheidet er zwischen „self-action" als innengetriebenem Handeln, „inter-action" als Wechselwirkung zwischen prä-existenten Einheiten und „trans-action" als spezifisch über-individuellem sozialen Prozess, in dem die beteiligten Einheiten erst geformt werden. Nur diesen Transaktionsbegriff sieht er als geeignete Grundlage für die relationale Perspektive. Diese starke Stellung von Transaktionen als über-individuellem Prozess, aus dem heraus Akteure mit ihren Dispositionen und die sozialen Formationen zwischen ihnen entstehen, finden wir später auch bei Charles Tilly (2005).

Gemeinsam mit Ann Mische veröffentlicht Emirbayer 1998 einen weiteren prominenten Aufsatz. Dieser entwickelt das für Emirbayer zentrale Konzept *Agency*. Der direkte Bezug zur Netzwerkforschung bleibt hier allerdings gering. Stephan Fuchs formuliert 2001 eine Replik auf diesen Aufsatz mit dem Titel „Beyond Agency". Fuchs zufolge kommt es in der Modellierung sozialer Zusammenhänge weniger auf die tatsächlichen oder vermuteten Motive hinter individuellem Handeln an als darauf, welche Motive Individuen in sozialen Kontexten – ob in Gerichtsverhandlungen oder im politischen Diskurs – unterstellt werden. Damit schlägt Fuchs die Brücke zum Story-Begriff, der erst 2002 von Tilly richtig entwickelt wird (siehe Exkurs 11).

Emirbayer wechselte 1999 an die University of Wisconsin at Madison, wo er seit 2006 Full Professor ist. Seine neueren Arbeiten bewegen sich weiterhin im Bereich der soziologischen Theorien (etwa zu Pragmatismus, Ethnomethodologie und Pierre Bourdieu), zeigen aber relativ wenig Auseinandersetzung mit der Netzwerkforschung. Seine Wirkung in der theoretischen Diskussion über soziale Netzwerke ist jedoch kaum zu überschätzen.

6.1   Beziehungen und Geschichten *(ties und stories)*

Soziale Netzwerke sind Muster von *Sozialbeziehungen* – den Verbindungen zwischen den beteiligten Akteuren. Doch was genau sind Sozialbeziehungen? In Zusammenhang mit der Blockmodellanalyse schrieben White und seine Ko-Autoren noch:

> The cultural and social-psychological meanings of actual ties are largely bypassed in the development. We focus instead on interpreting the patterns among types of tie […]. Our sole assumption here is that all ties of a given observed type share a common signification (whatever their content may be). (1976, S. 734)

Wir hatten oben schon festgehalten, dass die Blockmodellanalyse eine Auffächerung von Beziehungen in verschiedene Typen annimmt: Zuneigung, Wertschätzung, Abneigung, Schuldzuweisung usw. Auch alltagsweltlich unterscheiden wir leicht zwischen Beziehungen wie Liebe, Freundschaft, Verwandtschaft, Arbeitsbeziehung. Die Blockmodellanalyse setzt wie alle Netzwerkforschung voraus, dass man leicht zwischen bestehenden und nicht-bestehenden Beziehungen unterscheiden kann (wie auch zwischen verschiedenen Arten von Beziehungen). Die Beziehung selbst erscheint als kleinster Baustein des Sozialen, deren Realität nicht weiter hinterfragt werden muss.

Seit den 1980er Jahren wurde White zunehmend unzufrieden mit dieser Grundannahme und fragte nach der theoretischen Bedeutung von Sozialbeziehungen (Mische 2011, S. 82; siehe Kap. 2.3). Schon 1976 scheint für White klar, dass die Realität dieser Beziehungen in „cultural and social-psychological meanings" zu suchen ist (s. o.). 1992 bietet er dann eine Antwort an: Sozialbeziehungen bestehen aus Sinn, und zwar aus den mit einer Beziehung verwobenen und über diese erzählten Geschichten („stories").

6.1.1 Verflechtung von Kontrollprojekten

Whites Argumentation setzt nicht bei dem Begriff der Beziehung bzw. der Relation an, sondern – wie wir gerade gesehen haben – beim Begriff der *Kontrolle*. Dieser ist in vielfacher Weise unschärfer und umfassender als der Begriff der sozialen Beziehung. Dennoch lassen sich Identität und Kontrolle übersetzen in Knoten und Kanten, wie man sie aus der Netzwerkanalyse kennt. Aber wann wird aus Kontrolle eine soziale Beziehung?

In der ersten Auflage von 1992 greift White hier auf die Überlegungen zu sozialen Molekülen zurück. Wie im letzten Kapitel ausgeführt, stabilisieren sich in diesen *Disziplinen* die beteiligten sozialen Identitäten durch wechselseitige Verflechtung von Kontrollprojekten. Soziale Beziehungen entstehen nach White immer dann, wenn sich zwar die sozialen Moleküle nicht reproduzieren können, aber die Verflechtung der Kontrollprojekte zwischen Identitäten bestehen bleibt. White spricht hier von Beziehungen als „failed disciplines" (1992, S. 66). Immer wieder gelingt es sozialen Molekülen nicht, sich zu reproduzieren oder zu stabilisieren. Häufig bleiben aus diesen Episoden der Molekülbildung eben jene verstrickten Kontrollverflechtungen übrig, die dann zu einer sozialen Beziehung werden und eine soziale Realität eigener Art erzeugen: *Netzwerke*.

Sozialbeziehungen und Netzwerke erscheinen hier noch als Nebenprodukte von gescheiterten Versuchen einer weitergehenden Organisation des Sozialen. Dies ändert sich in der Auflage von 2008. Dort stellt White nicht mehr Disziplinen, sondern Netzwerke an den Anfang seiner Überlegungen (siehe auch das Interview mit White in Anhang A). Der Ausgangspunkt sind nun die „netdom switchings" – kommunikative Wechsel zwischen Netzwerkkontexten, um die es erst im nächsten Kapitel geht (2008, S. 20). Entscheidend ist hier, dass Netzwerke und Sozialbeziehungen nun eigenständige Strukturformen des Sozialen bilden – und nicht mehr gescheiterte Disziplinen.

6.1.2 Beziehungen als Geschichten

Der allgemeine Mechanismus hat sich aber gegenüber der -Auflage von 1992 nicht geändert: Zwei (oder mehr) Identitäten verstricken sich in Kontrollprojekte miteinander, die dann in einer *Geschichte* („*Story*") abgebildet werden. Fertig ist die Sozialbeziehung:

> Control efforts by actors presuppose and generate ties. Each tie encapsulates struggles for control, the ones which persist. Each of these ties is a metastable equilibrium of contending control attempts, and as such induces chronic reports. As such reports

accumulate, with invocations of other ties, they fall into patterns perceived as stories. A tie becomes constituted with story, which defines a social time by its narrative of ties. A social network is a network of meanings [...]. (White 1992, S. 67)[2]

White skizziert hier, dass soziale Beziehungen aus mehr oder weniger kontingenten Situationen heraus entstehen. Immer wieder treffen soziale Identitäten aufeinander und üben Kontrolle aufeinander aus. Zum Beispiel auf dem schon erwähnten Spielplatz: Kinder bauen gemeinsam eine Sandburg oder konkurrieren um einen Platz auf der Schaukel. Manchmal bilden sich dabei wiederkehrende Spielgruppen (als Beispiel für eine Molekülbildung nach White). Aber häufig finden sich kontingente Kindergruppen für kurze Zeit zusammen, um sich dann wieder aufzulösen. Immer wieder entstehen dabei Bekanntschaften zwischen Kindern – es entwickelt sich eine soziale Beziehung zwischen den Kindern jenseits des konkreten Spielanlasses. Dafür braucht es allerdings keine gescheiterte Bildung eines größeren Moleküls – wiederholtes Aufeinandertreffen und die Entwicklung einer entsprechenden Beziehungsgeschichte genügen. In diesem Sinne sind Beziehungen und Netzwerke spätestens in der -Auflage von 2008 eigenständige Strukturbildungen im Sozialen, keine Abfallprodukte von misslungener Molekülbildung.

Entscheidend für eine soziale Beziehung ist die dauerhafte Verschränkung der Kontrollprojekte über die einzelne Situation hinaus. In einer Beziehung wird die situative Verschränkung von Kontrollprojekten auf Dauer gestellt. Und dies geschieht – wie das obige Zitat deutlich macht – in *Geschichten* („Stories"). Einzelne Kontrollprojekte werden beobachtet und in Berichten („reports") festgehalten.

Wiederkehrende Aufeinandertreffen führen zu einer Anhäufung dieser Zustands- und Ereignismeldungen. Dabei bilden sich Muster heraus, etwa wenn zwei Kinder, die zuvor um den Zugang zur Rutsche konkurrierten, sich nun um einen Eimer streiten. Die Berichte verdichten sich (auch mit weiteren Beziehungen und Identitäten) zu Beschreibungen rekurrierender Kontrollprojekte – Geschichten des Verhältnisses zwischen den beteiligten Identitäten. Und auf diesen Geschichten bauen dann zukünftige Kontrollprojekte auf – sie bilden Vergangenheit ab und projizieren diese in eine ansonsten unstrukturierte Zukunft. Beziehungsgeschichten stellen also wechselseitige Verschränkung von Kontrollprojekten auf Dauer.

► **Beziehungen** sind übersituativ verschränkte wechselseitige Kontrollprojekte. Sie werden durch die Beobachtung von wiederkehrenden Ereignissen in Geschichten auf Dauer gestellt.

---

[2] Die Übersetzung von Whites „tie" als „Beziehung" verschiebt die Bedeutung des Begriffs. Eine Beziehung ist immer schon eine spezifischere Form der Verbindung als ein „tie". Wir haben uns hier gegen den allgemeineren Begriff der Verbindung entschieden, da der Beziehungsbegriff als netzwerkanalytischer Grundbegriff eingeführt ist.

Geschichten einer Beziehung tun also mehrere Dinge auf einmal: Sie verdichten die Beziehung zu einem beschreibbaren und damit sozial transportablen Phänomen. Sie geben der Beziehung ein zeitliches Profil und knüpfen sie so an Ereignisse, Situationen und ablaufende Prozesse. Schließlich betten sie die Beziehung in eine erweiterte Umgebung ein, in der auch andere Identitäten und andere Beziehungen eine wichtige Rolle spielen. Die Geschichten leisten somit eine wichtige soziale und kulturelle Gedächtnisfunktion (Schmitt 2009).

Jede Geschichte erzählt über eine Beziehung, welche Art von Kontrollversuchen darin zu finden und vorgesehen sind. Eine einzelne Beziehung – der sogenannte „multiplex tie" – kann dabei ein ganzes „set of stories" (White 1992, S. 69 f.) integrieren. Aber eine einzelne Geschichte kann auch ein ganzes „set of ties" (White 1992, S. 70) darstellen – indem mehrere Akteure sinnhaft miteinander verbunden werden. Dies wurde auch in dem obigen Zitat deutlich: Geschichten sind nicht immer dyadisch angelegt. Sie können auch gewissermaßen polyadisch mehrere Akteure zueinander in Beziehung setzen. Man könnte hier etwa an eine Familiengeschichte denken. Diese bildet die Kontrollversuche im Alltag, bei gemeinsamen Urlauben oder auch bei Familienfesten ab und konstruiert daraus Muster der vielfältigen Beziehungen der verschiedenen Familienmitglieder zueinander.

Wie lässt sich nun das Verhältnis zwischen Geschichten und Beziehungen bestimmen? Geschichten geben einer Beziehung Sinn, sie bilden sozusagen das kulturelle Komplement der Beziehung. Gleichzeitig sind sie einfach die kulturelle Seite der Beziehung – ohne sie wäre eine Beziehung als solche gar nicht möglich und wahrnehmbar. Beziehung und Geschichte lassen sich nur analytisch voneinander trennen, wenn etwa eine Netzwerkforscherin zwischen bestehenden und nicht-bestehenden Beziehungen unterscheidet, und ein qualitativer Soziologe die mit den Beziehungen verknüpften Geschichten untersucht. Dies sind aber nur unterschiedliche Blickwinkel auf dieselbe Sache: eine Sozialbeziehung als soziokulturelle Struktur.

6.1.3　Types of tie

Die Geschichte einer einzelnen Beziehung ist einzigartig und steht nur für diese eine Beziehung. Aber sie realisiert durch ihre Verdichtungen und Verknüpfungen auch eine *Generalisierung*. Diese hilft der Beziehung selbst, sich über die Zeit hinweg zu stabilisieren. Gleichzeitig gibt sie ihr eine generelle soziale Bedeutung, die sich auch auf andere ähnliche Beziehungen anwenden lässt. Schließlich kann sie zu einer sozial bedeutsamen und verfügbaren Geschichte werden, mit der sich Typen von Beziehungen identifizieren lassen (diese bilden ja die Grundlage der

Blockmodellanalyse). Zum Beispiel hat Lynn Jamieson nachgezeichnet, wie in der Moderne „public stories" über Liebesbeziehungen entstehen und verbreitet werden – und an diesen kulturellen Modellen können sich dann einzelne Beziehungen orientieren (1998, S. 158 ff.).

Ähnliche Beziehungen werden damit von wissenschaftlichen Beobachtern wie auch von den Beteiligten selbst als *Typen von Beziehungen* zusammengefasst. Die Blockmodellanalyse unterscheidet ja zwischen verschiedenen Beziehungsarten innerhalb einer Population. So sind etwa alle Personen in einem Großraumbüro Kollegen. Aber nur wenige sind Freunde, geben einander Ratschläge oder arbeiten am selben Projekt. Typen von Beziehungen trennen ebenso sehr wie sie verbinden (White 1992, S. 84). Diese Unterschiede werden durch Geschichten und Erzählungen erzeugt, die das multiplexe Netzwerk in klar unterscheidbare Netzwerke auflösen. Dabei kann ein und dieselbe Person ganz unterschiedliche Positionen einnehmen – etwa wenn ein kompetenter Kollege zur häufigen Anlaufstelle für Bitten um Ratschläge wird, aber aus dem Freundschaftsnetzwerk außen vor bleibt. Solche Differenzierungen entstehen in der sinnhaften Beschreibung von Kontroll-bemühungen und verfestigen sich so zu vielschichtigen lokalen Ordnungen:

> narrative stories open out into sets of stereotyped stories across a population. A type of tie is a stereotype story, and its incidence on pairs of actors can be seen as a distinct network. The control struggles open up a multiplex network into distinct networks for separate types of tie. (White 1992, S. 89)

Diese Typisierungen werden nicht nur von den direkt Beteiligten vorgenommen, sondern auch von Dritten, die eine Beziehung nur beobachten oder eben in Erzählungen über diese Situation. Jede Beziehungsart wird dabei durch eine stereotype Erzählung markiert wie z. B. der von Jamieson charakterisierten „public story" über Liebe. Diese stellt eine Generalisierung von spezifischen Beziehungselementen dar und kann deswegen in unzähligen Situationen angewendet werden.[3]

▶ **Beziehungsarten** *(type of ties)* werden durch *typisierte Erzählungen* über Sozialbeziehungen definiert. Diese ordnen komplexe Interaktionsgefüge sinnhaft in Netzwerk-Ebenen ähnlicher Beziehungen.

Die Prägung sozialer Strukturen durch solche generalisierenden Erzählungen führt zu einer Vermehrung der möglichen Netzwerke, mit denen man kalkulieren muss,

---

[3] Statt von „public story" oder „typisierter Erzählung" lässt sich in Anlehnung an das Rahmenkonzept von Bateson und Goffman auch von *Beziehungsrahmen* (*„relationship frames"*) sprechen (McLean 1998; Fuhse 2013). Diese sind Teil des gesellschaftlichen Symbolhaushalts und können für die Strukturierung von Sozialbeziehungen herangezogen (und dann Teil von deren „Geschichte") werden.

aber auch operieren kann. Diese Netzwerke in einer Beziehungsart (z. B. Freundschaft) lassen sich unabhängig voneinander ansprechen. Dadurch wird erhebliche soziale Differenzierung möglich. Die stereotypen Erzählungen werden so zum gesellschaftlichen Gedächtnis der möglichen Beziehungstypen und damit auch der Netzwerke, innerhalb derer sich Akteure bewegen können. Typisierung von Beziehungen über Generalisierung wiederverwendbarer Erzählungen ist in Whites Theorie ein Grundmuster für die Ausdifferenzierung des Sozialen.

6.1.4 Was sind Geschichten?

Die genaue Konzeption von Geschichten bleibt bei White 1992 recht vage:

> A story includes everything from the simplest line heard on the playground – ‚Ernie loves Sue, ..., true, ..., true‘ – through artful excuses and basic daily accounts and on through recondite nuggets of professional gossip. [...] A story is at root an authority, a transfer of identity, which explains its close correspondence to network tie. Stories come from and become a medium for control efforts: that is the core. (White 1992, S. 68)

Diese Überlegungen leuchten unmittelbar ein. Doch wie genau transformiert eine Geschichte die Abbildung von Kontrollversuchen in Repräsentationen von Sozialbeziehungen? In der ersten Auflage von *Identity and Control* nimmt White Anregungen aus dem *„narrative turn“* in den Sozialwissenschaften auf. So spricht man in der Linguistik davon, dass Identitäten in der Form von Narrativen präsentiert werden (Schiffrin 1996; Bruner 2004). Dies ist einer der Gründe für narrative Interviews, die in der qualitativen Sozialforschung einen prominenten Platz einnehmen. In der Linguistik bezeichnet man die zeitlich geordnete Darstellung von kausal geordneten Ereignisketten als Narrativ (Labov und Waletzky 1967). Ein kurzer Satz wie „Ernie loves Sue“ (siehe Zitat) wäre dagegen lediglich eine Zustandsbeschreibung und weit entfernt von einem Narrativ. White setzt sich aber mit den relevanten Arbeiten nicht näher auseinander. Er benutzt den Story-Begriff eher umgangssprachlich und bestimmt ihn auch inhaltlich nicht näher.

Dies ändert sich prinzipiell auch in der Auflage von 2008 nicht. Allerdings nimmt er hier und in einem parallel erschienenen Aufsatz in längeren Zitaten die Überlegungen von Charles Tilly zum Story-Begriff auf (2008, S. 29 f.; White und Godart 2007, S. 7). Diese stellen wohl für ihn eine überzeugende und passende Fassung des Begriffs dar.

Exkurs 11: Charles Tilly: Kategorien, Stories und Mechanismen

Charles Tilly ist bekannt als historischer Soziologe und Bewegungsforscher. So sind seine Studien zur französischen Revolution und zur Entwicklung des Repertoires sozialer Bewegungen in England um 1800 bekannt, aber auch seine konzeptionellen Arbeiten zu sozialen Bewegungen, zu Demokratisierung und seit 2000 der von ihm entwickelte Ansatz der *Contentious Politics* (s. u.). Für uns sind vor allem seine Stellung zur relationalen Soziologie und seine Überlegungen zur Rolle von Netzwerken in sozialen Strukturen von Interesse (Tilly 2005a; Diani 2007).

Tilly freundet sich als junger Visiting Professor an der *Harvard University* in den 1960er Jahren mit Harrison White an. Nach einer Reihe von Zwischenstationen (u. a. an der *University of Toronto* und der *University of Michigan*) arbeitet Tilly von 1984 bis 1996 an der *New School of Social Research* in New York, also ab 1992 wieder in unmittelbarer Nähe zu Harrison White (an der *Columbia University*). 1996 wird Tilly selbst Joseph L. Buttenwieser Professor of Social Science an der Columbia University. Gemeinsam mit White, Peter Bearman und David Stark prägte Tilly eine Generation von Doktoranden an der New School und der Columbia University mit Margaret Somers, Karen Barkey, Ann Mische und vielen anderen.

In der gesamten Zeit setzte sich Tilly mit den konzeptionellen und methodischen Überlegungen Whites auseinander. Er widmete White ein spätes Buch, in dem Netzwerke eine prominente Rolle spielen (2005b). In einem persönlichen Gespräch im September 2005 bemerkte Tilly: „Harrison and I have been talking about these things for forty years."

So übernimmt Tilly, wie bereits angeführt, den *Catnet*-Begriff von White und wendet ihn auf soziale Bewegungen an (siehe Kap. 2.1): Soziale Bewegungen können sich in einer Population genau dann mobilisieren, wenn diese sowohl intern vernetzt ist (*netness*), als sich auch in einer sozialen Kategorie verbunden sieht (*catness*; 1978, S. 62 ff.). Diese Überlegungen tauchen 1998 in Tillys Theorie sozialer Ungleichheit wieder auf: Dauerhafte Ungleichheit kann demnach nur dann bestehen, wenn Netzwerke mit Hilfe sozialer Kategorien wie z. B. ethnische Herkunft organisiert und Ressourcen innerhalb dieser Netzwerken verteilt und „gehortet" (*opportunity hoarding*) werden. Damit wendet sich Tilly gegen individualistische oder kulturalistische Erklärungen von Ungleichheit: Ungleiche Verteilungen von Ressourcen sind ein Ergebnis von Interaktion in Netzwerken – nicht von kulturellen Überzeugungen oder von individuellen Attributen und Dispositionen.

Im Ungleichheits-Buch von 1998 finden sich bereits die wichtigsten Entscheidungen für den (netzwerk-)theoretischen Ansatz von Tilly: Erstens wird die *Interaktion in Netzwerken* als Ausgangspunkt für alle soziale Strukturbildung und -verfestigung gesehen. Wie auch in zahlreichen anderen Werken grenzt sich Tilly von individualistischen, holistischen (z. B. systemtheoretischen) und kulturalistisch-phänomenologischen Erklärungen ab. Zweitens konzipiert Tilly die einzelnen Schritte seiner Erklärung für dauerhafte Ungleichheit als *Mechanismen* (1998, S. 10 f.). Diese verortet er (wie auch später im Contentious-Politics-Ansatz) vor allem in der Interaktion bzw. der Veränderung sozialer Relationen (1998, S. 10 f.). Drittens werden Netzwerke nicht rein strukturalistisch betrachtet, sondern im Zusammenspiel mit *symbolischen Formen* wie z. B. Kategorien. Dies markiert Tillys eigene „kulturelle Wende", die er Ende der 1990er Jahre unter dem Einfluss von White, Emirbayer (damals ebenfalls an der New School tätig) und einigen Doktoranden wie z. B. Margaret Somers vornahm.

Einen substantiellen Beitrag zum Kern der relational-soziologischen Theorie liefert Tilly mit seinen Überlegungen zu „Stories". Bei White bleibt dieses Konzept recht vage. Was genau passiert im *Story-Telling*, und wie ist dieses in der Lage, soziale Beziehungen zu strukturieren? Tilly zufolge ist das Erzählen von Geschichten der dominante Modus der Erklärung von Prozessen in der Alltagswelt (im Gegensatz zu Konventionen und technischen oder juristischen Beschreibungen; 2004, S. 447 ff.). Solche „Standard Stories" entsprechen dem folgenden Bauprinzip:

> start with a limited number of interacting characters, individual or collective. [...] Treat your characters as independent, conscious, and self-motivated. Make all their significant actions occur as consequences of their own deliberations or impulses. [...] With the possible exception of externally generated accidents – you can call them ‚chance' or ‚acts of God' – make sure everything that happens results directly from your characters' actions. (Tilly 2002, S. 26)

In der Alltagswelt werden Geschehnisse demzufolge durch den Verweis auf handelnde Entitäten und deren interne Dispositionen erklärt – wobei die handelnden Entitäten auch kollektive oder korporative Akteure sein können. Tilly zufolge sind solche Standard Stories ungeeignet für sozialwissenschaftliche Erklärungen, weil sie strukturelle Zwänge und nicht-intendierte Handlungsfolgen (durch die Effekte von Interaktion) unterschätzen bzw. ausklammern.

Standard-Geschichten leisten aber in der sozialen Welt wichtige Arbeit (Tilly 2002, S. 27): Sie organisieren soziale Beziehungen sinnhaft, indem sie Identitäten mit spezifischen Handlungsdispositionen konstruieren, die für beobachtbare Prozesse verantwortlich gemacht werden (Fuhse 2009a). Zum Beispiel kann eine Geschichte über eine soziale Bewegung erzählt werden, in der deren Protest von ausländischen Mächten angestachelt und finanziert wird und die nationale Einheit bedroht. In einer solchen Geschichte werden verschiedene Identitäten ins Verhältnis zueinander gesetzt: soziale Bewegung, ausländische Macht, inländische Regierung, Nationalstaat. Diese sinnhafte Konstellation von Identitäten strukturiert von da an deren Verhalten zueinander. White zitiert Tillys Formulierungen zu Stories umfangreich in der zweiten Auflage von *Identity and Control* (2008, S. 29 f.) und nimmt diese ohne große Kommentierung auf. Tilly füllt damit die wichtige Leerstelle des Story-Konzepts in der relationalen Soziologie.

Von besonderer Bedeutung ist diese Konstruktion von Identitäten im Story-Telling angesichts von Tillys zentralem Forschungsgebiet: den sozialen Bewegungen in der historischen Soziologie. Wir können uns individuelle Akteure gut als vorsoziale Einheiten vorstellen. Bei *politischen Akteuren* wie Staaten, Parteien oder sozialen Bewegungen ist jedoch klar, dass ihnen der Akteursstatus erst zugeschrieben werden muss (Tilly 2002). Und dies geschieht eben im Story-Telling – zumindest soweit dieses überzeugt und damit erfolgreich ist. Denn die Konstruktion der Identität von politischen Akteuren ist immer umstritten in der politischen Arena. Diese ist gefüllt von Identitätsbehauptungen in der Form von Stories, die miteinander konkurrieren. So wird eine Demonstration von einer Seite als koordinierter und geordneter Protest ehrenwerter Bürger etikettiert, von anderer Seite als unkoordiniert und fehlgeleitet abgetan. Mit solchen Situationsdeutungen nehmen die beteiligten politischen Akteure nicht nur Identitätszuschreibungen vor. Sie setzen sich auch zueinander in Verhältnis und spannen damit sinnhaft ein Netzwerk politischer Identitäten auf.

Dies ist eine der Grundideen des Contentious-Politics-Ansatzes, den Tilly in den 2000er Jahren gemeinsam mit Sidney Tarrow und Doug McAdam entwickelt (McAdam et al. 2001; Tilly und Tarrow 2007). Tilly und seine Ko-Autoren konzipieren Politik hier konflikttheoretisch als umkämpfte Arena politischer Akteure, in der die Akteure und deren Relationen zueinander sinnhaft konstituiert werden. Der Schwerpunkt dieses Ansatzes liegt auf der Untersuchung von politischen Konflikten jenseits institutionalisierter Regeln – mit Protestbewegungen, Rebellionen und Revolutionen, aber auch mit Terrorismus und anderer kollektiver Gewalt.

Wir können den Ansatz hier nicht genauer vorstellen. Ein wichtiger Aspekt ist uns aber schon in Tillys Ungleichheitsbuch begegnet: Auch im Contentious-Politics-Ansatz werden komplexe soziale Prozesse in *Mechanismen* desaggregiert (McAdam et al. 2001, S. 23 ff.; Tilly und Tarrow 2007, S. 29 ff., 205 f., 214 f.). Damit schließen Tilly und seine Ko-Autoren an Robert Mertons knappe Bemerkungen und an die ausführlicheren Überlegungen von Arthur Stinchcombe (1991) zum Mechanismus-Begriff an. Mechanismen stehen hier für kleinteilige, empirisch gut (über eine Reihe von verschiedenen Kontexten) dokumentierte und theoretisch plausible Zusammenhänge. Komplexe soziale Prozesse werden in einzelne Mechanismen und auf diese Weise erklärt. Beispiele für Mechanismen im Contentious-Politics-Ansatz sind etwa Brokerage zwischen mehreren Gruppen, die Aktivierung sozialer Grenzziehungen und die Zertifizierung von Akteuren.

Soweit decken sich die Überlegungen von White und seinen Ko-Autoren mit der neueren Diskussion zu sozialen Mechanismen, die vor allem von Peter Hedström vorangetrieben wird (2005; Hedström und Swedberg 1998). Im Gegensatz zu Hedström und vielen anderen Autoren werden die Mechanismen bei Tilly aber nicht handlungstheoretisch modelliert. Vielmehr unterscheidet er verschiedene Typen von Mechanismen: In „Umwelt-Mechanismen" beeinflussen externe Faktoren (etwa natürliche Grenzen oder Ressourcen) das soziale Leben. „Kognitive Mechanismen" operieren über eine Veränderung von individueller oder kollektiver Wahrnehmung. Tilly sieht aber die „relationalen Mechanismen" am wichtigsten an, in denen sich „connections among people, groups, and interpersonal networks" ändern (2005a, S. 26 f.). Eine handlungstheoretische Modellierung über individuelle Dispositionen sieht er als nicht notwendig oder sinnvoll:

> relational mechanisms (e.g. brokerage) and environmental mechanisms (e.g., resource depletion) exert strong effects on political processes without necessary connection to individual-level cognitive mechanisms. (2005a, S. 27)

Die relationalen Mechanismen bei Tilly beziehen sich auf Veränderungen in den Beziehungen zwischen sozialen Akteuren und damit auf Netzwerke. Diese nimmt er nur selten empirisch in den Blick, sondern postuliert sie eher aus den Beobachtungen von Ereignissen (wie z. B. Demonstrationen). Allerdings lenkt Tilly den Blick auf Ereignisse, in denen sich soziale Beziehungen verändern – Mechanismen stehen für Typen von Ereignisketten, die soziale Beziehungen verändern (Tilly und Tarrow 2007, S. 29). Diese Ereignisse

fasst Tilly (wie sein früherer Kollege Mustafa Emirbayer, siehe Exkurs 10) –
ohne genauere konzeptionelle Diskussion – als „Transaktionen".
Genau genommen sind bei Tilly also Transaktionen und nicht Relationen
die Grundbausteine des Sozialen. Relationen entstehen und bestehen selbst
aus Transaktionen, genau wie sich soziale Grenzziehungen und Identitäten
in der Abfolge von Transaktionen (und hier insbesondere im Story-Telling)
entwickeln (2005a, S. 6 f.). Ende 2007 – ein halbes Jahr vor seinem Krebs-
tod – sagte Tilly bei einem Abendessen, er möchte immer noch ein Buch
darüber schreiben, wie alles Soziale aus Transaktionen entsteht und sich verändert. Dazu kam es leider nicht mehr. Aber die entsprechenden Formulierungen finden sich bereits in den publizierten Werken Tillys.

Von White stammt also die Innovation, Sozialbeziehungen als Kontrollversuche zu
konzipieren, die sinnhaft über Geschichten verfestigt und verstetigt werden. Eine
genauere Ausführung findet sich aber erst einige Jahre später bei Charles Tilly. Auf
dem Weg dahin ist noch ein Aufsatz von Margaret Somers (einer Doktorandin von
Tilly an der New School) zu nennen (1994). Dieser zeichnet nach, wie Identitäten
in Narrativen relational zueinander in Beziehung zueinander gesetzt werden. White ist hier die treibende Kraft der Theorieentwicklung. Aber die Theorie wird im
Netzwerk miteinander verbundener Autoren fortgesponnen – in gewisser Weise ist
die Theorie als Geschichte mit den Sozialbeziehungen verwoben.
    Damit lässt sich der Geschichten-Begriff folgendermaßen bestimmen:

▶ **Geschichten** sind narrative Generalisierungen über Kontrollversuche zwischen
zwei oder mehr Beteiligten. In ihnen werden Ereignisse auf von subjektiven Dispositionen angetriebene Akteure zurückgeführt. Dadurch entstehen Erwartungen
für ihr zukünftiges Verhalten (gegenüber anderen Akteuren).

Wie oben ausgeführt spielen bei diesen narrativen Generalisierungen *typisierte Geschichten* bzw. *Beziehungsrahmen* (McLean 1998) eine besondere Rolle: Sozialbeziehungen definieren sich selbst unter Rückgriff auf solche kulturellen Modelle
(wie z. B. „Liebe" oder „Freundschaft") und ordnen sich damit einem *Typ von
Sozialbeziehungen* zu (Fuhse 2013). Auf diese Weise fächern sich innerhalb einer
Population mehrere Netzwerke von Beziehungen eines bestimmten Typs auf. Diese können dann in einer Blockmodellanalyse untersucht werden, um zum Beispiel
bestimmte Rollen innerhalb der Population mit einem spezifischen Profil von Beziehungen zu anderen Positionen zu rekonstruieren.
    Die knappen Ausführungen von White und die Überlegungen Tillys machen
dabei deutlich: Bei diesen Geschichten geht es nicht um subjektive Deutungen,

sondern um kommunizierte Beschreibungen von Sozialbeziehungen. Sie sind also nicht auf der Ebene des subjektiven Sinns zu verorten. Vielmehr finden wir sie im Bereich des *kommunizierten Sinns*, wie auch alle anderen Sinnformen in diesem Kapitel. Dies klärt White spät auch mit Blick auf Niklas Luhmanns Sinnbegriff (White et al. 2007).

Mit der engen Kopplung des Beziehungsbegriffs an Geschichten betont White im Gegensatz zum strukturalistischen Paradigma der Netzwerkanalyse die enge Verbundenheit zwischen der strukturellen und der kulturellen Seite des Sozialen. Mit dieser kulturellen Wende kehrt White gewissermaßen zu den spekulativen Anfängen in seinem Konzept der Kategoriennetzwerke (Catnets) zurück.

In der ersten Auflage von *Identity and Control* stellt White diesen Zusammenhang zwischen Beziehungen (Struktur) und Geschichten (Sinn) noch hinter die Disziplinen als soziale Moleküle. Erst deren Scheitern, so White 1992, lässt Beziehungen und Netzwerke entstehen. In der zweiten Auflage verändert er nicht nur die Kapitelfolge. Netzwerke und Geschichten werden nun insgesamt wichtiger und grundlegender als soziale Moleküle. Diese Verschiebung entspricht einer Durchsetzung des kulturellen Ansatzes in seiner Theorie. Denn die Kopplung von kulturellen Bedeutungen und sozialen Verkörperungen kommt erst in der Theorie der Netzwerkdomänen vollständig zum Ausdruck, mit der White im Lauf der 1990er Jahre eine netzwerktheoretische Idee sozialer Differenzierung entfaltet.

6.2 Netzwerke und Domänen

Erst nach der ersten Auflage von *Identity and Control* entwickelt White den Begriff des „*netdom*"s bzw. der Netzwerkdomäne, wie es in einigen Aufsätzen aus der zweiten Hälfte der 1990er Jahre heißt (White 1995a, b; Mische und White 1998). Mit dem Konzept generalisiert er die Idee des Zusammenhangs von Beziehungen und Geschichten: Jedes *Netzwerk* ist als Struktur verwoben mit einer *Domäne* kultureller Formen. Beide sind nur analytisch voneinander zu trennen. Entsprechend fügt White *net* für Netzwerk/Network und *dom* zum neuen Konzept „*netdom*" (Netzwerkdomäne) zusammen.

6.2.1 Populationen von Netzwerken

Ausgangspunkt der Überlegungen ist der Begriff des

▶ **Netzwerks**: Dieses besteht zunächst rein graphentheoretisch und strukturalistisch aus dem Muster von Verbindungen zwischen einer Menge von Knoten.

Die Sozialwissenschaften interessieren sich vor allem für Sozialbeziehungen zwischen Akteuren, wobei sowohl die Beziehungen als auch die Akteure unterschiedlich definiert werden können (Freundschaft, Zitationen, Konkurrenz; Individuen, Organisationen, Staaten).

Zugleich muss aber auch die Menge von Akteuren abgegrenzt werden – die „*Population*" des Netzwerks. White betont, dass Netzwerke keine natürlichen Grenzen haben (1992, S. 92 f.). Trotzdem muss eine Forscherin für die formale Analyse des Musters von Beziehungen (etwa in einer Blockmodellanalyse) pragmatisch eine Grenze definieren. So kann sie etwa das Freundschaftsnetzwerk in einer Schulklasse untersuchen. Dabei sieht sie davon ab, dass die beteiligten Schülerinnen auch noch Freundschaften außerhalb der Klasse haben (z. B. zu Kindern einer anderen Klassenstufe). Die Annahme ist, dass dieses analytische Herauslösen der Kinder in einer Klasse aus ihrem weiteren Kontext trotzdem sinnvolle Ergebnisse liefert – etwa in Bezug auf die Aushandlung von Identitäten und Machtbeziehungen in der Klasse.

Whites Idee ist nun, dass diese Abgrenzung von Netzwerken nicht alleine analytisch erfolgen muss. Stattdessen muss man nach Netzwerkpopulationen suchen, die sich durch gemeinsame Aktivitäten und wechselseitige Beobachtung selbst von ihrer Umwelt abgrenzen:

> Euphemisms – world, school, society, and so on – are often used for *population*, which is possibly the most deceptive term in the social sciences, just because it seems so obvious: ,this set of people here'. But a population of identities, each seeking control is, through these struggles, coming to specify its own social space, rather than boundaries being imposed arbitrarily, as an observer is tempted to do. (White 2008, S. 24; Hervorhebung im Original)

Die erste Aufgabe der Netzwerkforscherin ist es somit, die sozialen Räume zu identifizieren, die sich durch die Kontrollkämpfe in der Population selbst herausbilden. Ein Netzwerk ist dann nicht mehr rein analytisch abgegrenzt. Sondern die Definition der Netzwerkpopulation folgt der Konstruktion von Grenzen im Sozialen selbst. Dafür braucht der Netzwerkbegriff jedoch wieder eine kulturelle Ergänzung – denn soziale Abgrenzungen erfolgen immer sinnhaft.

6.2.2 Domänen

Dies führt uns zum Begriff der *Domäne*. Diese bildet grob das Ensemble an Sinnformen ab, das in einer solchen Population mit dem Beziehungsnetzwerk verknüpft ist. Und auf der Ebene dieser Sinnformen finden wir auch die Abgrenzung einer Netzwerkpopulation von ihrer Umwelt. Wie so viele Begriffe bestimmt White auch den der Domäne etwas unklar und an verschiedenen Stellen keineswegs einheitlich. Zunächst schreibt er:

> Domains and networks are but [...] analytic abstractions from the sociocultural goo of human life. Networks catch up especially the cross-sectional patterns of connection and resonance in interaction. Domains catch up especially the meanings and interpretations which are the phenomenology of process as talk. (1995a, S. 1038)

Hier bestimmt White Netzwerke und Domänen bereits als Abstraktionen von Prozessen (darauf kommen wir im nächsten Kapitel zurück). Netzwerke stehen dabei für die Strukturmuster („patterns") der Verbindungen, und Domänen sehr breit für „Sinn und Interpretationen".

In einem auf Französisch erschienenen Aufsatz bezeichnet er „Domäne" als „Ensemble von Signalen [...], die Beziehungen realisieren", als „kulturelle Bezeichnungen, mit denen Netzwerke wahrgenommen und fabriziert [*mis en oeuvre*] werden" (1995b, S. 708). Hier macht White deutlich, dass Netzwerke *sprachlich* organisiert sind, und nimmt ausführlich Bezug auf die Soziolinguistik (unter anderem auf Arbeiten von John Gumperz und M.A.K. Halliday; 1995b, S. 714 ff.).

Dieser sprachliche Bezug findet sich auch in einem Aufsatz Whites mit Ann Mische, der die wohl klarste Definition der Domäne liefert:

> We define domain as the perceived array of such signals – including story sets, symbols, idioms, registers, grammatical patternings, and accompanying corporeal markers – that characterize a particular specialized field of interaction. (Mische und White 1998, S. 702)

Dagegen bleibt White in der zweiten Auflage von *Identity and Control* recht vage und schreibt lediglich von „netdoms" als „demarcated social spaces" mit „net" für „network of relations" und „dom" für „domain of topic" (2008, S. 7). Dabei sollen diese thematischen Domänen den „Kontext" für Netzwerke bilden. „Domain of topic" bleibt hier Whites einzige Erläuterung für den Domänenbegriff. Dieser markiert einen Themenbereich, eine sachlich-inhaltliche Differenzierung (von anderen Netdoms mit anderen „Themen").

Hinter diesen verschiedenen Formulierungen lässt sich wohl weniger eine veränderte Begriffsfassung vermuten als unterschiedliche Bestimmungen eines komplexen Sachverhalts. Die Domäne steht im Sinne der Aufsätze von 1995 und 1998 für das *Ensemble von Sinnformen*, die sich *in einer Population* durch den regelmäßigen Austausch bilden. Diese sind mit dem Netzwerk von Beziehungen verwoben und bestimmen dieses auch – sowohl in seiner Außengrenze als auch in den Interaktionsregeln und Beziehungen.

So nennt White ja „story sets" als Bestandteil der Domäne, also Mengen von Narrativen für die Beschreibung von Beziehungen. Unterschiedliche Beziehungen wie Freundschaft oder Liebe werden durch diesen kulturellen Haushalt inhaltlich festgelegt. Und wo die Beteiligten selbst zwischen Arten von Beziehungen unterscheiden, können das dann auch die beobachtenden Netzwerkforscher. Die Bezeichnung „domain of topic" verweist darauf, dass jede Domäne sachlich-inhaltlich bestimmt und nach außen abgegrenzt ist. Zugleich gehören auch Regeln und Kriterien der Bewertung zur Domäne.

Muss man auch die Erzählungen und Identitäten, die ein Netzwerk ausmachen, als Bestandteile der Domäne betrachten? Eher nicht, denn alle Formulierungen von White beziehen sich auf *geteilte Sinnformen* innerhalb der jeweiligen Population – und nicht auf Relationierungen der beteiligten Identitäten. In diesem Sinne gehört die narrative Bestimmung einer bestimmten Art von Beziehung (z. B. Freundschaft) als Bestandteil des „story-sets" zur Domäne, nicht aber die Geschichte über eine einzelne Beziehung. In recht genauer Weise entspricht die Domäne damit der „Kultur" der jeweiligen Netzwerkpopulation. Sie steht für die Sinnformen, die in einem Kontext geteilt werden und diesen von anderen Kontexten unterscheiden.[4]

▶ Eine **Domäne** steht für das Ensemble von geteilten Sinnformen in einem dadurch abgegrenzten sozialen Kontext. Sie ist eng mit dem Netzwerk von Beziehungen innerhalb der jeweiligen Population von Akteuren verknüpft.

Zusammenfassend weist der Begriff der Domäne darauf hin, dass Netzwerke in ihren Grenzen und in der Interpretation und Bewertung der sie ausmachenden Beziehungen von Interaktionsregeln, Wertungen und sprachlichen Mustern bestimmt werden. Die Domäne stellt eine Chiffre für diese kulturellen Wertungen und Verdichtungen dar und ist damit ein ausgesprochen komplexer Begriff. Die Verknüpfung von Domänen und Netzwerken steht dann nicht mehr für eine rein analytisch bestimmte Struktur, sondern für eine reale soziokulturelle Konstellation mit sinnhaft bestimmten Grenzen. Jedes Netzwerk ist damit in einem spezifischen sich über die Zeit entfaltenden und mit kulturellen Bedeutungen durchzogenen Sozialraum lokalisiert. Und erst dadurch „ergibt" ein solches Netzwerk „Sinn" für die Forscherin wie auch für die Beteiligten.

6.2.3 Netzwerkdomänen

Bereits mehrfach haben wir das *Beispiel des Spielplatzes* angesprochen. Dieser stellt neben seiner Eignung als Schauplatz basaler sozialer Strukturbildungen auch ein eigenständiges soziales Setting dar, lässt sich also sachlich von anderen Sozi-

---

[4] Siehe für diese begriffliche Unterscheidung zwischen Sinn und Kultur in Zusammenhang mit der Netzwerkforschung Fuhse und Gondal (2015).

alräumen differenzieren. Ein Spielplatz ist eine Domäne, da auf ihm spezifische Regeln gelten und spezifische Beziehungsformen bzw. Typen von Beziehungen gepflegt werden. Bestimmte Arten von Geschichten werden erzählt, und vieles davon wiederholt sich auf den unterschiedlichsten Spielplätzen.

Die Domäne eines Netzwerks folgt niemals nur allgemeinen kulturellen Mustern (diese gehören eher zu „Institutionen", um die es im nächsten Abschnitt geht). Sondern sie greifen auf diese zurück, entwickeln auf deren Grundlage aber immer spezifische Sinnformen für einen einzelnen sozialen Kontext. Bestimmte Geschichten werden nur auf einem bestimmten Spielplatz zu einer bestimmten Zeit erzählt, und bestimmte Regeln und Wertungen haben sich nur dort etabliert. Der Begriff Netzwerkdomäne steht genau für diese Verknüpfung von Netzwerkkonstellation und je eigener Kombination von Sinnformen in einem bestimmten Kontext. Und dies erlaubt es White auch, von Netdoms (anders als bei Netzwerken) als realen sozio-kulturellen Strukturen zu sprechen und nicht als lediglich analytischen Setzungen.

▶ Eine **Netzwerkdomäne** („netdom") besteht aus einem Netzwerk, das mit einer Domäne von spezifischen kulturellen Formen (Narrative für Sozialbeziehungen, Sprachmuster, Interaktionsregeln, Bewertungen) verwoben ist. Netzwerkdomänen sind reale soziokulturelle Strukturen mit vorfindlichen Sinngrenzen, sie bilden also unterscheidbare soziale Kontexte.

Eine Reihe von Konzepten der Theorie Whites weist eine starke Nähe zum Domänenbegriff bzw. zum Konzept der Netzwerkdomäne auf. So zeigt etwa der Begriff der *Disziplin* eine Reihe von Gemeinsamkeiten mit Netdoms: die Kombination von Positionen in einem Netzwerk und Wertungskriterien für diese Positionen, z. B. eine Produktionsordnung, die ein Theaterstück hervorbringt. Die Ordnung definiert bestimmte Rollen und Positionen und bewertet vor allem nach Qualitätskriterien, von wem welche Beiträge erwartet werden und wer wie wichtig für die Gesamtproduktion ist. Dieselbe Ordnung kann man auch als Netdom beschreiben, in dem bestimmte Beziehungstypen unter bestimmten Regeln und Bewertungen in einem Prozess zusammengebunden sind. Disziplinen scheinen aber gegenüber Netzwerkdomänen stärker integriert. Letztere werden in der Regel nicht wie Disziplinen zu selbst gültigen sozialen Identitäten verdichtet. Insofern lassen sich Disziplinen als Spezialfälle von Netzwerkdomänen begreifen.

Auf höher aggregierter Ebene wäre auch ein Netzwerk von Unternehmensbeteiligungen als Netzwerkdomäne zu fassen. Solche Beteiligungen unterliegen spezifischen Regeln, können dynamisch umgeschichtet werden, und zeigen Positionen und Cluster im Netzwerk. Der Begriff der Netzwerkdomäne ist also auf unterschiedlichen Ebenen für ganz verschiedene Phänomene anwendbar. Er bildet einen

Grundbaustein auch für die mögliche Bestimmung anderer Begriffe in der Theorie
– etwa der Disziplinen.

In Netzwerkdomänen grenzen sich verschiedene soziale Kontexte voneinander
ab. Ansatzweise ergibt sich damit eine soziale Differenzierungstheorie. Diese erreicht jedoch nicht ohne weiteres die gesamtgesellschaftliche Ebene. Gesellschaftliche Bereiche wie Wirtschaft und Wissenschaft sollen nicht als Netdom verstan-
den werden. Dennoch sind Aggregationen möglich, und es bilden sich ja bei White
in der Tat auch Identitäten auf solchen höheren Aggregationsebenen. Anders als die
hochintegrierten Disziplinen haben Netzwerkdomänen keine eingebaute Mengen-
beschränkung.

Gesellschaftlich lässt sich lediglich eine enorme Pluralität und Überlagerung
von Netzwerkdomänen konstatieren, die Knoten miteinander teilen oder auch
durch bestimmte Erzählungen verbunden werden. Es ergibt sich das von White
konstatierte soziale Gel (2008, S. 18). Dieses lässt sich nicht zu einer übergreifenden Struktur integrieren, sondern weist nur Kerne von kristallisierter Ordnung
an unterschiedlichen Stellen auf. Im Ergebnis entsteht also nicht das Bild einer
aufgeräumten und klar abgrenzbaren gesellschaftlichen Differenzierung, sondern
eine fluide, von eher zufälligen Verbindungen zusammengehaltene, zerstückelte
und gebrochene Masse. Netzwerkdomänen erzeugen ihre eigenen lokalen Ordnungen, und im Zusammenspiel ergibt sich eine plurale Sozialität, in der viele Dinge
nicht so recht zueinander passen und die nicht in einen großen sinnhaften Zusammenhang integriert werden kann. Später sehen wir, dass diese Pluralität vor allem
situativ integriert wird, durch den kommunikativen Wechsel von Bezugspunkten
(siehe Kap. 7.1). Diesen fluiden und ungeordneten Charakter der sozialen Welt
müssen wir sowohl als ihre Bewohner als auch als ihre Erforscher akzeptieren.

6.3 Institutionen

Wir haben bereits angesprochen, dass Domänen häufig auf weiter verbreitete kulturelle Formen zurückgreifen. White spricht hier von *Institutionen*. Als Beispiele
nennt er das indische Kasten-System, die Universität oder auch nur einen Hand-
schlag. Institutionen stellen Regeln für die Interaktion bereit und damit zumindest
teilweise auch Regeln für den Aufbau von Sozialbeziehungen und Netzwerken. In
beiden Ausgaben von *Identity and Control* wird Institutionen ein eigenes Kapitel
gewidmet (1992, S. 118 ff., 2008, S. 171 ff.). Zudem hat White einen Artikel mit
John Mohr zur theoretischen Modellierung von Institutionen publiziert (Mohr und
White 2008). Der wesentliche Anstoß für diese Verbindung von Institutionen und
Netzwerken kam aber von Paul DiMaggio, der insgesamt einen sehr deutlichen
Einfluss auf die Entwicklung der relationalen Soziologie hatte.

Exkurs 12: Paul DiMaggio zu Bourdieu, kulturellem Kapital, Feldern und Institutionen

Paul DiMaggio ist ein herausragendes Beispiel dafür, wie amerikanische Soziologen von White beeinflusst wurden, umgekehrt aber auch deren Arbeiten sich auf Whites Theorie auswirkten. DiMaggio promovierte in den 1970er Jahren in Harvard und kam dort mit den Arbeiten zur Blockmodellanalyse im Umfeld von White und mit Whites Überlegungen zu Märkten in Kontakt. Anders als Ronald Breiger, Mark Granovetter und viele andere gehörte er aber nicht zum engsten Kreis von Studenten um White, sondern setzte sich schon damals stark mit Kultur auseinander. Dazu gehören vor allem der Kulturkonsum und Fragen sozialer Ungleichheit, aber auch die Produktion von Kunst, unter anderem in kleinen (Non-Profit-)Theatern in New York. Nach seinem Abschluss 1979 lehrte DiMaggio erst an der Yale University und seit 1996 an der Princeton University.

Im Rahmen der relationalen Soziologie sind von den vielfältigen Forschungsinteressen und Arbeiten vor allem vier Aspekte relevant: a) die Aufnahme von Anregungen Pierre Bourdieus, b) die Übernahme von dessen Begriff des kulturellen Kapitals (in Zusammenhang mit Whites Netzwerkkonstellationen), c) die relationale Fassung des Feld- und des Institutionenbegriffs.

a. Als einer der ersten nahm Paul DiMaggio Ende der 1970er Jahre die Anregungen Pierre Bourdieus auf. Diese Impulse trugen zur Hinwendung der nordamerikanischen Soziologie zu Sinn und Kultur bei. 1979 veröffentlichte DiMaggio ein Review-Essay zu Bourdieu im *American Journal of Sociology*. DiMaggio skizziert Bourdieu hier als einen Konfliktsoziologen (noch vor Erscheinen von *Die feinen Unterschiede*), der kulturelle Formen als symbolische Mittel in der Auseinandersetzung zwischen sozialen Klassen begreift.

Wie groß der direkte Einfluss von Bourdieu auf Whites Theorie war, lässt sich schwer einschätzen. In der 1992er-Ausgabe von *Identity and Control* findet sich nur eine beiläufige Referenz auf Bourdieu. Dabei scheinen wichtige Konzepte wie der Stilbegriff oder auch Whites Begriff des „Phänomenologischen" von Bourdieu beeinflusst.

b. Für DiMaggio wurden besonders Bourdieus Konzepte des kulturellen Kapitals und der sozialen Felder relevant. Wie bei Bourdieu dient „kulturelles Kapital" dabei der Abgrenzung sozialer Gruppen in einer Statushierarchie (DiMaggio 1987, S. 443 ff.; DiMaggio und Mohr 1985, S. 1253 ff.; DiMaggio und Useem 1978, S. 151 ff.). Allerdings nimmt DiMaggio (mit Blick auf empirische Befunde) eine dezidierte Umstellung vor, die eine spezifische Eigenheit der amerikanischen Kultur widerspiegelt: Kulturelles Kapital besteht hier nicht allein in einem klassenspezifischen Reservoir an kulturellen Formen, sondern im vielfältigen Zugang zu kulturellen Repertoires.

Diese Kompetenz im Umgang mit unterschiedlichen kulturellen Stilen korrespondiert mit heterogenen sozialen Netzwerken (DiMaggio 1987, S. 444 f.). Diese ermöglichen erstens den Zugang zu vielfältigen kulturellen Mustern. Zweitens erlaubt Kompetenz im Umgang mit unterschiedlichen Stilen den Aufbau von heterogenen Netzwerken.

Die „weak ties" von Granovetter und „strukturellen Löcher" von Ronald Burt haben also auch eine kulturelle Komponente mit dem Zugang zu verschiedenen Stilen und Repertoires (vgl. Pachucki und Breiger 2010). Diese Überlegungen DiMaggios verknüpfen Stile sehr viel stärker als Bourdieu mit der Struktur sozialer Netzwerke. Sie führen zu wichtigen neueren Arbeiten von Bonnie Erickson (1996) und Omar Lizardo (2006), die jeweils den Zusammenhang von kultureller Vielfalt, sozialen Netzwerken und sozialem Aufstieg bzw. gesellschaftlichem Status für den amerikanischen Kontext empirisch nachweisen.

c. Paul DiMaggio ist international vor allem bekannt als Vertreter des Neo-Institutionalismus, wohl aufgrund des zentralen mit Walter Powell herausgegebenen Sammelbands der wichtigsten Texte des soziologischen Neo-Institutionalismus (1991). Dabei entwickelt DiMaggio eine spezifisch „relationale" Sichtweise auf *soziale Felder* und auf Institutionen. Beim Feldbegriff verknüpft DiMaggio (gemeinsam mit Powell) Anregungen aus der Marktsoziologie Whites mit der Feldtheorie Bourdieus. Felder bestehen für DiMaggio und Powell aus Räumen, in denen sich Akteure wechselseitig beobachten und aneinander orientieren (1983). Aus dieser Orientierung aneinander entstehen kulturelle Muster für Verhalten im Feld – *Institutionen*. Institutionen emergieren einerseits „isomorph im Feld", andererseits rahmen und definieren sie das Feld – nur in sozialen Kontexten mit solchen kulturellen Mustern lässt sich von einem Feld sprechen.

Inwiefern sind diese Konzepte „relational"? In ihrem vielzitierten Artikel heben DiMaggio und Powell auf die Relationen zwischen den Akteuren ab, die eben durch im Feld entstandene Regeln (die Institutionen) für das Verhalten von Akteuren geprägt werden. Die Autoren betonen dabei mit der

„connectedness" von Akteuren im Feld und der „strukturellen Äquivalenz" der Positionen im Feld zwei zentrale Netzwerkkonzepte (DiMaggio und Powell 1983, S. 148).

Noch deutlicher und konkreter wird DiMaggio in einem Artikel von 1986. Dort schlägt er vor, Felder von Organisationen mit der Blockmodellanalyse zu untersuchen. Auf diese Weise lassen sich Akteure mit ähnlichen Rollen im Feld als strukturell äquivalent identifizieren. Die systematischen Beziehungen zwischen diesen Positionen im Feld sieht DiMaggio als kulturell überformt – sie reflektieren die Institutionen, die aus der wechselseitigen Beobachtung im Feld entstehen. Die kulturelle Ordnung von Feldern in Institutionen lässt sich somit aus den Netzwerken zwischen den Akteuren mit der formalen Methode der Blockmodellanalyse rekonstruieren. Sowohl Felder als auch Institutionen sind insofern inhärent relational angelegt.

Die Übernahme von Theoriefiguren Bourdieus sorgt also bei DiMaggio schon in den 1980er Jahren für wichtige Impulse für die relationale Soziologie: Das Konzept des kulturellen Kapitals wird umformuliert in Kompetenzen im Umgang mit heterogenen Stilen. Diese Kompetenzen stehen in direktem und wechselseitigem Zusammenhang mit „weak ties" in Netzwerken. Damit liefert DiMaggio einen Grundbaustein für die Behandlung sozialer Ungleichheit in der relationalen Soziologie bei Breiger, Erickson und Lizardo. DiMaggios „relationale" Variante des Neo-Institutionalismus war schließlich nicht nur in der Organisationsforschung enorm einflussreich. Sie verknüpft auch bereits in den 1980er Jahren die Netzwerkforschung – insbesondere strukturelle Äquivalenz und Blockmodellanalyse – mit kulturellen Formen (den Institutionen und einem kulturell gewendeten Rollenbegriff; Fuhse 2012a).

Leider lässt sich nur spekulieren, inwiefern diese Position (und damit indirekt auch die Impulse von Bourdieu) auf die Theorieentwicklung bei White gewirkt hat. White und DiMaggio waren seit der gemeinsamen Zeit in Harvard in regelmäßigem Kontakt. Direkte Referenzen zu DiMaggio finden sich bei White allerdings selten. Während kulturelles Kapital und soziale Ungleichheitsforschung für White eher unwichtig scheinen, nimmt der Institutionenbegriff in *Identity and Control* einen zentralen Platz ein – weitgehend im Einklang mit der Fassung DiMaggios. Aber DiMaggio hat auch andere relationale Soziologen deutlich beeinflusst. Vor allem ist hier John Mohr zu nennen, der in den 1980er Jahren bei DiMaggio an der Yale University studierte (siehe Exkurs 13).

Wie bereits angedeutet, nimmt der Institutionenbegriff in Whites *Identity and Control* eine zentrale Stelle ein. Die Ausführungen in der ersten Auflage bleiben recht umständlich und vor allem an das Disziplinen-Konzept gebunden, das 1992 noch eine wichtigere Rolle spielt als 2008. In der zweiten Auflage verbindet White Institutionen (wie DiMaggio) stärker mit Netzwerken. Dabei werden Institutionen eng mit „*Rhetorik*" verknüpft: So wie „Stories" Netzwerke explizieren, markiert eine bestimmte Rhetorik eine Institution (White 2008, S. 171). Institutionen stehen für allgemeine Modelle sozialer Organisation, die in bestimmten Sprachformen (Rhetoriken) repräsentiert werden.

Diese starke Bedeutung der „Rhetorik von Institutionen" gibt es in der ersten Auflage noch nicht; sie kommt 2008 hinzu. Außerdem nimmt White eine entscheidende Umformung des Institutionen-Konzepts vor: Fast alle Beispiele für Institutionen von 1992 bezeichnet White 2008 als „Kontrollregimes": das indische Kastensystem und die universitäre Organisation von Wissenschaft, die Anfänge des normannischen Feudalsystems in England, Korporatismus und Klientelismus. Das Kontrollregime ist insofern ein naher Verwandter von Institutionen (siehe Kap. 7.3).

In der zweiten Auflage von *Identity and Control* fungieren Karrieren, soziale Schichtung, die Produktionsökonomie, formale Organisationen und Verwandtschaft als Institutionen. Wie an anderen Stellen bemüht sich White darum nachzuweisen, dass sich seine Konzepte fruchtbar auf sehr unterschiedliche Phänomene anwenden lassen. Viele der Ausführungen bleiben allerdings schwer verständlich. So fehlt sowohl in den beiden Ausgaben von *Identity and Control*, als auch in dem Artikel mit John Mohr eine klare Definition, wofür der Institutionen-Begriff genau steht. Somit muss das Konzept eher indirekt über die Anwendung an Beispielen und über die Abgrenzung von anderen Ansätzen erschlossen werden.

Ein weiteres Problem ist, dass White nicht klar unterscheidet zwischen a) einer Institution als einem kulturellen Modell für soziale Organisation und b) der durch dieses kulturelle Modell geprägten sozialen Struktur. Am ehesten stehen Institutionen bei White für das zweite, also für soziale Strukturen, die deutlich kulturellen Modellen folgen. Zuweilen spricht White hier auch von „institutional system":

> An institutional system shepherds social processes by channeling them, by configuring institutions through rhetorics in a way that proves self-sustaining. They heavily draw on structural equivalence as they invoke story-sets across networks. (2008, S. 171)

Ein Institutionensystem verbindet dabei mehrere Institutionen miteinander. Diese werden durch „Rhetorik", also kulturelle Beschreibungen, konfiguriert und aufrechterhalten. Übersetzt in die Begrifflichkeit Whites werden hier allgemeine und weiter verbreitete kulturelle Formen zum Bestandteil der *Domäne* im jeweiligen

Netzwerkkontext und prägen somit die Netzwerkkonstellation. Die Institutionen bzw. das Institutionensystem markieren damit unter Rückgriff auf allgemeine kulturelle Formen stabilisierte Netzwerkkonfigurationen. Diese Netzwerke sind nun stark in Positionen struktureller Äquivalenz geordnet. In dem Aufsatz mit John Mohr schreibt White daher auch:

> social institutions are made up of different types of interlocking networks. This includes social networks that link actors together into various social relations and role systems. (Mohr und White 2008, S. 488)

An dieser Stelle wird die deutliche Verbindung des Institutionenbegriffs mit den Grundannahmen der Blockmodellanalyse deutlich (vergleiche Kap. 3.3): Institutionen bestehen aus multiplen Netzwerken (mit verschiedenen Beziehungsarten) zwischen Akteuren, die zueinander in Rollenbeziehungen stehen. Diese Rollenbeziehungen lassen sich in der strukturellen Äquivalenz von Knoten im Netzwerk rekonstruieren. In den Arbeiten zur Blockmodellanalyse aus den 1970er Jahren blieb aber noch unklar, was eigentlich für diese Ordnung der Netzwerke sorgt. 2008 lautet die Antwort: Strukturelle Äquivalenz und Rollenbeziehungen kommen aus der kulturellen Überformung der Netzwerke durch Rhetorik. Diese Überlegungen entsprechen recht genau der Argumentation von Paul DiMaggio – nur dass DiMaggio eben diese Rhetorik selbst als Institution bezeichnet – und nicht wie White das so geordnete Netzwerk (s. o.). Allerdings sind die Abgrenzungen hier schwimmend, da White den Begriff auch im Einklang mit der Interpretation des Neo-Institutionalismus verwendet.

Damit geht es mit dem Institutionenbegriff – wie allgemein in der Netzwerktheorie von White – um das Verhältnis zwischen Sinnformen und Kultur einerseits und Netzwerken andererseits. So formulieren Mohr und White:

> in addition to social networks, institutional life is organized around cultural networks, relational structures that link meanings, values, stories, and rhetorics together into various structured configurations. An institutional analysis needs to attend to both of these types of structures, and thus to systems of discourse and systems of interaction and to the linkages that tie them together. (2008, S. 489)

Der Institutionenbegriff steht für das durch ein kulturelles Modell geprägte Netzwerk. Das kulturelle Modell dagegen wird – anders als im Neo-Institutionalismus, in der philosophischen Anthropologie und in der Wissenssoziologie von Berger und Luckmann – nicht als Institution bezeichnet, sondern eben als „Rhetorik" oder manchmal auch als „cultural template". Warum diese eigentümliche Begriffsverwendung? Wir vermuten, dass Whites Institutionen kulturelles Modell und Netzwerk miteinander verbinden, weil er beide in der sozialen Welt immer untrennbar miteinander verwoben sieht. In diesem Sinne ließe sich eben nicht von einem „Modell Familie" unabhängig von den diesem Modell folgenden Netzwerken sprechen. Andererseits finden wir an anderen Stellen durchaus Begriffe, die alleine auf der kulturellen Ebene liegen: zum Beispiel den Stil, die Sprache oder eben die Rhetorik (wobei dieser Begriff bei White eher am Rande steht).

Sieht man von diesen Schwierigkeiten ab, dann ähnelt Whites Konzeption von Institutionen stark der von Paul DiMaggio. Institutionen wären damit allgemeine kulturelle Modelle, die disparate Netzwerkpopulationen ordnen.

► Netzwerke, die stark durch vorfindliche und über verschiedene Netdoms verbreitete kulturelle Modelle geprägt werden, bilden **Institutionen**. Sie werden in der Interaktion im Netzwerk übernommen und damit zum Bestandteil der Domäne im jeweiligen Kontext.

In diesem Sinne werden etwa Familien durch allgemeine Vorstellungen von Verwandtschaft geprägt – und diese werden in der Rhetorik von Familienrollen und Pflichten innerhalb und für die Familie repräsentiert. Kultur kann also die Strukturen sozialer Netzwerke und Beziehungen ordnen – und genau dafür steht der Institutionenbegriff. Der Clou bei White wie bei DiMaggio besteht darin, diese kulturellen Modelle über ihre Wirkung in Sozialbeziehungen und Netzwerken zu rekonstruieren.

Exkurs 13: John Mohr und die Netzwerkanalyse von Kultur

John Mohr studierte bei Paul DiMaggio an der Yale University und kam auf diese Weise zur relationalen Soziologie. Seit 1991 arbeitet er an der University of California in Santa Barbara. Wie bei DiMaggio stehen bei Mohr Kultur, Institutionen und die Auseinandersetzung mit Bourdieu stärker im Fokus. Allerdings geht Mohr dabei einen ganz eigenen Weg – hin zu einer Untersuchung von Kultur mittels der Netzwerkanalyse.

Mohrs zentrale Aufsätze aus den 1990er Jahren (die auf seine Doktorarbeit zurückgehen) untersuchen ein für die Netzwerkforschung untypisches Thema: die Behandlung von Hilfebedürftigen durch verschiedene Einrichtungen und Vereine in New York um 1900 (Mohr 1994; Mohr und Duquenne 1997). Genau genommen geht es darum, wie diese mit verschiedenen Kategorien von Hilfebedürftigen umgehen – und wie sich diese „Kultur" der sozialen Hilfe über die Zeit wandelt.

Dafür konstruiert Mohr ein sogenanntes „Dual-Mode-Netzwerk" aus dem New York City Charity Directory (1994, S. 335 ff.). Dort wurde aufgeführt, welche öffentlichen oder privaten Einrichtungen in New York welche

Unterstützung für welche Kategorien von Hilfebedürftigen anbieten. So wurden „Tramps" mit Arbeitsangeboten unterstützt oder an ein Gefängnis geleitet. Bedürftigen Seemännern oder Witwen boten Hilfsorganisationen dagegen eine Unterkunft an. Zusätzlich unterschied Mohr danach, ob diese Formen von Unterstützung von staatlichen oder kirchlichen Einrichtungen oder privaten Non-Profit-Organisationen angeboten wurden.

Das Dual-Mode-Netzwerk verbindet nun Kategorien von Hilfebedürftigen als eine Art von Knoten (oder Identitäten) mit solchen Unterstützungspraktiken (unterschieden nach Arten von Hilfe-Organisationen) als zweiter Art von Knoten. Hier sind etwa die drei Kategorien „Soldaten", „Witwen" und „Immigranten" mit der Unterstützungspraxis „Relief" (allgemeine Unterstützung z. B. in Form von Kleidung und Nahrung) von staatlichen Stellen verknüpft – weil staatliche Stellen diese Art von Unterstützung für diese Kategorien leisten.

Dieses Netzwerk mit zwei Arten von Knoten vereinfacht Mohr zu einem Netzwerk zwischen 26 Kategorien von Hilfebedürftigen. Soldaten, Witwen und Immigranten sind hier miteinander verknüpft, weil sie ähnliche Formen von Unterstützung von ähnlichen Stellen erhalten. Die Zusammenfassung der 26 Kategorien in acht Gruppen von Hilfebedürftigen nimmt Mohr mit der Blockmodellanalyse vor: Witwen, Soldaten und Immigranten sind strukturell äquivalent hinsichtlich ihrer Behandlung durch Unterstützungsorganisationen im Verhältnis zu anderen Kategorien wie Tramps, Blinden oder unverheirateten Müttern.

Auf diese Weise gelingt es Mohr, ein Netzwerk der „moralischen Ordnung" des Soziale-Hilfe-Sektors zu rekonstruieren. Dieses Netzwerk ist dadurch strukturiert, dass die Kategorien der Hilfebedürftigkeit angeboren sind (wie Blindheit) oder auf individuelle Entscheidungen zurückgeführt werden (wie bei unverheirateten Müttern), und ob die moralische Bewertung der Kategorien eindeutig oder eher ungeklärt ist.

Der zweite Artikel von Mohr zusammen mit dem Mathematiker Vincent Duquenne (1997) nimmt die zeitliche Entwicklung dieser moralischen Ordnung von Kategorien der Hilfebedürftigkeit in den Blick. Dafür konstruieren sie sogenannte Galois-Gitter (Galois Lattices). Mit Hilfe dieser Technik lassen sich begrenzte Dual-Mode-Netzwerke (mit einigermaßen klar geordnete Daten) graphisch darstellen. Diese Technik wird in der relationalen Soziologie häufiger benutzt (Pattison und Breiger 2002; Yeung 2005; Mische 2008). Sie stellt aber eher eine Darstellungs- als eine Analysemethode dar.

Die Arbeiten von Mohr sind technisch anspruchsvoll und rekonstruieren überzeugend den Wandel der „moralischen Ordnung" um 1900 in den USA. Ihre Bedeutung und Innovation liegt aber im Bereich von Methodologie und Theorie: Nicht soziale Netzwerke von Akteuren werden hier untersucht, sondern *kulturelle Netzwerke*. Die Benutzung von quantitativ-formalen Mitteln der Rekonstruktion von Kultur ist alles andere als selbstverständlich und unproblematisch – das Verstehen von Sinnmustern gilt in den Sozial- und Geisteswissenschaften als Domäne von qualitativen Methoden, mit denen man der subjektiven Perspektive der Beteiligten möglichst nahe kommen will.

Mohr quantifiziert die Bedeutungen von Kategorien dagegen über deren institutionelle Verknüpfungen. Dies erlaubt ihm die Einnahme einer Außenperspektive, aus der heraus der Bedeutungswandel von Kategorien wie „Fremde" oder Unterstützungsleistungen wie „Unterkunft bieten" sichtbar wird (Mohr und Duquenne 1997, S. 339 ff.). Dies liegt im Trend von neueren Arbeiten, die etwa mit Textanalysen die zugrunde liegende semantische Struktur sichtbar machen. Mit einem Überblicksartikel im *Annual Review of Sociology* (1998), der Herausgabe eines Themenhefts der Zeitschrift *Poetics* (2000) und der Organisation einiger Konferenzen und Workshops hat Mohr diesen Trend selbst mit angestoßen und befördert. Wichtige andere Träger dieses Forschungsprogramms sind Kathleen Carley (eine Harvard-Studentin Whites aus den frühen 1980er Jahren) und Jana Diesner mit ihrem Programm AutoMap (Diesner und Carley 2010).

Was bedeutet es, Kultur als Netzwerk zu untersuchen? Wie in der Sprachtheorie Ferdinand de Saussures wird angenommen, dass die Bedeutung von Symbolen, Konzepten oder anderen kulturellen Formen in deren Beziehungen untereinander liegt. Und diese Beziehungen lassen sich prinzipiell mit Mitteln der Netzwerkanalyse untersuchen. Bei Mohr und anderen geht es dabei aber um mehr als die direkten Verknüpfungen von Symbolen miteinander. Vielmehr werden Netzwerkmaße wie Zentralität oder auch strukturelle Äquivalenz gebildet. Es wird also angenommen, dass auch indirekte Beziehungen wichtig sind – inwiefern fungiert ein Konzept beispielsweise als Verbindungsglied zwischen anderen Konzepten?

In seinem Aufsatz von 1994 führt Mohr ja eine Blockmodellanalyse durch. Das Ergebnis dieser Analyse muss den Annahmen der Blockmodellanalyse entsprechend interpretiert werden: *Kategorien* von Hilfebedürftigkeit nehmen in dem jeweiligen Netzwerk (dem Soziale Hilfe-Sektor in New York zum jeweiligen Zeitpunkt) eine bestimmte *Rolle* im Verhältnis zu anderen Kategorien ein. Nicht individuelle oder andere soziale Akteure sind über

Rollen miteinander verbunden, sondern kulturelle Formen (in diesem Fall soziale Kategorien). Mohr nennt dies „Diskursrollen" (1994) und sieht darin eine Analyse von „institutionellen Logiken" (Mohr und Duquenne 1997, S. 306, 334 ff.).

Mohrs Ansatz vollzieht damit einen deutlichen Schritt über die Theorie von White hinaus. Er erscheint mit einer Reihe von Formulierungen Whites kompatibel – und auch der gemeinsame Aufsatz von Mohr und White zu Institutionen weist auf eine Vereinbarkeit der Ansätze. Allerdings erscheint für eine solche Verbindung eine Theorie davon nötig, wie kulturelle Netzwerke mit Symbolen, Konzepten, Kategorien und soziale Netzwerke mit individuellen oder kollektiven Akteuren zusammen hängen. Hierzu gibt es in Whites Entwurf lediglich Ansätze, wie in den Kopplungen tie/story und network/domain.

6.4 Stile und Kultur

White führt den Stilbegriff als zentrales Theorieelement ein. Während der Institutionenbegriff mit seiner Wertgeneralisierung auf der Makro-Ebene angesiedelt ist, konzipiert White den Stilbegriff als „frei skalierbar" – Stile finden sich bei Phänomenen unterschiedlicher Größenordnungen.

Die Grundidee hinter Whites Stilkonzept stammt wieder aus seinen Arbeiten zur strukturellen Äquivalenz und der Blockmodell-Analyse (siehe Kap. 3.2 und 3.3). Dort wurden Positionen aus der Verteilung ihrer Beziehungen bestimmt. Der Broker oder Vermittler zeichnet sich nicht durch eine Rollenzuweisung mit den an sie gekoppelten Erwartungen, sondern durch seine Position bei der Überbrückung struktureller Löcher im Beziehungsnetzwerk aus (Burt 1992). White generalisiert diese Idee nun, indem er Verteilungsmuster auf ganz unterschiedlichen Analyse-Ebenen soziale Identitäten sichtbar machen lässt. Dies können dann nicht mehr nur die Verteilungen von Beziehungen sein, sondern auch solche von Merkmalen in einer Population oder von Ereignissen in einem sozialen Prozess. Wie das Rollenkonzept in der Blockmodellanalyse markiert der Stilbegriff aber nicht ein rein objektiv beobachtbares Verteilungsmuster. Sondern White geht davon aus, dass Stile im Sozialen selbst beobachtet werden. Auf diese Weise wird ein Stil zu einem sinnhaften Konstrukt, an dem sich Interaktion orientiert. Stile bilden also eine sinnhafte Verdichtung von Ähnlichkeiten in sozialen Prozessen.

Stile sind ihrem Grundzug nach *stochastisch*. Sie müssen über viele soziale Kontexte hinweg, über viele Netzwerkdomänen Orientierung bieten. Damit determinieren sie nicht einzelnes Verhalten, machen aber bestimmte dominante Verhaltensweisen wahrscheinlich. Entsprechend kann ein Beobachter aus einer charakteristischen Verteilung von Ereignissen auf eine Identität schließen.

6.4.1 Merkmale von Stilen

Schauen wir uns die zentralen Merkmale des Stilkonzepts genauer an. Wieder einmal legt White mehr Wert auf die empirischen Beispiele, als auf die konzeptionelle Ausformulierung. Entsprechend knapp führt er den Stilbegriff anhand einer Liste von Merkmalen ein:

> Styles are descriminable as packages which combine signals with social pattern. A style appears only in a set with other styles, since theirs is an evolution by mutual discrimination. Styles order arrays of disciplines and networks, but style presupposes some continuing larger context, one which is sufficient also to support institutions. This larger context of styles defines and reproduces itself only on a stochastic basis, as in conversation. Even by its own stories, style, unlike institution, is not determinate. (White 1992, S. 166)

Der erste und wichtigste Aspekt zur Definition eines Stils ist die *Verteilung*, das „soziale Muster", wie White es nennt, oder die „dispersion" (White 1992, S. 5). Diese Muster können sich auf alles Mögliche beziehen. Auf der Ebene von Beziehungsähnlichkeiten lassen sich zentrale Akteure von peripheren unterscheiden oder von Vermittlern, die zwischen den Clustern platziert sind. Stilmuster können sich auch auf Merkmale beziehen, etwa wenn wir von den verschiedenen Milieus in einer Gesellschaft sprechen. Weiterhin lassen sich auch Verteilungen von Rechtfertigungen und Standardgeschichten in Konversationen untersuchen, wenn etwa immer wieder auf persönliche Verantwortung abgestellt wird oder im Gegensatz dazu vermehrt auf externe Umstände verwiesen wird. Diese Arten von Regelmäßigkeiten finden wir in sozialen Abläufen ständig, und sie werden immer wieder von sozialen Beobachtern neu realisiert.

Stochastische Verteilungen allein begründen also keinen Stil. Hierfür braucht es als zweites Merkmal des Stilbegriffs die *Beobachtung* dieser Verteilungen im Sozialen, und die Orientierung an solchen Verteilungen innerhalb des jeweiligen Kontexts. Stile sind prägnante Verteilungen, die im Sozialen als Signal dienen. Eine charakteristische Verteilung kann etwa auf eine sozial bedeutsame Entität verweisen. Doch dafür müssen Stile entziffert werden. Der Signalcharakter basiert damit jedoch auf einer Konstruktionsleistung des Beobachters. Diese kennzeichnet White mit dem Begriff der *„Sensibilität"* (2008, S. 113 ff.).

Analog der Funktionsweise unserer biologischen Sinne könnte man sagen: Die Sensibilität liefert die Kriterien für die Fokussierung unserer Beobachtung. Bei den Augen sind es bestimmte Frequenzen des Lichts, deren charakteristische Verteilung dann bestimmte Farben und Formen signalisiert und es uns erlaubt, Gegenstände in unserer Umwelt zu identifizieren. Entsprechend finden wir in spezifischen sozialen Kontexten eine Sensibilität für bestimmte Verteilungen als Signale für soziale Identitäten. So schätzen wir häufig anhand relativ kurzer Unterhaltungen – oder auch allein aufgrund der Beobachtung von Kleidung und äußerem Erscheinungsbild – recht sicher das soziale Milieu eines Gegenübers ein. Gleichzeitig können begabte Hochstapler diese Sensibilitäten ausnutzen, um ihren tatsächlichen gesellschaftlichen Status zu verschleiern. Der Stil enthält somit ein stark reflexives Element. Sensibilität und Signal muss man immer zusammen denken, und soziale Gruppen zeichnen sich durch geteilte Sensibilitäten für Stilsignale aus. So achten Wissenschaftler auf die Reputation von Zeitschriften mittels der dafür maßgeblichen Verteilungen von Aufmerksamkeit (Zitationen) auf deren Artikel. Mit einem trainierten Auge kann man auch sehr komplexen sozialen Identitäten folgen, indem man lernt, ihre Signale zu lesen und ihnen so auch über sehr verschiedene Kontexte hinweg zu folgen.

Schließlich sieht White Stile als *selbst-ähnliches* Strukturprinzip (siehe Kap. 5.4) und deswegen als *skalen-frei*. Stile markieren Strukturbildung durch Verdichtung von Signalen und Orientierung an denselben auf verschiedenen Ebenen (1992, S. 166). Wir können sie auf der Ebene von Personen finden (s. u.) oder auch von Professionen oder sogar in den internationalen Beziehungen.

Stile basieren auf der Generalisierung der Dominanzordnung aus den sozialen Disziplinen (White 1992, S. 170) und sind auf jegliche Aggregationsebene des Sozialen anwendbar. Immer geht es um die Bündelung von bestimmten Aspekten der Verteilung von Ereignissen und Verhaltensweisen und um die Suche nach solchen Bündeln. Die Basisfrage ist: Welche Elemente tauchen häufiger auf als andere? Die erkennbaren Formen können auf allen Ebenen der Beobachtung entstehen, auf die die Perspektive scharf gestellt wird. Die Netzwerktheorie gewinnt somit einen skalenfreien Begriff von sozialer Struktur.

White nennt auch ein Beispiel für einen Stil, der selbst auf unterschiedlichen Ebenen angewandt wird: Die Konstruktion von „Akteuren" finden wir sowohl im interpersonalen Austausch in kurzen Aufeinandertreffen, als auch in Sport-Ligen und in den internationalen Beziehungen. Individuen, Teams und Staaten werden als Akteure mit je eigenen Eigenschaften und Motiven interpretiert: „The plausibility of this personalization is evidence for self-similarity across levels." (White 2008, S. 150).

▶ Ein sozialer **Stil** ist eine markante Verteilung von Ereignissen, Merkmalen oder Verhaltensweisen, die für die Beobachter in einem bestimmten Kontext (mit entsprechender Sensibilität) eine soziale Identität signalisiert. Wir finden solche Stile skalenfrei auf allen Ebenen des Sozialen.

In der zweiten Auflage von *Identity and Control* grenzt White den Stilbegriff von seinen anderen Konzepten sozialer Strukturbildung ab (2008, S. 116):

*   Im Gegensatz zu den stark organisierten *Disziplinen* reproduziert sich ein Stil in einem stochastischen Prozess in Beziehungen und Domänen;
*   auch von den *Kontrollregimes* unterscheiden sich Stile durch ihre stochastische Natur (siehe Kap. 7.3).

Anders als *Institutionen* sind Stile stärker ephemer und zeigen Lücken und Brüche, durch die Veränderung („getting action") möglich wird (s. u.). Mit dem Stilbegriff führt White damit ein relativ flexibles und auf verschiedene Ebenen (und für sehr unterschiedliche Phänomene) anwendbares Konzept für graduelle kulturelle Verdichtungen und Tendenzen ein. Stile sind weniger deterministisch als Institutionen, bieten aber trotzdem Orientierung über wechselseitige Beobachtung. Insbesondere der Unterschied zwischen Stilen und Institutionen scheint damit gradueller Natur.

6.4.2 Beispiele

Im Folgenden unterfüttern wir die abstrakte Konstruktionsanleitung des Stilbegriffs über die zentralen Merkmale von Verteilung, Signalcharakter, Sensibilität und Skalenfreiheit anhand einiger Beispiele. Wie gelingt eine Operationalisierung dieser Aspekte? Und wie kann das Konzept für die empirische Sozialforschung wertvoll werden? Dafür führen wir vier zentrale Beispiele bei White aus und präsentierten anschließend eine eigenständig entwickelte Anwendung.

1. Das einfachste Beispiel sind Kunststile. Mit diesen setzt sich White in seinem Buch *Careers and Creativity* auseinander (1993a, S. 63 ff.; siehe Exkurs 14). Ein Kunststil wie der Impressionismus entsteht in einem relativ dichten Netzwerk von Künstlern (White und White 1965, S. 116 ff.; vgl. Exkurs 1). Zu dem Stil gehören charakteristische Merkmale wie Pinselstrich, Farbauftrag und bestimmte Motive. Diese werden nicht immer vollzählig erfüllt – nicht auf jedem impressionistischen Gemälde finden sich Anzeichen von Industrialisierung. Ihre tendenzielle Verteilung macht den Stil aber innerhalb der Kunstszene

(mit einer besonderen Sensibilität) als solchen kenntlich und zu einem Signal. Mit dem Stil grenzt sich das Netzwerk von anderen Künstlern und deren Stilen ab – er markiert also eine sinnhafte Relationierung insbesondere zum traditionellen Akademie-Stil. Und schließlich wird der Stil auch außerhalb des Netzwerks übernommen – etwa in der deutschen Kunstszene – und sorgt dort für eine analoge Relationierung von impressionistischen und traditionellen Künstlern.

2. Whites zentrales Beispiel für den Stilbegriff ist die *Person*, wie wir schon kurz angedeutet haben (Kap. 5.1). White zufolge gehören Personen zu den sehr komplexen und damit erklärungsbedürftigen sozialen Identitäten (2008, S. 18). Viele soziologische Theorien gehen von Personen aus und machen diese zu ihren Grundbausteinen. Dem entgegnet White: „... thinking of persons acting like atoms makes as much sense as asking gods for predictions" (White 2008, S. 127). Stattdessen sieht er in Personen einen Stil, ein Profil, das sich über vielfache Kontextwechsel hinweg integrieren lässt und sich immer wieder reproduziert.

Der Identitätstheorie von White zufolge werden alle Identitäten immer im Wechselspiel mit anderen Identitäten (aus der Beobachtung von Kontrollversuchen) in einem je lokalen Kontext konstruiert – etwa auf einem Kinderspielplatz. Eine Person ist dann immer aus einer Mehrzahl sozialer Identitäten zusammengesetzt. So kann ein Kind auf dem Spielplatz als dominant auftreten, obwohl es in der eigenen Familie eine sehr untergeordnete Rolle einnimmt. Wenn man diese verschiedenen Identitäten als Bestandteile ein und derselben Person beobachtet, sucht man nach invarianten Eigenschaften und Verhaltensweisen über diese verschiedenen Kontexte hinweg. Insofern geht es bei der Bestimmung der Identität einer Person (im fünften Identitätssinn nach White) um die Beobachtung von Verteilungen. Bestimmte Identitätsfacetten treten in spezifischen sozialen Kontexten in den Vordergrund und verschwinden wieder im Hintergrund, wenn die Kontexte wechseln. Aus dieser dynamischen Bewegung zwischen den kleineren und einfacheren Identitäten entsteht ein spezifisches Profil, das wir als Person wahrnehmen. Und dieses Profil erhält dann Signalcharakter für die Beteiligung derselben Person an unterschiedlichen Kontexten.

Vor allem in der Moderne wird es notwendig, zwischen verschiedenen sozialen Kontexten zu unterscheiden – weil Individuen immer mehrere soziale Kreise kreuzen (Simmel [1908] 1992, S. 456 ff.). Die Person als Stil integriert vielfältigere Identitätsformen über Kontexte und Populationen hinweg und drückt sich vor allem in den reproduzierten Regelmäßigkeiten des Identitätswechsels aus.

3. Ein weiteres Beispiel für einen Stil sieht White in der *Professionalisierung*.
   Nach White erlaubt hier ein spezifisches Sprachregister die Identifizierung
   (White 2008, S. 137). Dabei zeigen weniger spezifische fachliche Inhalte eine
   Professionalisierung an, sondern vor allem die Zuweisung einer alleinigen
   Zuständigkeit. Diese erfährt für ihr Vorhandensein Achtung, ohne einem Test
   unterzogen zu werden. Die erfolgreiche Konstruktion einer Profession (etwa
   der Chirurgen oder auch der Lokführer) kreiert also ein Profil mit einer „syn-
   tax of deference", die Zuständigkeiten und Kompetenzen zuweist. Eine Professionalisierung geht immer einher mit der alleinigen Zuständigkeit für eine
   bestimmte Art von Dienstleistung.

4. Schließlich diskutiert White noch *Gemeinschaften* als Stil. Dabei geht es im
   amerikanischen Sinne des Worts „Community" um lokale Gemeinschaften,
   also um soziale Strukturen in kleineren Orten oder in Nachbarschaften. White
   zufolge kombinieren diese je bestimmte Verflechtungen und Eigenschaften, die
   sich als „Stile" unterscheiden lassen (2008, S. 157 ff.).

Unter Rückgriff auf die Unterscheidung in Wellman, Carrington und Hall (1988,
S. 133 ff.) differenziert White zwischen „verlorenen", „bewahrten" und „befreiten
Gemeinschaften" (White 2008, S. 208). Diese Stile von Gemeinschaften zeigen je
einen eigenen Ressourcenzugriff bzw. eine spezifische Verteilung von Ressourcen. Während verlorene Gemeinschaften sich durch eine direkte Nutzung formaler
Organisation für die Ressourcenbeschaffung und -verteilung auszeichnen, regeln
bewahrte Gemeinschaften dies in engen und umfassenden Solidaritätsbeziehun-
gen und befreite Gemeinschaften nutzen spezialisierte, diversifizierte und locker
verknüpfte soziale Netze (Wellman, Carrington und Hall 1988, S. 133 ff.). Man
kann hier sehen, dass Verteilungen von Beziehungsstrukturen die Identität einer
sozialen Gruppe prägen. Auf einer allgemeineren Ebene kann man sagen: Ein Typ
Gemeinschaft lässt sich durch eine Verteilung erkennen, in der die Gemeinschaft in
unterschiedlichem Maße benannt wird, Reziprozitätsbeziehungen aufweist und auf
geltende Regeln verweist (White 2008, S. 158). So erkennt man eine Forschungsgemeinschaft etwa an ihrem Profil von Namensgebungen (häufig durch spezifische Forschungsgegenstände definiert), den Zitaten zwischen den Autoren und
Ko-Autorenschaften, sowie einem Profil von anerkannten Forschungspraktiken
und epistemischen Regeln.

5. An dieser Stelle wird abschließend kurz ein eigenes Beispiel der Anwendbarkeit von Whites Ideen entwickelt, bei dem nochmals alle grundlegenden Ideen
   einbezogen werden sollen. Nehmen wir an, wir wollen Lehr- und Lernstile zwischen unterschiedlichen Klassen an einer Schule vergleichen. Ein naheliegen-
   der Beobachtungsgegenstand sind die vorkommenden Lehr- und Lernformen.

Welche Formen werden angewandt, und wie häufig? Um einen Stil identifizieren zu können, müssen wir nach typischen Verteilungen für die jeweilige Klasse suchen? Der Fragestellung folgend werden Verteilungen über Schulklassen
als Grundeinheit betrachtet. Da Stile auf allen möglichen Aggregationsebenen
identifiziert werden können (skalenfrei), ist diese Vorentscheidung kein grund-
sätzliches Problem.

Als nächstes ist zu überprüfen: Werden diese Verteilungen als Signal interpretiert?
Und haben z. B. die Schüler oder die Lehrer eine Sensibilität für den Stil ihrer
Klasse ausgebildet? Nehmen wir an, in einer Klasse dominiert Frontalunterricht,
während in einer Nachbarklasse interaktive Lehrformen überwiegen. Man könnte
nun die Schüler befragen, wie sie den Lehrstil in ihrer Klasse einschätzen und
wie den der Nachbarklasse (unterstützt etwa durch Videomaterial). Dann gilt es
herauszuarbeiten, auf welche Kriterien die Schüler dabei achten und auf welche
sozialen Beschreibungsangebote sie zurückgreifen. Der Lehr- und Lernstil ist dann
die Verbindung dieser beiden Ebenen in einem die Identität der Klassen formie-
renden Sinne.

Insgesamt lenkt das Stil-Konzept den Blick auf die Rolle von Kultur in der
Interaktion, vor allem auf die Beobachtung von und Orientierung an graduellen
Verdichtungen von Verhaltensweisen. Stile sind keine klar artikulierten kollektiven Repräsentationen, sondern Kommunikations- und Interaktionsmuster, die aber
dennoch als Signale fungieren und Orientierung bieten. Innerhalb von sozialen
Formationen bildet sich dafür eine spezifische Sensibilität. Diese Art von Prägung
der Interaktion durch Stile lässt sich auf verschiedenen Ebenen beobachten und
unterscheidet sich von Institutionen insbesondere durch ihre graduelle bzw. stochastische Natur.

6.5 Sozialer Wandel bei White

Sozialer Wandel ist in einer kontingenzbewussten Theorie wie der von White zunächst einmal weniger erklärungsbedürftig als die Kerne sozialer Ordnung. Dennoch erkennt White an, dass es zwei Seiten soziologischen Theoretisierens gibt:
soziale Ordnung und deren Wandel erklären.

> Social organization appears in two modes. On the one hand is the challenge of blocking
> larger waves from the endless upsets and contingencies that are inseparable from nor-
> mal life. From this blocking comes some sense of coherence among everyone, as well
> as some continuity for some locals. This has been the face examined in the chapters so
> far. The other face is cutting open the Sargasso Sea of social obligation and context to
> achieve openness sufficient for getting fresh action. (White 1992, S. 230)

Sozialer Wandel rührt White zufolge vom Öffnen von Wegen und Nischen für neue Kontrollanstrengungen in der durch Konzepte wie Disziplinen, Institutionen und Kontrollregimes umrissenen sozialen Ordnung. Er ist eng mit Whites eigentümlichem Verständnis von Handlungsfähigkeit verbunden. Er spricht hier von „Getting Action" (1992, S. 230 ff.), ohne allerdings Bezug auf die handlungstheoretische Tradition in der Soziologie zu nehmen. White schreibt Handlungsfähigkeit nicht bestimmten Entitäten – etwa Individuen und Organisationen – als inhärente Eigenschaft zu. Vielmehr steht sie für die systematische Möglichkeit, aus einer gegebenen Struktur und assoziierten routinierten Abläufen auszubrechen. Ohne solche Öffnungen kann es für Entitäten keine Handlungsfähigkeit geben.

In den Disziplinen, den Kristallisationskernen sozialer Ordnung, gibt es kaum Raum für neue Kontrollmanöver. Dasselbe gilt nicht für die auf Entkopplung angewiesenen höheren Aggregationsformen innerhalb von Netzwerken. Schmitt bringt diese Sichtweise Whites auf den Punkt, indem er konstatiert, dass „geschmierte Zonen" zwischen den Ordnungskernen eine Kristallisation sozialer Ordnung verhindern und die Möglichkeit für neue Handlungsansätze in den Nischen des geordneten sozialen Raums schaffen (Schmitt 2009, S. 264).

White entwickelt vier generelle Thesen zur Handlungsfähigkeit (1992, S. 255 ff.):

1. Die erste These sieht Handlungsfähigkeit vor allem dort als möglich an, wo soziokulturelle Kontexte miteinander vermischt werden. White gibt hierfür ein sehr schönes Beispiel: Er sieht die Erfindung des Ingenieurs als eine (Mit-) Erfindung des industriellen Managements, um die Widerstände des klassischen Handwerkers und der von ihnen gepflegten Zirkel zu überwinden. Der Ingenieur basiert gerade auf der Generalisierung technischen Wissens über spezifische Anwendungsfelder hinweg (White 1992, S. 255 ff.). Dabei wird spezialisiertes Wissen aus verschiedenen Kontexten vermischt und dadurch in gewissem Maße generalisiert.

2. Der zweiten These zufolge gewähren nicht spezialisierte und feste Elitepositionen diesen Handlungsspielraum. An ihnen wird Handeln („fresh action") eher blockiert als ermöglicht. Stattdessen erlaubt die unklare Positionierung zwischen Kontexten, neues auszuprobieren. Jede Spezialisierung ist dagegen eine Feststellung von bestehender Ordnung.

3. Gemäß der dritten These zeigt sich Handlungsfähigkeit immer in der Änderung konkreter Sozialstrukturen und nur dann, wenn der Veränderungsimpuls aufrechterhalten werden kann. Mit der Festlegung einer neuen spezifischen Ordnung verschwindet Handlungsfähigkeit wieder. Daher ist es für die Handlungsfähigkeit so wichtig, die Öffnung zu erhalten und sie nicht zum Ver-

schwinden zu bringen. Daher kann man von Handlungsfähigkeit nur sprechen, wenn weitere Strukturänderungen folgen.

4. Die vierte und letzte These stellt dann ein Paradox vor: Die Generierung von Handlungsfähigkeit wird ständig durch die Erzeugung von Ungleichheit begleitet. Soziale Ungleichheit ist aber wiederum der zentrale Anker für die Blockade von Handlungsfähigkeit. Sie macht die Öffnungen nur in kleinen Bereichen der unterschiedlichen Strata zugänglich.

White sieht also Handlungsfähigkeit vor allem in der Vermischung von Kontexten, der Generalisierung und den Öffnungen bzw. Nischen zwischen harten Ordnungskernen. Handlungsfähigkeit und dann auch sozialer Wandel entspringen aus offenen Stellen der sozialen Struktur und nicht spezifizierbaren sozialen Entitäten.

Wie in Kap. 5.1 ausgeführt, reagieren Kontroll-Versuche auf die allgemeine Unsicherheit sozialer Prozesse. Feste Ordnungskerne wie Disziplinen oder Kontrollregimes entstehen durch die Verkettung und wechselseitige Abstimmung von Kontroll-Versuchen. Wenn dies nicht gelingt, bleiben Kontroll-Versuche dagegen unbestimmt und damit ein Stück weit unberechenbar – sie reproduzieren also die Situation der Unsicherheit. Kontrolle ist also ständig damit beschäftigt, Öffnungen in der sozialen Ordnung zu schließen, um Unsicherheit zu reduzieren. Gleichzeitig reißt sie immer neue Löcher in die soziale Ordnung, um den Bewegungsspielraum zu vergrößern, eine Regeneration sozialer Zusammenhänge zu ermöglichen und Erstarrung zu verhindern. Sozialer Wandel ist mit White also vor allem durch die Linse von Kontrollprojekten zu beobachten. Im Folgenden betrachten wir hierfür einige typische Beispiele und generalisieren den jeweiligen Wandlungsmechanismus:

Im ersten Beispiel wird sozialer Wandel durch die schon erwähnte *Vermischung von Kontexten* ausgelöst. Häufig sorgt die Einführung neuer Disziplinen in einen bestehenden Kontext für die Generierung einer gewissen Handlungsfähigkeit. White führt als Beispiel Krisenregimes an (White 1992, S. 250 ff.). In diesen Regimes wird versucht, Handlungsfähigkeit im Angesicht von großen Problemen bestehender sozialer Arrangements zu generieren. Als Beispiele führt White die Krisenmobilisierung der USA im ersten Weltkrieg und den Fast-Bankrott der Stadt New York Anfang der 1970er an. In beiden Fällen kamen unterschiedliche Policy-Bereiche unerwartet miteinander in Kontakt. Die jeweilige Krise wurde dann in neu geschaffenen Komitees bearbeitet. Mit diesem Mechanismus werden neue Formen von Kontrolle gewonnen. Es werden neue und immer weitere Disziplinen integriert, um sich gegenseitig zu überlagern und in den sich zwischen ihnen öffnenden Lücken Handlungsspielräume zu generieren. Es kommt zu einem Wechselspiel von Einbettung und Entkopplung, das eben diese Bewegungsspielräume öffnet.

Eine andere Spielart des sozialen Wandels ist der *Versuch der Ausdehnung von Kontrolle* über den aktuellen Bereich hinaus. White spricht von verschiedenen Varianten des „reaching" (White 1992, S. 259 ff.). Die allgemeinste Form ist die des Durchgriffs („reaching through"). Dabei wird versucht, den Bereich der Routine – der fest verankerten Beziehungen und Erwartungen – zu verlassen und in andere Bereiche durchzugreifen. Dieser Durchgriff ist vor allem von zeitlichen Faktoren abhängig.

Solche Durchgriffe werden häufig durch formale Organisation sichergestellt – ganz im Gegensatz zu ihrer generellen Wahrnehmung als Sicherstellung von geordneten Abläufen. Sie dient aber vor allem der Möglichkeit, in die entstehenden Disziplinen eingreifen zu können. Sonderfälle des Durchgriffs sind Durchgriffe nach unten („reaching down", White 1992, S. 262 ff.) und nach oben („reaching up", White 1992, S. 265 ff.). Ein gutes Beispiel für den Durchgriff nach unten ist die Einrichtung zentraler vom Produktionsprozess abgekoppelter Managementeinheiten auf der Basis struktureller Äquivalenz. Diese entscheiden dann über Personal auf der Ebene der Produktion, ohne Teil dieser Produktion zu sein. Durchgriff nach oben wird ebenfalls über die Einrichtung struktureller Äquivalenz erreicht, die aber hier auf viel breiterer Basis organisiert werden muss. Wesentlich ist die Konstruktion identitätsstiftender Ereignisse und Themen, durch die positionale Unterschiede zwischen sozialen Identitäten verwischt bzw. überlagert werden. Abgehobene elitäre Positionen werden so an Positionen am unteren Ende der sozialen Schichtung angeglichen, die Themen und Ereignisse induzieren eine strukturelle Äquivalenz auf deren Basis neue Handlungsmöglichkeiten entstehen.

Schließlich gibt White noch Hinweise auf einen Mechanismus des sozialen Wandels, den er mit einer Metapher aus der *Schmiedekunst* beschreibt. Das Ausglühen bzw. Glühen von Metall („annealing") steht dort für die Erstellung von Metalllegierungen:

> Annealing is a term from metallurgy. To anneal is to heat and thus shake up the mineral insides, hard but more or less at random, and then to cool and encourage resumption of normality with attendant hopes that the new formation will have more desirable properties. A mineral is a complicated mess with crystal bits and gels twisted together in historically unique configurations. Social formations of institutions, classes, and the like seem analogous. (White 1992, S. 281)

Zu solchem „Glühen" im sozialen Bereich kommt es durch Energiezufuhr und durch Zusammenbringen von institutionellen Formen. Kurzfristig werden diese Formen verbunden, um sie dann wieder zu trennen. Die Hoffnung ist, dass dabei etwas Neues mit gewünschten Eigenschaften entsteht.

Dies lässt sich etwa in der Produktion von neuen Musikgenres aus der Kombination bestehender Genres beobachten (siehe Exkurs 15). Nicht immer ergibt sich daraus ein neues Genre – doch häufig genug, um in diesem Mechanismus eine wichtige Grundlage sozialen Wandels zu sehen. Dabei handelt es sich um einen zweischrittigen Prozess. Denn dem Verbinden folgt auch wieder das Trennen, um dem Neuen zu einer eigenständigen Form zu verhelfen (White 1992, S. 284). Beides kann nur durch die Zugabe und den Entzug von Energie erreicht werden, also durch Kontrollprojekte.

Exkurs 14: Careers and Creativity (1993)

Kunst und die sozialen Konstellationen der Kunstproduktion bilden durchgängig eins der Hauptanwendungsfelder von Whites Überlegungen. Oben gingen wir bereits kurz auf Whites Buch über die französischen Impressionisten ein, das er mit seiner ersten Frau Cynthia (White und White [1965] 1993) verfasst hat. Kurz nach der neuen Grundkonzeption sozialer Strukturen in *Identity and Control* (1992) legt White unter dem Titel *Careers and Creativity* (1993a) eine eigene Monographie vor, die das neue Gedankengut auf das Feld der Kunst anwendet. Auch durch den konkreten Anwendungsgegenstand werden einige der Begriffe und der Argumente Whites hier für den Leser sehr viel klarer als in dem häufig sehr abstrakten und labyrinthischen *Identity and Control*.

Das Kunstfeld besteht nach White wesentlich aus den Identitäten von Künstlern, die in Narrativen konstruiert werden und in Stilen miteinander verknüpft sind. Identitäten werden dabei aus der Betrachtung von Kunstwerken (und deren Vergleich mit anderen Kunstwerken) konstruiert (1993a, S. 7 ff.). Eine wesentliche Rolle hierfür spielen Stile (1993a, S. 63 ff.): Kunstwerke lassen sich aufgrund von Eigenschaften (etwa: Pinselduktus) als ähnlich oder unähnlich und dadurch bestimmten Stilen zugehörig klassifizieren. Allerdings benutzen nicht nur Kunstbeobachter (z. B. Kritiker) Stile zur Orientierung im Kunstfeld, sondern auch die Kunstschaffenden selbst.

Entsprechend verbindet sich in Stilen, wie White formuliert, kulturelle mit sozialer Organisation: Die Sozialbeziehungen wechselseitiger Orientierung zwischen Künstlern bringen identifizierbare Ähnlichkeiten im Gebrauch kultureller Formen (Stile) hervor und kristallisieren sich um diese. Ein Beispiel hierfür sind wiederum die französischen Impressionisten. Diese kannten und schätzten sich teilweise, übernahmen aber insbesondere Maltechniken und -motive voneinander (1993a, S. 73 ff.).

Ein entscheidender Schritt für die Entstehung und Institutionalisierung solcher erkennbarer Stile besteht aber in der Narration über diese (und über die Künstler), also in der Beobachtung von Kunst insbesondere durch Kritiker (1993a, S. 47 ff, 57 ff.). Hier orientiert sich White an dem Konzept der „Art Worlds" („Kunst-Welten") von Howard Becker (1982, S. 34 ff.). Beckers interaktionistischem Ansatz zufolge müssen in der Betrachtung der Kunstproduktion immer eine Reihe unterschiedlicher Akteure und deren Beziehungen zueinander betrachtet werden: Künstler, Kritiker, Kunsthändler, Museen, Kunden etc. (Danko 2015)

White übersetzt diese Überlegungen nun in seinen netzwerktheoretischen Rahmen. Dabei wird sichtbar, dass Künstler wie auch Kritiker, Kunsthändler und Kunden als Inhaber bestimmter Rollen in Kunstwelten „strukturell äquivalent" zueinander sind. Künstler etwa sind auf spezifische Weise mit Kritikern, Kunsthändlern und Kunden verbunden, konkurrieren aber in ihrer Identitätskonstruktion nur mit anderen Künstlern um Aufmerksamkeit und Anerkennung. Zusammen gehalten werden Netzwerkcluster von Künstlern dann oft indirekt, über die gemeinsame Verknüpfung mit einzelnen Kunsthändlern oder Museen. So wurde das Netzwerk der Impressionisten wesentlich durch den Kunsthändler und Kritiker Paul Durand-Ruel integriert (1993a, S. 75 ff.).

Die Entscheidung über den materiellen und symbolischen Wert eines Kunstwerks (und die Bewertung des Künstlers) wird dabei immer lokal im Netzwerk der beteiligten Künstler, Kritiker, Kunsthändler und Kunden (inklusive Museen) getroffen. Diese Netzwerkgebundenheit von Urteilen erscheint überzeugender als eine von sozialen Netzwerken tendenziell unabhängige Bewertung von Kunstwerken im Funktionssystem der Kunst nach Luhmann (1995). Ähnliches gilt auch für das Wissenschaftssystem. Hier entscheiden Netzwerke von Wissenschaftlern (und kaum Trägern anderer Rollen) über die Relevanz, Überzeugungskraft und Anschlussfähigkeit von wissenschaftlichen Studien (Collins 1998).

Wie entwickelt sich nun das Kunstsystem weiter? Wie entstehen neue Stile wie der Impressionismus? Stile gründen zunächst ja in verdichteten Netzwerken der wechselseitigen Orientierung. Zu künstlerischer Kreativität und einem neuen Stil kommt es White zufolge vor allem durch die Verbindung von bisher vorhandenen Stilen (1993a, S. 72 ff., b, S. 77 ff.). An einem lokalen Kreuzungspunkt kommen verschiedene Netzwerke miteinander in Kontakt und verbinden zunächst experimentell ihre Wertkriterien. Im Beispiel des Rock'n'Roll lag dieser lokale Kreuzungspunkt in Memphis, wo „Schwarze" Musikstile wie Gospel und Blues/Jazz auf die von den Radio

Disc Jockeys verbreiteten „Weißen" Stile wie Folk und Country trafen (White 1993a, S. 85 ff., b, S. 82 ff.). Einige erste Kreuzungsversuche kulminierten in der umfangreich vermarkteten Musik von Elvis Presley. Diese wurde von Kritikern abgelehnt, aber vom Publikum stark nachgefragt. Aufgrund des kommerziellen Erfolgs orientierten sich viele weitere Produktionen am neuen Stil und beförderten diesen schnell zu einer Institution im Musik-Business. Damit einher ging das Re-Arrangement der zugrunde liegenden Netzwerke, die sich nun um den neuen Stil gruppierten.

White sieht diese Prozesse als vergleichbar mit der Entstehung des paulinischen Christentums aus der Verbindung zwischen verschiedenen judäischen Sekten (1993b, S. 79 ff.), aber auch mit der Entstehung neuer Denkrichtungen in der Wissenschaft (1993b, S. 72 ff.). Auch die Entstehung der relationalen Soziologie kann so aus der Verbindung von unterschiedlichen Einflüssen (Bourdieu, Soziolinguistik, etc.) mit der Netzwerkforschung und einer entsprechenden Neuformierung von Netzwerken erklärt werden (Fuhse 2008). White benutzt hier Kunst als Illustration für soziale Mechanismen, die über eine Reihe von sozialen Feldern hinweg gelten.

Die von White formulierte relationale Soziologie der Kunst überzeugt aufgrund der engen Verknüpfung von kulturellen Formen und Stilen einerseits und sozialen Beziehungskonstellationen andererseits. Dabei kann White auf den Vorarbeiten von Becker, von Pierre Bourdieu und auch von Paul DiMaggio (siehe Exkurs 12) aufbauen. Mehr als Becker und Bourdieu lenkt DiMaggio bereits den Fokus auf die sozialen Netzwerke wechselseitiger Orientierung in der Kunst.

Um White (und DiMaggio) herum entstehen denn auch zahlreiche Arbeiten, in denen die kulturelle und soziale Organisation von Kunst im Zusammenhang betrachtet wird. Dazu zählt etwa die Dissertation von Robert Faulkner (noch an der Harvard University) zu Netzwerken zwischen Filmkomponisten in Hollywood (1983), Katherine Giuffres Arbeit über die Erfolgsbedingungen in der Kunst (1999) und Eiko Ikegamis Studie (mit umfangreichen konzeptionellen Überlegungen) zur Veränderung von Kunstproduktion und ästhetischen Publika in der japanischen Geschichte (2005; Siehe Kap. 7.2). Auch die Untersuchung der Netzwerke von Freundschaft, Bewunderung und wechselseitiger Orientierung zwischen Kölner Künstlern von Helmut Anheier, Jürgen Gerhards und Frank Romo (1995) gehört in diesen Zusammenhang – trotz der starken Orientierung an Bourdieu. Insgesamt zeigt sich damit die große Fruchtbarkeit der relationalen Perspektive für die Kunstsoziologie, aber auch schon eine recht weite Entwicklung einer relationalen Soziologie der Kunst.

6.6 Resümee

Die Erweiterung durch Sinn und Kultur bildet sicherlich einen zentralen Beitrag von Harrison White zur Theorie sozialer Netzwerke. Dabei sollte man eigentlich nicht von einer „Erweiterung", sondern sogar von einer Fundierung sprechen: Soziale Netzwerke und auch alle anderen sozialen Strukturen sind White zufolge Sinnkonstrukte und fundamental von kulturellen Formen konstituiert. Ansätze hierfür finden sich bereits im frühen *Catnets*-Paper von 1965 (Kap. 3.1). „Kultur" fungiert dort als Vokabular zur Beschreibung von Netzwerkformationen und Beziehungsarten. Die darauf aufbauenden *Blockmodellanalysen*, das Konzept der *strukturellen Äquivalenz* und das *Marktmodell* kommen dagegen weitgehend ohne Kulturbezug aus. Sie sind noch vor allem strukturalistisch angelegt. Gemeinsamer Grundgedanke ist dort, dass sich Regelmäßigkeiten in sozialen Relationen („Struktur") aus der allgemeinen Unsicherheit und wechselseitigen Beobachtung bilden. Diese Idee liefert auch den Ausgangspunkt für das Buch *Identity and Control* und für den Grundbaustein der Disziplinen.

In diesem Kapitel haben wir dagegen den darüber hinausgehenden Schritt Whites in den Blick genommen: Netzwerke werden nun als sinnhaft konstruiert und mit kulturellen Formen verwoben gesehen. Dies gilt insbesondere für das Konzept der *Geschichten* („Stories"), mit denen Kontrollversuche beobachtet und beschrieben werden. Diese Geschichten führen auch zur Konstruktion und zur wechselseitigen Verortung von *Identitäten*. Beide zusammen – die Geschichten und die Identitäten – bilden bei White die grundlegende Sinnstruktur von sozialen Netzwerken.

Dabei braucht es ein Vokabular, ein kulturelles Repertoire für die Beschreibung und Markierung von Relationen und Identitäten. Dass sich solche Vokabulare von Kontext zu Kontext unterscheiden können, führt zum Konzept der *Domäne*. In jedem Kontext mit verdichteter und wiederholter Interaktion bilden sich eigene kulturelle Formen, eigene Verständnisse von Arten von Beziehungen und eigene Regeln für die Interaktion aus. Dieses Repertoire an geteilten Sinnformen in einem Kontext nennt White „Domäne" und sieht diese direkt mit den jeweiligen Netzwerkkonstellationen verwoben.

Demgegenüber stehen *Institutionen* – mit starken Parallelen zu Paul DiMaggios Neo-Institutionalismus – für weiter verbreitete kulturelle Modelle sozialer Struktur. White trennt dabei begrifflich nicht zwischen den kulturellen Modellen und den durch diese geprägten sozialen Strukturen und bezeichnet etwa das Kastenwesen oder eine Universitätsstruktur als Institution. Im Extremfall gesellschaftsweiter Verbreitung und der Konstituierung einer eigenen gesellschaftlichen Sphäre kann man auch von *Kontrollregimes* sprechen.

Eine eher graduelle und „stochastische" Verdichtung kultureller Formen bietet der *Stil*begriff. Trotz ihres ephemeren und graduellen Charakters sollen Stile Orientierung in der Interaktion bieten – etwa für die Kategorisierung von Identitäten. Dabei zeigen unterschiedliche soziale Segmente (Gruppen) eine spezifische Sensibilität für Stile.

Mit diesen verschiedenen Konzepten liefert White ein begriffliches Repertoire für die Beschreibung sozio-kultureller Strukturen. Durch die Verknüpfung von relational-strukturellen und kulturellen Aspekten ergibt sich aber auch eine Reihe von analytischen Suchanweisungen und Hypothesen. Die Abgrenzung zwischen den verschiedenen Begriffen erfolgt aber nicht immer eindeutig. Häufig soll sich die Leserin wohl anhand der angeführten Beispiele von der Reichweite und der Brauchbarkeit der Begriffe überzeugen.

An einem Beispiel macht White jedoch deutlich, wie er abstrakt das Verhältnis dieser verschiedenen Begriffe soziokultureller Strukturen denkt: Ein und derselbe Gegenstand – zum Beispiel formale Organisation – kann je nach Blickwinkel Aspekte unterschiedlicher Strukturkonzepte aufweisen:

> Formal organization is an institution when seen as a routine; it is a style when seen as a meaning system; and it is a hunting field when seen as opportunity. (White 1992, S. 171)

Diese Passage legt nahe, dass wir Whites verschiedene Begriffe für soziale Strukturbildungen – Netdoms, Stile, Institutionen, Kontrollregimes – im recht genauen Sinne von Max Weber als *Idealtypen* begreifen können. Sie dienen dazu, sinnhafte Orientierungen im Sozialen abzubilden. So bildet etwa eine Institution ja eine Sinnstruktur, um die herum sich Interaktion organisiert. Begriffe wie Institution, Netzwerk-Domäne, Disziplin oder Stil stehen also für reale Strukturprinzipien im Sozialen. Aber die damit markierten Orientierungen tauchen häufig graduell abgestuft und in Mischformen auf. Insofern ist es möglich und wohl auch sinnvoll, soziale Phänomene mit unterschiedlichen Konzepten zu betrachten. Je nach Konzept bieten sich dabei unterschiedliche Blickwinkel, mit denen andere Aspekte der prinzipiell unübersichtlichen und unüberschaubaren sozialen Realität sichtbar werden.

Soziale Prozesse in Netzwerken

White hat zwar in Zusammenhang mit Stilen ein Modell sozialen Wandels von Netzwerkkonstellationen entwickelt. Dennoch bleiben die bisher vorgestellten Konzepte weitgehend statisch: Beziehungen und Identitäten, Netzwerke und Domänen, Disziplinen, Institutionen und Stile (wie die in diesem Kapitel vorgestellten Kontrollregimes) sind Verfestigungen des Sozialen. Deswegen entsteht innerhalb dieser Architektur Wandel nur aus Brüchen und Lücken. Damit haben wir den Stand der Theorie 1992 zusammengefasst.

Mitte der 1990er Jahre, also nach der Veröffentlichung der ersten Auflage von *Identity and Control* beginnt bei White jedoch eine zweite wichtige Verschiebung: Netzwerke und andere soziale Strukturen werden jetzt nicht nur als mit Sinn (Erzählungen, Domänen, Institutionen, Stilen) verwoben gesehen. Sie werden auch dynamisiert und dafür in elementare Ereignisse zerlegt. Wir können diese zweite Verschiebung auch als eine „kommunikative Wende" bei White kennzeichnen (Schmitt 2009, S. 255 ff.). Diese fängt mit der Einführung des Switching-Konzepts (1995a) an und endet mit der Auseinandersetzung mit Niklas Luhmanns Kommunikations- und Systemtheorie (White et al. 2007; Fontedevila et al. 2011; White et al. 2013). Allerdings wirken die diesbezüglichen Überlegungen noch längst nicht abgeschlossen. Wir präsentieren in diesem Kapitel die einzelnen konzeptionellen Neuerungen Whites in etwa in ihrer zeitlichen Reihenfolge:

1. Ab Mitte der 1990er Jahre werden *Switchings* oder *Kontextwechsel* zwischen verschiedenen Netzwerkdomänen zum zentralen Baustein der Theorie. Vor allem solche Kontextwechsel sind nach White für Veränderungen in soziokulturellen Konstellationen verantwortlich.
2. 1998 entwirft White gemeinsam mit Ann Mische ein Konzept von *Publics/Öffentlichkeiten*. In diesen kommen heterogene Identitäten miteinander in Kontakt und verhandeln die Einflüsse aus verschiedenen Kontexten. Bei

© Springer Fachmedien Wiesbaden 2015
M. Schmitt, J. Fuhse, *Zur Aktualität von Harrison White,* Aktuelle und klassische Sozial- und Kulturwissenschaftler|innen, DOI 10.1007/978-3-531-18673-3_7

Mische führt dies auch zur Konzeption von eigenen *Kommunikationsstilen*, also spezifischen Verteilungsmustern von kommunikativen Ereignissen. Auch Whites Stilkonzept lässt sich bei einer Verbindung mit dem Konzept der Kontextwechsel in diese Richtung weiter ausbuchstabieren.

3. Aus der Auseinandersetzung mit Luhmann und Bourdieu heraus stellt White einen neuen Idealtyp für soziale Strukturbildungen vor: *Kontrollregimes* stehen für gesellschaftliche Wertsphären. Diese ähneln Funktionssystemen oder gesellschaftlichen Feldern, zeichnen sich aber nach White durch eine sinnhafte, an Werten orientierte Relationierung von Identitäten aus.

4. In einigen späten Aufsätzen diskutiert White mit anderen Autoren den *Kommunikation*sbegriff Luhmanns und ordnet diesen in seine Theoriearchitektur ein.

In Zusammenhang mit diesen Theorieumstellungen stellen wir auch die Arbeiten von David Gibson und Ann Mische und neuere Versuche der Verbindung von White und Luhmann vor.

7.1   Switchings/Kontextwechsel

1995 führt White in einem Aufsatz das Konzept der Network-Switchings (Netzwerk- oder Kontextwechsel) ein und kündigt damit nicht weniger als einen Neuaufbau oder eine Rekonstruktion der „Social and Behavioral Sciences" an (1995a). Soziale Einheiten wie die Person werden jetzt nicht nur den Relationen, sondern auch den sozialen Prozessen zwischen ihnen nachgeordnet: „Talk comes first. Talk comes much before persons." (White 1995a, S. 1037)

Das zentrale Beispiel eines solchen sozialen Prozesses sind nun die Kontextwechsel – das Switching zwischen Network-Domänen:

> Switchings between network domains are discontinuities in sociocultural process, appearing like ‚zaps' between television channels […]. […] a person can be said to have ‚switched' when the new setting considers as relevant a different set of discursive signals than the previous set, even if that individual's entire set of ties and signals hasn't changed. (Mische und White 1998, S. 704)

Ein Kontextwechsel steht also für den Prozess des Wechsels zwischen soziokulturellen Konstellationen. Netzwerk-Relationen bleiben (zunächst) bestehen; aber die Kommunikation ist in einen anderen Rahmen, andere systemische Referenzen, andere sprachliche Register gewechselt.

In unserem Interview fragten wir White, was er praktisch unter Kontextwechseln versteht (siehe Anhang). Dabei stellte er fest: Kontextwechsel können durch einen Wechsel der Beteiligten in einer Situation zustande kommen – etwa wenn ein Kellner zum Tisch tritt und damit das Gespräch unter den Gästen unterbricht. Aber genauso wird auch der Kontext gewechselt, wenn die Gäste im Gespräch von beruflichen auf private Angelegenheiten wechseln. Ein Switching kann also auch bei gleichbleibenden Beteiligten geschehen.[1] Entscheidend ist der *kommunikative Wechsel des Inhalts* und damit der *Domäne*, auf die referenziert wird.

In jedem Fall führt ein solcher Kontextwechsel zu einer Verbindung, zu einer Kombination von soziokulturellen Strukturen. Deswegen bezeichnet White das „Switching" (den Kontextwechsel) auch als „Stitching" („Nähen", siehe Anhang). Verschiedene kulturelle Domänen werden durch Kontextwechsel wie mit Stichen aneinander genäht. Das Ergebnis sind *frische Bedeutungen* („fresh meanings"), neue Verknüpfungen auf der Sinnebene. Da Sinn und Netzwerke immer miteinander verwoben sind, entstehen damit neue soziokulturelle Strukturen.

Es geht also nicht einfach um einen Kontextwechsel im Sinne der Veränderung von Bedeutungen und Regelumgebungen, sondern immer auch ganz explizit um eine Veränderung der relevanten Beziehungsstrukturen – sowohl in direkten wie auch in indirekten Kontakten im Netzwerk.

Zu solchen Kontext-Wechseln kommt es nach White praktisch ständig, einfach durch die allgemeine Unsicherheit von Kommunikation (Godart und White 2010, S. 570 ff.). Dies sorgt für Ereignisse, die immer durch ein gewisses Maß an Zufall und Unvorhersehbarkeit gekennzeichnet sind. White spricht hier von „Bayesian forks" (1995a, S. 1047 ff.). Das Soziale hält jederzeit eine Vielzahl von Sinnformen und damit auch von möglichen Verbindungen zwischen ihnen bereit. Ein Switching realisiert eine dieser möglichen sinnhaften Verbindungen und legt damit die kommunikative Bahn für die nahe Zukunft fest:

> In ordinary, everyday social relations, I argue, multiple alternative accounts are being carried along until temporary resolutions at disjunctions which I call switches. At a switching, the continuing juggling among a set of stories is resolved into the account from which the next phase of reality constructing takes off, among relations cohering through that there and then. It is such a resolution which I call a *Bayesian fork*. (White 1995a, S. 1049)

Mit dem Begriff zieht White eine Parallele zur bayesianischen Inferenz in der Statistik. Er vergleicht die Mengen von Erzählungen, die gleichzeitig innerhalb eines Diskurses mitgeführt werden, mit der Menge von Theorien, die der Statistiker in

---

[1] Teilweise setzt White dort sogar den Switching-Begriff mit Luhmanns Kommunikationsbegriff in eins – denn in gewisser Weise wechselt jedes Gespräch ständig leicht die Bedeutungen und Referenzen.

seinen Messungen testet. Ein Kontextwechsel stellt damit immer eine zu einem gewissen Grad willkürliche und zufällige Antwort auf die ethnomethodologische Frage bereit: „What's going on here?" (White 1995a, S. 1049).

Nach Erving Goffman wird diese Frage in der Form von *Situationsdefinitionen* beantwortet (1974). Diese strukturieren die allgemeine kommunikative Unsicherheit und bilden den kaum hintergehbaren Ausgangspunkt für kommende Interaktion. Etwa so können wir uns auch Whites Switching-Begriff denken: Ein Kontextwechsel trifft also eine Festlegung innerhalb eines kommunikativen Möglichkeitsraums, indem bestimmte Netzwerkdomänen miteinander verbunden werden. Und dies strukturiert die Möglichkeiten der Kommunikation in der Zukunft.

Jedes Ereignis aktiviert Verbindungen zwischen Kontexten und sorgt damit für eine leichte Veränderung in der soziokulturellen Konstellation. Mit dem Konzept des Switchings formuliert White also einen *allgemeinen Mechanismus der Veränderung sozialer Strukturen*. White zufolge sind im Grunde alle sozialen Veränderungen auf solche Kontextwechsel zurückzuführen – auch der im letzten Kapitel diskutierte soziale Wandel durch Verbindung von Stilen.

▶ Unter **Switching** versteht White einen *kommunikativ vollzogenen Wechsel zwischen Kontexten* (also zwischen Domänen und Netzwerken). Zu diesen kommt es durch (bis zu einem gewissen Grad) zufällige Ereignisse innerhalb einer Situation mit gleichbleibenden Beteiligten oder beim Wechsel aus einer Situation mit bestimmten Beteiligten in eine andere (mit anderen) hinein.

Zur Verdeutlichung kehren wir zurück zum Spielplatz-Beispiel. Nehmen wir an, mehrere Eltern sind mit ihren Kindern auf dem Spielplatz. Die Kinder finden sich nach Alter, Bekanntschaft und Interessen in drei unterschiedlichen Spielgruppen zusammen. Währenddessen stehen die Eltern in einer größeren Gruppe beieinander und unterhalten sich. Zu diesem ersten Beobachtungszeitpunkt lassen sich vier Netzwerkdomänen unterscheiden. Immer wieder kommt es aber zu Wechseln zwischen diesen Netzwerkdomänen, wenn zum Beispiel Personen die Gruppe wechseln: Kinder scheren aus ihrer Spielgruppe aus und wechseln in eine andere. Eine Gruppe von Kindern wechselt das Spiel; es entsteht eine neue Rollenverteilung mit neuen Regeln für die beteiligten Mitspieler. Kinder laufen zu ihren Eltern und aktivieren dort plötzlich die Netzwerkdomäne „Familie". Einzelne Erwachsene werden in eine Kinderspielgruppe einbezogen und erhalten dort eine neue Rolle.

Das Geschehen auf dem Spielplatz wird in seiner Dynamik also durch die stetigen Kontextwechsel bestimmt. Für jede einzelne Identität auf dem Spielplatz lässt sich ein spezifisches Profil von diesen Wechseln identifizieren. Da gibt es den Vater, der wenig an den Erwachsenen-Kommunikationen beteiligt ist, aber dafür immer wieder von den Kindern in ihre Spiele einbezogen wird und manchmal diese Spiele auch aktiv mitbestimmt. Eine Clique von kommunikationsfreudigen Eltern löst sich kaum und wenn nur kurz aus dem Netzwerk der Erwachsenen-Kommunikation. Ein Kind will immer nur Ritter spielen und wechselt deswegen je nach Inhalt der Spiele aus Gruppen heraus und in andere hinein. Ein anderes Kind läuft beim geringsten Anlass zur Mutter und inszeniert so einen steten Wechsel zwischen Eltern-Kind-Netzwerk und Spielnetzwerk.

Nach White ist soziale Dynamik gekennzeichnet durch diese Textur von Wechseln. Ein solcher Wechsel ist immer zugleich eine Entkopplung aus einer Netzwerkdomäne und eine Einbettung in eine andere (White 2008, S. 2). Gleichzeitig hinterlassen diese Wechsel, diese Ein- und Ausbettungen eine soziale Spur, über die Identitäten verfolgt werden können.

Exkurs 15: Sozialbeziehungen im Turn-Taking bei David Gibson

David Gibson wurde als Doktorand lange von Harrison White an der Columbia University betreut, promovierte dort aber schließlich 1999 bei Peter Bearman. Mehr als seine Mit-Doktoranden (u. a. Henning Hillmann, Ann Mische und Sophie Mützel) widmete sich Gibson dem Zusammenspiel von sozialen Netzwerken und den in ihnen ablaufenden kommunikativen Ereignissen. Vor allem ein aus seiner Promotion entstandener Artikel von 2005 zählt zu den wichtigsten Publikationen zur kommunikativen Dynamik in Netzwerken.[2]

Gibsons Startpunkt ist das „network-interaction-problem" (Gibson 2005, S. 1561 ff.). Das Problem resultiert daraus dass Netzwerke und Interaktion quer zueinander stehen: Interaktion prozessiert sequentiell, während Netzwerkstrukturen sich sozialräumlich entfalten. Interaktionsanalysen interessieren sich meist für qualitativ-dynamische Mikrostrukturen, während Netzwerkanalysen sich mit dauerhaft-quantitativen Mesostrukturen befassen.

Die grobe Richtung für eine Lösung dieses Problems hat schon Goffman markiert (1961 und 1983) und wird von Gibson folgendermaßen zusammengefasst:

Following Goffman, the dual premise of this article is that networks (as a principal form of social structure) do matter for interaction, that networks carry obligations and entitlements that are nor somehow suspended when people

---

[2] Andere Arbeiten stammen etwa von Daniel McFarland (2001; McFarland et al. 2013), der bei John Padgett in Chicago promovierte.

encounter on another face-to-face, but also that the translation of networks into interaction may, and perhaps must, entail some simplification or distortion of network relations. (Gibson 2005, S. 1563)

Gibson untersucht diesen Einfluss von Netzwerken auf Kommunikationsprozesse quantitativ anhand von „Turn-Takings" und wechselseitigen Bezugnahmen in Manager-Sitzungen in einem amerikanischen Unternehmen. Leider durfte er sich in den Sitzungen lediglich handschriftliche Notizen machen – und sie nicht aufnehmen und anschließend transkribieren wie in konversationsanalytischen Studien üblich. Deswegen fokussierte er auf relativ leicht beobachtbare Aspekte der Kommunikation in Bezug auf den Umgang der Manager in ihren Sitzungen miteinander (und ignorierte die inhaltliche Diskussion).

Zentrales Beobachtungsinstrument ist der Beteiligungswechsel oder „P-Shift" (Gibson 2003, S. 1341 ff., 2005, S. 1564 ff.). Dabei wird der Wechsel von einem kommunikativen Ereignis („Turn") zum nächsten daraufhin betrachtet, wer jeweils im ersten und im zweiten Ereignis als Sprecher fungiert und wer angesprochen wird. Gibson unterscheidet die Beteiligungswechsel grob folgendermaßen: Entweder kann der im ersten Turn Angesprochene darauf antworten, indem er im folgenden Turn das Wort übernimmt („turn receiving"). Oder das erste Kommunikationsereignis richtet sich allgemein an die Gruppe, und ein Mitglied der Gruppe spricht anschließend („turn claiming"). Oder jemand reißt das Rederecht an sich, ohne zuvor als Redner oder Adressat beteiligt zu sein („turn usurping").

Dieses Konzept der Beteiligungswechsel eignet sich für die Betrachtung von Interaktionsprozessen in Netzwerken aus zweierlei Gründen: Zum einen beschreiben sie zugleich die Bewegungen von Personen innerhalb einer Konversation und ihre Relationen zueinander; und zum anderen lassen sie sich quantitativ statistisch analysieren.

Die Ergebnisse für Treffen von Managern zeigen eine grundsätzliche Befolgung zentraler Konversationsregeln. Vor allem dominiert die „current selects rule" (Sacks et al. 1974, S. 728), nach der ein Sprecher das Rederecht an den Angesprochenen übergibt („turn receiving"). Formale Rollen und informale Netzwerke sorgen aber für systematische (und signifikante) Abweichungen: So halten sich Untergebene sehr streng an die Regeln der Rederechtzuweisung und bemühen sich gleichzeitig darum, das Rederecht an Vorgesetzte zurückzugeben. Vorgesetzte nehmen sich deutlich größere Freiheiten bei der Nutzung von Beteiligungswechseln heraus, reagieren häufig als Angesprochener nicht und sprechen viel häufiger die gesamte

Gruppe an. Formale Rollen verzerren also Beteiligungswechsel auf vorher-
sagbare Weise. Freundschafts- und Zusammenarbeitsbeziehungen führen
dagegen zu geringerer Vorhersagbarkeit von Kommunikation und machen
gerade auch ungewöhnliche Beteiligungswechsel möglich (Gibson 2005,
S. 1573 ff.). Freundschaften erlauben eine größere Freiheit in den wechselseitigen Bezugnahmen – vermutlich, weil die grundsätzliche Unsicherheit
von Kommunikation durch die Freundschaft abgefedert wird.

In Gibsons Manager-Sitzungen tauchen informelle Netzwerke vor allem
in der partiellen Aufhebung von starren Interaktionsregeln auf. Formale
Relationen zwischen Vorgesetzten und Untergebenen strukturieren dagegen
die Beziehungswechsel sehr stark. In anderen Kontexten werden vermutlich andere Kommunikationsregeln gelten. Gibson bezieht dies auf Whites
Begriff der „Netdoms" (2005, S. 1291 f.): Manager-Sitzungen zeichnen sich
durch eine „kulturell konstruierte Interaktions-Domäne mit spezifischen
Erwartungen bezüglich legitimer Beiträge und Ausdrucksweisen" aus, die
mit prä-existenten Netzwerken interagieren.

Mit seiner Kombination aus Netzwerkforschung und Konversations-
analyse liefert Gibson einen wichtigen Beitrag für die Mikro-Analyse von
Kommunikationsprozessen in Netzwerken. In späteren Arbeiten wendet sich
Gibson stärker allein der Analyse von Kommunikationsprozessen mit quan-
titativen und qualitativen Methoden zu. Hervorzuheben ist eine feinkörnige
Untersuchung der Deliberation und Entscheidungsfindung zwischen John F.
Kennedy und seinen Beratern während der Kuba-Krise (2012). Netzwerke
spielen in diesen neueren Arbeiten – abgesehen von einigen Verweisen auf
Grundgedanken der relationalen Soziologie – eine untergeordnete Rolle.
Gibson wechselte nach Stationen an der University of Pennsylvania (wo
er mit Randall Collins zusammen arbeitete) und Princeton 2013 mit seiner
Partnerin Ann Mische an die University of Notre Dame. Dort entsteht zurzeit
(u. a. mit Omar Lizardo) ein neuer regionaler Knotenpunkt der relationalen
Soziologie.

7.2 Netzwerk-Öffentlichkeiten

Zugleich mit den Kontextwechseln führt White gemeinsam mit Ann Mische einen
spezifischen Typ sozialer Konstellationen ein: die „Publics" oder Öffentlichkeiten
(1995a, S. 1053 ff.; Mische und White 1998, S. 705 ff.). Diese definiert er als sozialen Ort, an dem mehrere Netzwerk-Domänen relativ unstrukturiert in Kontakt

kommen. Dadurch werden Kontextwechsel sehr wahrscheinlich – denn der Möglichkeitsraum des Verbindens ist hier wenig eingeschränkt. Diese Öffentlichkeiten oder öffentlichen Räume entkoppeln spezifische Netzwerkdomänen voneinander und befreien sie damit von Festlegungen. Sie bilden Zwischenräume, in denen Bewegungschancen und Zeitfenster zwischen deutlicher strukturierten Sozialordnungen (eben den anderen Netzwerkdomänen) offen bleiben. Bei der Fassung des Begriffs orientiert sich White stark an Goffman und notiert als Beispiele: die U-Bahn („the public of minimal presence, minimal interchange, and maximal decoupling from ‚co-text' and network"), eine Versammlung, einen Protestmarsch, einen Salon, eine Zeremonie und den Karneval (1995a, S. 1055).

White sieht eine solche Öffentlichkeit (nicht im emphatischen Sinne der politischen Öffentlichkeit im deutschen Sprachgebrauch) selbst als vernetzt in Positionen der strukturellen Äquivalenz oder einer hierarchisierten (transitiven) Hackordnung (1995a, S. 1053). In gewisser Weise bildet eine Öffentlichkeit selbst einen Spezialfall einer Netzwerkdomäne, in der kaum spezifische Regeln gelten – die Domäne von kontextspezifischen Sinnformen wird sozusagen auf 0 gesetzt (White 1995a, S. 1054). Man befindet sich in einem Raum, dessen Regeln nicht vorgegeben sind, sondern im Entfaltungsprozess entstehen oder an „Bayesian Forks" in eine andere Netzwerkdomäne übergehen. Im gemeinsamen Aufsatz mit Ann Mische (1998) zählt White auch Konversationen zu diesen freien Räumen einer nicht durch spezifische Netzwerkdomänen bestimmten Kommunikation. Diese Räume erlauben durch die Entkopplung der Netzwerkdomänen gerade ihre Verbindung und vor allem ihre immer weitere Ausdifferenzierung, da es immer wieder zu neuen Verdichtungen kommen kann. Wechsel bedeuten dann das Übergehen von einer Netzwerkdomäne in die andere. Das Profil solcher Wechsel kann dann wieder als Hinweis auf soziale Identitäten, vor allem identifizierbare soziale Prozesse gelesen werden.

▶ Eine **Netzwerköffentlichkeit** ist ein sozialer Raum, in dem *Identitäten aus unterschiedlichen Kontexten* mit relativ *wenig Interaktionsregeln* miteinander in Kontakt kommen.

Wir finden empirische Anwendungen dieses Konzepts von Netzwerköffentlichkeit in der Arbeit von Mische (Exkurs 16) und bei *Eiko Ikegami*. Ikegami setzt sich in Anlehnung an White und Tilly mit der historischen Soziologie der japanischen Gesellschaft auseinander. Eine frühe, sehr lesenswerte Studie dreht sich um die eigentümliche Position der Samurai und um deren „Zähmung" mit der Durchsetzung eines einheitlichen japanischen Nationalstaats (Ikegami 1995). In einem konzeptionellen Aufsatz nimmt sie Whites Öffentlichkeitsbegriff auf und zeichnet nach, wie in Öffentlichkeiten Identitäten – insbesondere auch kategoriale Identitäten – konstruiert werden (Ikegami 2000).

Noch interessanter für die Netzwerktheorie ist Ikegamis Studie zu *ästhetischen Öffentlichkeiten* im frühmodernen Japan (2005). In kollektiven Versammlungen wurden zeremoniell etwa gemeinsam Haiku-Gedichte verfasst. Ikegami zufolge bilden diese ästhetischen Öffentlichkeiten einen Spiegel der frühmodernen japanischen Gesellschaft. In ihm werden die Identitäten der Beteiligten, aber auch deren Kategorien repräsentiert und verhandelt. Aus diesen Netzwerk-Öffentlichkeiten entsteht „Kultur".

Exkurs 16: Publics, Stile und Kommunikation bei Ann Mische

Ann Mische promovierte 1998 bei Charles Tilly an der *New School for Social Research*, arbeitete aber bereits in den 1990er Jahren mit Harrison White zusammen. Ihre Promotion drehte sich um die Arbeiter- und Studentenbewegung in Brasilien, die schließlich in der Wahl des früheren Metallarbeiters Lula da Silva zum brasilianischen Präsidenten 2002 mündete. In ihrer Arbeit verbindet sie das neuere Begriffsuniversum Whites mit der Bewegungsforschung bei Tilly und einem starken Fokus auf Kommunikation. Mit einem frühen Aufsatz mit White (1998) und einigen programmatischen Arbeiten zählt Mische heute zum aktiven Kern der relationalen Soziologie. Konzeptionell ist insbesondere ihre Verbindung der Begriffe „Publics" und „Kommunikationsstile" mit Netzwerken von Interesse.

In dem frühen Aufsatz entwerfen Mische und White „*Publics*" (Öffentlichkeiten) als Räume, in denen unterschiedliche Netzwerkdomänen in Kontakt miteinander kommen (1998). Soziale Bewegungen bestehen immer aus unterschiedlichen Bewegungsorganisationen, bilden also eine übergeordnete Öffentlichkeit für diese. Im Falle der brasilianischen Protestbewegung gehören hierzu Gewerkschaften, Umweltverbände, studentische Gruppierungen und viele mehr.

Misches Arbeit zielt nun auf die kommunikative Realisierung von Allianzen in Protestbewegungen: Gemeinsam mit Philippa Pattison untersucht Mische die „zivile Arena" der brasilianischen Protestbewegung aus den 1990ern als Netzwerköffentlichkeit (2000). Dabei rekonstruieren sie die Verbindungen zwischen den verschiedenen Gruppen in der Bewegung mit dem Visualisierungsverfahren der Galois Lattices (Galois Gitter). Darin verknüpfen sie Gruppen über gemeinsame Projekte miteinander.

In einem wichtigen Aufsatz beleuchtet Mische *kommunikative Mechanismen*, mit denen in solchen Öffentlichkeiten Relationen und Identitäten konstruiert werden (2003, S. 268 ff.). Dazu gehören: a) das „multiple targeting" verschiedener Publika, b) die Qualifizierung von Identitäten

(etwa wenn jemand deutlich macht, nun „als" Vertreter der Arbeiter zu
sprechen), c) der Wechsel zwischen verschiedenen Ebenen an Allgemein-
heit und Kategorien und d) das „temporal cuing" – die Einpassung eigener
Vorschläge und Visionen in die Narrative potentieller politischer Alliierter.
Mische zufolge bilden solche Mechanismen Möglichkeiten der sinnhaften
Konstruktion von Netzwerken. Klar formuliert sie eine Perspektive, die
Netzwerke „not as channels or conduits of cultural forms" sieht, sondern:

> as themselves constituted by cultural processes of talk and interaction. Net-
> work relations are co-constructed through ground-level conversational mecha-
> nisms, which concatenate into more or less firmly constituted ‚structures' that
> go on to influence social movement in systematic ways. (Mische 2003, S. 278)

Unterschiedliche Arten zu kommunizieren, so macht Mische deutlich, können für Erfolg oder Misserfolg der Allianzenbildung in sozialen Bewegungen sorgen.

In ihrer 2008 publizierten Dissertation benutzt sie für diesen Gedanken einen revidierten Stilbegriff. Dieser bezieht sich hier auf typische
Kommunikationsweisen, die mit spezifischen Positionen der Akteure im
Netzwerk einhergehen. Mische unterscheidet vier Formen von politischer
Kommunikation, die jeweils mit den Namen von Theoretikern verbunden
sind: 1) der an Habermas orientierte „explorative Dialog", ein herrschafts-
freier Diskurs um die Erzeugung eines konsensualen Verständnisses
geteilter Werte; 2) die „diskursive Positionierung" nach Gramsci – ein
Wettbewerb um die Durchsetzung der eigenen Ideen; 3) das an Dewey
orientierte „reflektierende(s) Problemlösen", bei dem es um das gemeinsame Finden von Handlungsalternativen geht; und 4) Machiavellis „takti-
sche Manöver", die auf die Durchsetzung angestrebter Handlungsoptionen
zielen (Mische 2008, S. 188).

Misches empirische Analyse zeigt, dass die *Kommunikationsstile* der
Anführer in der brasilianischen Studentenbewegung zumindest in Teilen
durch deren Netzwerkposition innerhalb der Bewegung bestimmt wird
(2008, S. 48 ff., 241 ff.). Studentenführer mit wenigen Organisationsaffi-
liationen sind „focused activists", die vor allem in Deweys „reflektieren-
dem Problemlösungs-Modus" kommunizieren. „Bridging Leaders" haben
zahlreiche Affiliationen über verschiedene gesellschaftliche Sektoren (z. B.
Arbeiter, Studenten usw.) hinweg und sind auf Gramscis „diskursives Positionieren" spezialisiert. Studentenführer mit vielen Affiliationen innerhalb

eines Sektors nennt Mische „entrenched activists". Sie sind gut geschult in Machiavellis „taktischen Manövern". „Explorer" verteilen ihre (im Vergleich zu Bridging Leaders wenigen) Affiliationen auf sehr verschiedene Sektoren und kommunizieren oft im explorativen Dialog nach Habermas.

Kommunikationsstile korrespondieren also mit Positionen im Netzwerk. Erstens sind dafür die bereits angesprochenen Kommunikationsmechanismen verantwortlich: Das diskursive Positionieren der „Bridging Leaders" erlaubt es, disparate Netzwerksegmente miteinander zu verbinden – strukturelle „Brücken" im Netzwerk zu bauen. Reflektierendes Problemlösen ist dagegen sehr zeitaufwendig und führt zur Konzentration der „Focused Activists" auf ihren Bereich. Umgekehrt werden diese Stile aber zweitens durch die Netzwerkposition bedingt. Wer wie die „Bridging Leaders" an der Schnittstelle verschiedener Netzwerksegmente sitzt, muss sich zwangsläufig im diskursiven Positionieren üben. Netzwerkposition und Kommunikationsstil bestimmen sich also gegenseitig und sorgen zumindest für eine tendenzielle Stabilität bei aller kommunikativen Dynamik.

Im Gegensatz zur üblichen Bestimmung von Stilen – auch in Whites Kunstbuch – werden diese nicht strukturell in einigermaßen homogenen Kollektiven verortet (in Künstlergruppen, Wissenschaftsschulen etc.). Vielmehr sind die von Mische identifizierten Typen von Bewegungsführern *strukturell äquivalent* (vgl. Kap. 3.2) – sie sind nicht notwendig miteinander verbunden, ähneln sich aber in ihrer Position im Netzwerk. Auf solchen Positionen lernt man also spezifische Kommunikationsstile. Und diese eignen sich für die Reproduktion dieser Positionen innerhalb oder zwischen Segmenten im Netzwerk.

Wie bereits angedeutet, haben die frühen konzeptionellen Arbeiten von Mische und ihre 2008 erschienene Dissertation sie zu einer zentralen Autorin der jüngeren Generation der relationalen Soziologie gemacht. Als weitere wichtige Arbeit ist ihre geschichtlich-autobiographische Darstellung der relationalen Soziologie um White und Tilly in New York in den 1990ern und 2000ern zu nennen (2011). Nach ihrer Promotion wechselte Mische auf eine Assistenzprofessur an die Rutgers University (wo mit John Levi Martin und Paul McLean zumindest zeitweise andere jüngere relationale Soziologen lehrten). Seit 2013 ist sie wie David Gibson an der *University of Notre Dame* tätig (Exkurs 15).

7.3   Kontrollregimes

Wir hatten im sechsten Kapitel bereits Disziplinen, Stile und Institutionen als sozio-kulturelle Strukturbildungen auf einer Ebene oberhalb von Netzwerken vorgestellt. In der Neuauflage von *Identity and Control* taucht nun ein vierter Typ sozialer Makro-Strukturen auf: das Kontrollregime. Diesem wird nun ein eigenes Kapitel gewidmet (2008, S. 220 ff.). Der Begriff legt bereits eine große Nähe zum Begriff der Kontrolle nahe: Ein Kontrollregime ist eine soziale Struktur, die *Kontrolle über die Kontrollversuche* der verschiedenen Identitäten ausübt (White 2008, S. 220). Eine Strukturierung von Kontrollversuchen und damit eine Konditionierung von Identitäten werden prinzipiell von allen sozialen Strukturen vorgenommen. Was ist das Besondere an Kontrollregimes?

White zufolge errichten Kontrollregimes eine *stabile Wertsphäre*, die eine große Zahl von Kontrollversuchen orientieren kann und sich von anderen solchen Sphären abgrenzt. Als Beispiele für Kontrollregimes nennt er das Kastensystem, das Feudalsystem, Korporatismus und Klientelismus. Es geht also um weitreichende gesellschaftliche Strukturbildungen, die innerhalb ihres Geltungsbereichs Relationen stark vorstrukturieren.

Die genannten Phänomene fungierten in der ersten Auflage noch als Beispiele für Institutionen. In beiden Fällen werden Relationen und Netzwerke sinnhaft durch kulturelle Modelle strukturiert. 2008 macht White deutlich: Institutionen setzen für ihn stärker auf der Beschreibungsebene an, indem sie „Erklärungen orchestrieren". Dagegen „ermöglicht" und „koordiniert" ein Kontrollregime die ablaufenden sozialen Prozesse – sie beeinflussen also direkt die sozialen Operationen (2008, S. 220).

In gewisser Weise kombinieren Kontrollregimes damit die Eigenschaften der anderen Typen sozialer Strukturbildungen:

> Styles as well as disciplines can be seen as prototypes for control regimes. Both resemble control regimes in providing the framing for identities struggling around to get joint action. Institutions channel into realms the underlying switchings of netdoms, while a control regime manifests a template/blueprint by which these switchings get coordinated. (White 2008, S. 220)

Wir hatten festgestellt, dass der Kontrollbegriff eine doppelte theoretische Funktion innehat. Einerseits steht er für die Bemühungen einzelner Identitäten, die Unsicherheit in ihrer Umgebung zu reduzieren – also für Kontrollprojekte. Andererseits beschreibt er die Einbettung von Identitäten in sich miteinander verbindenden Kontrollprojekten. Kontrolle besteht also auch in der sozialen Ordnung, die den Akteuren als äußerlich erscheint, auf die sie wiederum mit ihren Kontrollprojekten reagieren. In dem Kontrollregime geht es (im Sinne dieser zweiten Seite des Kontroll-Begriffs) um die Ausrichtung von Kontrollprojekten der Identitäten an Wertsphären, die diese Kontrollprojekte und damit das Handeln der Akteure in bestimmte Richtungen kanalisieren. Dafür generalisiert ein Kontrollregime Wertordnungen aus Disziplinen und darum gebaute Erzählungen aus Netzwerken zu einem *Wert*. Dieser Wert wird dann mit anderen Sphären (und deren Werten) kontrastiert und mobilisiert so Identitäten und Kontrollprojekte (White 2008, S. 224).

7.3.1 Kastenwesen und Wissenschaft

Schauen wir uns dafür ein von White ausgeführtes Beispiel an: Nach White organisieren sich das *indische Kastenwesen* und die akademische Wissenschaft gleichermaßen um den Wert der „Reinheit" (White 2008, S. 262 ff.). Dieses Modell baut auf dem Grundsatz „the smaller contains the larger" auf (White 2008, S. 263). So sind indische Dörfer nach einer sozialen Statushierarchie der abnehmenden Reinheit strukturiert. Es gibt daher eine Reihe von Kasten im Dorf, deren Kontakte untereinander stark beschränkt sind. Zudem regelt eine Subkaste die Verbindungen zwischen den verschiedenen Dörfern. Die Familien dieser Subkaste unterhalten Heiratsbeziehungen zu Kasten anderer Dörfer, die ihrem Status entsprechen. Durch diese Subkasten fließen damit die Reichtümer, Innovationen und Materialien mittels Heirat und Vererbung (White 2008, S. 264). Damit ermöglicht dieses Modell eine hohe Mobilität, ohne die Wahrnehmung der auf Reinheit beruhenden Statushierarchie zu gefährden.

Dieses Modell lässt sich nach White auf die Organisation der *akademischen Wissenschaft* übertragen. Hier ersetzen Universitäten die Dörfer, Disziplinen die Kasten und Spezialisierungen die Subkasten (White 2008, S. 268 ff.). Innovationen und die Mobilität der Forscher laufen vor allem innerhalb von Spezialisierungen. Dagegen sind die Disziplinen in einer Universität klar als Statushierarchie organisiert. Die Statushierarchie der Disziplinen unterscheidet sich von Universität zu Universität, genau wie indische Kasten in einzelnen Dörfern unterschiedlich bewertet werden. Zugleich finden wir innerhalb einer Spezialisierung (z. B.: Netzwerkanalyse) weitaus mehr Personen als an einem universitären Fachbereich.

Wie Institutionen beruhen Kontrollregimes also auf einem kulturellen Modell für die Organisation von Sozialbeziehungen. Deswegen dachte White 1992 Kontrollregime und Institution noch als Einheit (White 1992, S. 116 ff.). In der Neuauflage konzipiert er Kontrollregime dann als eigenständigen Strukturtyp, weil diese eben über das reine kulturelle Modell hinausgehen – sie legen Operationen fest, anstatt sie nur sinnhaft zu umschreiben. Dies entspricht der Unterscheidung von Operation und Beobachtung aus der Systemtheorie (Luhmann 1990). White will offenbar unmittelbar handlungsleitende wertbasierte Organisationsprinzipien (Kontrollregime) im Gegensatz zu den gesellschaftlichen Erklärungen dieser Organisationsprinzipien (Institutionen) lokalisieren.

▶ **Kontrollregime** sind Wertsphären, innerhalb derer Kontrollprojekte auf der Basis der Orientierung an einem spezifischen Wert und eines entsprechenden kulturellen Modells kanalisiert werden.

7.3.2   Felder und Funktionssysteme

Kontrollregime differenzieren sich in Wertsphären analog zur funktionalen Differenzierung bei Luhmann oder auch zur Unterscheidung gesellschaftlicher Felder bei Pierre Bourdieu. Wegen dieser Ähnlichkeiten geht White auf beide im Kapitel über Kontrollregime länger ein. Im Gegensatz zu *Luhmanns Funktionssystemen* sieht White Kontrollregime nicht primär durch interne Prozesse konstituiert, sondern durch Kontextwechsel:

> In contrast to Luhmann's theory, my approach accounts for the separation of realms from out of switching of identities among different netdoms. […] I have built my own view of *realm* as mobilization of narrative around values in an explicit social context of particular types of tie. (White 2008, S. 238; Hervorhebung im Original)

White lenkt den Fokus weniger als Luhmann auf die Codierung einer gesellschaftlichen Sphäre als auf die *Programmierung.* Zudem verortet er Kontrollregimes auch zwischen Funktionssystemen, bedingt durch deren Interdependenzen (also gewissermaßen im Bereich der „strukturellen Kopplungen" bei Luhmann; White 2008, S. 241).

Der Begriff des Kontrollregimes ist demnach in seiner Skalierung freier und betrifft eher die Beschreibung der Programme innerhalb einer Sphäre, die die Anwendung eines Codes bzw. eines Wertes regeln. Dies macht White insbesondere an einer Kritik von Luhmanns Beschreibung des Rechtssystems fest (White 2008, S. 239 ff.).

Eher bietet *Bourdieus Feld der Kunst* ein Modell für eine soziale Sphäre bei White (2008, S. 241 f.). Das Feld wird nicht durch einen abstrakten „magischen" Code erzeugt, sondern durch die immer wieder von den Akteuren gemachten Einsätze und gewährten Vertrauensvorschüsse. Das Feld entsteht historisch „von unten", aus den Interaktionen zwischen den relevanten Identitäten.

7.3.3 Beziehungsarten

Zuletzt müssen wir kurz auf einen direkten Bezug des Konzepts der Kontrollregimes zur *Netzwerkforschung* eingehen: In Kontroll-Projekten und damit im Story-Telling nehmen Identitäten immer wieder Bezug auf den das Kontrollregime dominierenden Wert, um den eigenen Stand (social footing) zu begründen. So wird ein Politiker auf das Gemeinwohl oder spezieller auf „Freiheit" oder „Gleichheit" verweisen, während ein Wissenschaftler die Wahrheitssuche oder den wissenschaftlichen Fortschritt als Werte betont. Durch diesen Bezug auf Werte werden Stories miteinander verknüpft – sie werden zu „story-sets", und diese kontrastieren in ihrem Wertebezug mit anderen Story-Sets. Auf diese Weise differenzieren sich auf bestimmte Werte bezogene Sinnbereiche und grenzen sich voneinander ab.

Die Netzwerke in Kontrollregimes zeichnen sich nun durch diesen Wertebezug in ihren Stories aus. Individuen sind natürlich immer in mehrere dieser Netzwerke eingebettet – aber die Sozialbeziehungen sind deutlich nach ihrem Sinnbezug unterscheidbar. Auf diese Weise lassen sich „*Types of Tie*" durch ihre Zugehörigkeit zu unterschiedlichen Kontrollregimes unterscheiden (White 2008, S. 227 f.). Zum Beispiel in den Studien zu Netzwerken zwischen florentinischen Patrizier-Familien in der Renaissance von John Padgett sind deren familiäre, politische und wirtschaftliche Bindungen von Bedeutungen – und die Dynamik wird Padgett zufolge genau durch mangelnde Passung zwischen unterschiedlichen Netzwerkarten bedingt (siehe Exkurs 9).

Dies gilt natürlich nicht für alle Typen von Sozialbeziehungen, zum Beispiel nicht für die unterschiedlichen Beziehungstypen in Sampsons Kloster: „Zuneigung", „Wertschätzung", „Schuld zuweisen" und „Abneigung" sind als Beziehungsarten nicht durch ihren Bezug auf voneinander getrennte Kontrollregimes bestimmt. Auf der theoretischen Ebene lässt sich dies so interpretieren: Die Novizen in Sampsons Kloster haben eine Rolle in ihrem informalen Netzwerk inne, das wesentlich aus der Interaktion zwischen den Beteiligten entsteht. Im Florenz der Renaissance dagegen nehmen die Patrizier im familiären, im politischen und im wirtschaftlichen Netzwerk jeweils unterschiedliche Rollen ein – und diese Rollen sind durch die jeweiligen Kontrollregimes mit ihren institutionalisierten Erwartungen kanalisiert. Die Analysen von Padgett decken also weniger eine Rollenstruktur auf als eine Passung oder Nicht-Passung zwischen verschiedenen Rollenstrukturen in Kontrollregimes.

Insofern wären Whites Überlegungen zu Kontrollregimes direkt relevant für die Interpretation von Netzwerkdaten in gesellschaftlich stark reglementierten Bereichen wie der Wirtschaft, der Politik oder der Wissenschaft. Deren Entstehung über Wertebezug und Story-Sets skizziert White nur kursorisch. Wichtig und unverzichtbar erscheint dagegen der starke empirische Bezug von Whites Argumentation: Kontrollregimes konstituieren je eigene Netzwerke, die sinnhaft voneinander unterschieden und unterscheidbar sind. Und diese Netzwerke können als mehrere Beziehungsarten in einem sozialen Kontext im Zusammenhang untersucht werden – so wie die Patrizier-Netzwerke in Florenz.

7.4 Kommunikation und Sinn

Die Auseinandersetzung mit anderen Theorien (Bourdieu, Luhmann) in Zusammenhang mit den Kontrollregimes ist für White eher untypisch. Zumeist konzentriert und bezieht er sich auf empirische Fallstudien, und so ist auch seine Theorie prinzipiell angelegt: als Systematisierung von und für empirische Forschung (siehe Kap. 8.1).

Allerdings beschäftigte sich White in den 2000er Jahren verstärkt mit Niklas Luhmanns Systemtheorie, und dies findet sich auch in der zweiten Auflage von *Identity and Control* wieder (2008, S. xvi, 17). Eine Reihe von Mitstreitern (Scott Boorman, Stephan Fuchs, David Gibson. Matthias Thiemann) hatte ihn zur Lektüre von Niklas Luhmann gedrängt, und White fand in der Systemtheorie Parallelen und Inspiration. Auf der anderen Seite sorgte die Nähe in den Grundannahmen der Theorie dafür, dass White 2005 als erster Luhmann-Gastprofessor an die Universität Bielefeld eingeladen wurde und 2008 den Keynote-Vortrag auf der großen Tagung zur Systemtheorie in Luzern hielt (White et al. 2007). In diesem Abschnitt stellen wir die Ergebnisse dieser Auseinandersetzung vor allem mit Blick auf die Modellierung von Kommunikationsprozessen dar.

Bereits in der zweiten Auflage von *Identity and Control* finden wir verstreute, meist positive Bezugnahmen auf Luhmanns *Kommunikationstheorie*. So bezeichnet White Kommunikation als „zentral" (2008, S. 3) und verweist in einer Fußnote auf Luhmanns dyadisches Modell der Kommunikation:

> The late Niklas Luhmann powerfully theorized how identity dances with identity in a relational tie (without, however, paying much attention to the network that emerges). (2008, S. xviii)[3]

Luhmanns Kommunikationsbegriff liefert also ein brauchbares Modell für die Rolle die Prozesse in Netzwerkdyaden übernehmen – auch wenn bei Luhmann Netzwerke weitgehend ausgeblendet bleiben.

---

[3] White verweist hier auf Luhmanns Buch *Soziale Systeme* und auf die Arbeiten von Stephan Fuchs als Verbindung von System- und Netzwerktheorie.

7.4.1 Die Luzerner Keynote

Zur systematischen Auseinandersetzung mit Luhmann kommt White erst im Keynote-Vortrag für die Luzerner Systemtheorie-Tagung (White et al. 2007). Dort nimmt White (mit Jan Fuhse, Matthias Thiemann und Larissa Buchholz) eine Reihe von Positionierungen zur Systemtheorie vor:

1. White übernimmt hier den *Sinnbegriff* von Luhmann (White et al. 2007, S. 543 ff.). Er lokalisiert Sinn in kommunikativen Prozessen (z. B. Switchings) und in sozialen Strukturen (Stories, Domänen, Institutionen, Stilen, Kontrollregimes), nicht in den Köpfen der Beteiligten (wie bei Max Weber oder Alfred Schütz). Sinn besteht aus einem „Horizont von Möglichkeiten", die durch Beobachtungen festgelegt (selegiert) werden und sich zu Erwartungsstrukturen verdichten. Im Grunde lässt sich erst jetzt die konzeptionelle Neuerung in Whites Theorie bestimmen: Er betrachtet Netzwerke (und andere soziale Formationen) nicht als reine Strukturen, sondern immer als mit (kommunikativem) Sinn durchzogen und durch diesen konstituiert.

2. Identitäten und Relationen werden aus dieser Perspektive zu Selektionen im *Kommunikationsprozess* und damit zu Erwartungsstrukturen, die den Fortlauf der Kommunikation kanalisieren:

> Luhmann's formulation points toward networks seen as the continuing realization of selective associations. […] Communication invokes neighboring relations in this network sense, across subsequent communications. […] So such meanings will over time, for a second-order observer, limn a network, within or across particular domains. (White et al. 2007, S. 545)

3. Allerdings wendet sich White gegen Luhmanns dyadische Konzeption von Kommunikation, die auf der doppelten Kontingenz des Handelns von Alter und Ego aufbaut. White sieht dies als unnötige Fixierung aufs Dyadische und betont dagegen „*multiple Kontingenz*" (White et al. 2007, S. 546). Kommunikation findet fast immer in Konstellationen mit mehr als zwei Beteiligten statt (wenn diese auch teilweise nicht anwesend sind; Lindemann 2009, S. 226 ff.). Jedes kommunikative Ereignis stellt deswegen immer eine Selektion und damit auch eine Veränderung innerhalb eines Netzwerks mit mehreren Beteiligten dar – und wird auch so in Form von Erzählungen beobachtet.

4. Zudem fixiert der Kommunikationsbegriff für White zu sehr auf die *Reproduktion* sozialer Strukturen. Deswegen stellt er neben die Kommunikation seinen eigenen Begriff von „*Action*", bei dem es um Wandel geht (White et al. 2007,

S. 547 ff.; siehe Kap. 6.5).[4] Zwar ist Luhmanns Kommunikationsbegriff nicht prinzipiell auf Stabilität angelegt. Allerdings führen bei ihm kommunikative Ereignisse aber immer zur Reproduktion von Systemen. White verweist hier wieder auf *Kontextwechsel* als kommunikative Ereignisse, die durch die Kombination unterschiedlicher Strukturen Dynamik in diese bringen.

Die Auseinandersetzung mit Luhmann fällt hier knapp aus und ist an manchen Stellen von Missverständnissen durchzogen. Dennoch werden hier Parallelen, Unterschiede und Verbindungsmöglichkeiten der beiden Ansätze deutlich.

7.4.2   Drei Formen von Unsicherheit

Wie Luhmann (aber auch Simmel, Mead und Parsons) geht White ja von einer fundamentalen *Unsicherheit* („uncertainty") sozialer Prozesse aus (siehe Kap. 5.1). In dieser und als Reaktion auf diese bilden sich soziale Strukturen und bieten Halt und Orientierung. Bereits in der ersten Auflage von *Identity and Control* formuliert White zwei grundlegend unterschiedliche Arten von Unsicherheit:

- *Ambiguität* („ambiguity") steht für Unklarheit in Bedeutungen, also für eine sachlich-inhaltliche Unsicherheit.
- Daneben stellt White Unsicherheit in Bezug auf soziale Positionen: *„Ambage"*. Dieses altertümliche und selten benutzte Wort kommt von lateinisch: „ambi" – „herum" und „agere" – „agieren". Es steht im Englischen für einen eher indirekten, auch unverbindlichen Interaktionsstil – also dafür, dass soziale Prozesse nicht eine bestimmte Relation zwischen den Beteiligten voraussetzen und festlegen.

Immer wieder flankiert White diese beiden Formen von Unsicherheit mit einer dritten:

- *Kontingenz* („contingency") markiert zunächst eine Unsicherheit, die aus dem biophysischen Bereich in das Soziale hinein kommt (White 2008, S. 71). Menschen sterben oder werden unheilbar krank; Erdbeben und Überflutungen bringen Menschenleben und soziale Strukturen durcheinander. In einem späten

---

[4] An dieser Stelle changiert der Text zwischen Luhmanns Handlungsbegriff und Whites Konzept von „Action". Da diese sich keineswegs decken, bleiben die Ausführungen etwas inkohärent (White et al. 2007, S. 547 f.).

Aufsatz (gemeinsam mit Frédéric Godart und Matthias Thiemann) wird der Begriff stärker ins Soziale hinein gezogen (2013, S. 140). Hier steht Kontingenz für die Unsicherheit hinsichtlich des Überlebens von Identitäten. Dieses kann natürlich biophysisch gefährdet sein. Aber auch Unternehmen in einem Produktionsmarkt können als Marktteilnehmer auftauchen und verschwinden. Oder etwa in einer Wissenschaftsdisziplin können Autoren plötzlich relevant werden (durch Ausbildung oder Wechsel auf einer anderen Disziplin) oder aus dem Blickfeld geraten – beispielsweise wenn jemand aus der Wissenschaft ausscheidet oder als Referenz diskreditiert wird. Die Relevanz von Identitäten wird ja durch Relationierungen im jeweiligen Netzwerk realisiert. Entsprechend sind auch die „Geburt" und das „Überleben" von Identitäten in einem Netzwerkkontext soziale Ereignisse.

Wir finden also schon früh bei White unterschiedliche Formen von Unsicherheit. Diese werden nun explizit zu Bestandteilen eines „Kalküls" (White et al. 2013, S. 141 ff.). Identitäten bewegen sich in Kontexten mit einer je eigenen Mischung von Unsicherheiten. Auf diese reagieren sie mit der Ausbildung von Strategien, die die Unsicherheit von Bedeutungen, von Positionen und des Überlebens von Identitäten im jeweiligen Kontext berücksichtigen.

Inwiefern stellt dies eine Verbindung zu Luhmanns Systemtheorie her? Solange nur Ambiguität und Ambage nebeneinander standen, entsprechen diese einfach dem ideationalen und dem relationalen Aspekt aus der Soziolinguistik. Mit dem stärker sozialen Bezug der Kontingenz entsteht eine (gewollte) Parallele zu den drei Sinndimensionen bei Luhmann:

- Ambiguität steht für Unsicherheit in der *Sachdimension* des Sinns.
- Ambage betrifft die *Sozialdimension*.
- Die Kontingenz des Überlebens von Identitäten in einem Kontext liegt auf der *Zeitdimension* des Sinns.

Diese Übereinstimmung taucht zwar in dem Aufsatz nicht auf, war aber gewollt und auch während der Entstehung wichtig. Auf diese Weise werden die drei Formen von Unsicherheit von einer eher beiläufigen Unterscheidung zu einer zentralen Komponente in Whites Theoriegebäude. Ab jetzt lassen sich nicht nur individuelle Strategien, sondern auch soziale Strukturbildungen daraufhin beleuchten, welche Unsicherheiten sie wie bearbeiten. Dies gilt insbesondere für die drei Typen von Disziplinen. Jeder von ihnen erhält nun eine dominante Form von Unsicherheit, die ihre internen Bewertungsprozesse dominiert:

- In der *Arena* dominiert Ambiguität. Rollen sind üblicherweise festgelegt, aber genaue Regeln für die Bewertung fehlen.
- Im *Council* steht die Ambage im Vordergrund, weil hier nicht nur Identitäten mobilisiert, sondern auch Koalitionen geformt werden müssen.
- Das *Interface* fokussiert auf Kontingenz. Denn hier sind Umweltprozesse für den Fortbestand von Commitment und Qualitätsbewertungen besonders wichtig.

Eine generelle Integration dieser Überlegungen in den netzwerktheoretischen Kern von Whites Theorie fehlt leider. Zudem reduziert der Fokus auf das Überleben von Identitäten die Zeitdimension des Sinns bei Luhmann sehr. Dennoch bildet die Ausformulierung von unterschiedlichen Formen von Unsicherheit eine sinnvolle und fruchtbare Erweiterung von Whites Theorie.

7.4.3   Ereignisse als Identitäten

Der Netzwerkbegriff spielt in der Systemtheorie selbst eine untergeordnete Rolle (Fuhse 2011). Systeme – nicht Netzwerke – gelten als Grundstruktur des Sozialen. Allerdings finden wir bei Luhmann grundbegrifflich Formulierungen, dass Systeme aus einem „Netzwerk der eigenen Operationen" (2002, S. 109) bzw. aus „Elementen" und deren „Relationen" ([1984] 1996, S. 41 ff.) bestehen. Die Operationen oder Elemente eines sozialen Systems sind bei Luhmann Kommunikationen (und die Relationen zwischen ihnen nennt er „Konditionierung"). Entsprechend legt Luhmann hier die Idee eines Netzwerks von Verbindungen zwischen kommunikativen Ereignissen an – und soziale Systeme müssten sich prinzipiell in einem solchen Ereignis-Netzwerk rekonstruieren lassen.

Auch White deutet eine solche Konzeption von *Netzwerken aus Ereignissen* an:

> Identities and events are similar. Identities emerge out of turbulences in social process that do not appear accountable within any particular story. Events may be precursors to or consequences from identity formation, but they may substitute as parallel to identities. Events are actors and so like identities are to be sited. (White 1992, S. 76)

Dieser Formulierung zufolge können Ereignisse ebenso wie Akteure als Knoten in Netzwerken fungieren. In gewisser Weise stellen auch Ereignisse soziale Identitäten dar, die sich in Kontrollbeziehungen befinden. Interessanterweise findet sich diese Überzeugung viel klarer in der ersten Fassung von *Identity and Control* formuliert als in der zweiten – obwohl diese ja viel deutlicher die Netzwerktheorie auf dynamische Kommunikationsprozesse umrüstet.

Marco Schmitt argumentiert, dass für Ereignisse alle oben angegebenen Kriterien Whites für *Identitäten* gelten (2009, S. 270): Sie können Knoten in Netzwerken sein. Ihre Position gegenüber und ihre Verbindung mit anderen Ereignissen machen ihre jeweilige soziale Festigkeit und Bedeutung erst aus. Sie erreichen unterschiedliche Formen der Festigkeit, Anpassungsfähigkeit (Integrationskraft) und Reichweite, je nachdem über wie viele Netzwerkkontexte hinweg (Netdoms) sie Bedeutung erlangen bzw. in wie viele davon sie eingebunden werden. Alle fünf Formen der Identität treffen also nicht nur auf Akteure zu, sondern auch auf Ereignisse. Dabei ist die komplexeste Form eines Ereignisses sowohl in verschiedene Netzwerkkontexte eingebunden, als auch in multiplen Erzählsträngen mit anderen Ereignissen verbunden.

Insbesondere beim *Story*-Begriff liegt die Gleichsetzung von Akteuren und Ereignissen nahe: Erzählungen verbinden mehrere Akteure, vor allem aber auch eine kausal geordnete Reihe von Ereignissen miteinander (Labov und Waletzky 1967). Die Erzählung wäre also für Ereignisse eine Form der *Konditionierung* – ein Ereignis konditioniert andere Ereignisse. Allerdings trifft Tillys Story-Konzept (das White ja übernimmt) hier nicht zu: Ereignissen werden in Erzählungen keine Dispositionen oder Motive zugeschrieben, aus denen sich Erwartungen hinsichtlich des Verhaltens oder der Bedeutung des Ereignisses ergeben. In sozialen Netzwerken von Akteuren führt das Story-Telling zur Entstehung von Erwartungen hinsichtlich ihres Verhaltens zueinander. In Netzwerken von Ereignissen konstruieren Erzählungen dagegen kausale Verbindungen immer von vergangenen zu darauf folgenden Ereignissen. Sie sind also rekursiv geordnet, und sie bestehen nicht aus relationalen Erwartungen. White klärt allerdings jenseits der Parallelisierung das Verhältnis von sozialen Netzwerken und von Ereignis-Netzwerken nicht weiter.

Aus diesen Überlegungen ergibt sich eine mögliche Verbindung von Netzwerkforschung und Kommunikationssoziologie: In einer Netzwerkperspektive können wir zwischen Akteuren und Ereignissen als Netzwerkknoten wechseln. Dies passt gut zu den Arbeiten zu *bi-modalen Netzwerken* (Breiger 1974; Borgatti 2007; Mische und Pattison 2000). Dabei werden häufig Akteure und Ereignisse in einem bi-modalen Netzwerk im Zusammenhang untersucht. Diese Netzwerke lassen sich auf zwei Weisen vereinfachen: So kann man ein Netzwerk betrachten, in dem Akteure über Ereignisse miteinander verbunden sind. In einem zweiten Netzwerk verbinden Akteure die Ereignisse miteinander.

Diese Arbeiten beruhen auf einem sehr weiten Verständnis von sozial bedeutsamen Netzwerkkonstellationen. Insbesondere die Einbeziehung von Ereignissen ermöglicht die gleichberechtigte Betrachtung von Kommunikationsnetzwerken als dynamischer Verknüpfung von Kommunikationsereignissen (Malsch und Schlieder 2004; Malsch et al. 2007; Schmitt 2009). Auf diese Weise lassen sich etwa die

Kommunikationsstrukturen in einem Internet-Forum als komplexer Zusammenhang von Ereignissen (z. B. Foren-Einträgen) und sozialen Relationierungen der beteiligten Akteure modellieren.

Einen relativ einfachen und wichtigen Anwendungsfall finden wir zudem in der Wissenschaftsforschung: Hier sind Publikationen die Ereignisse, in denen Autoren entweder durch Ko-Autorschaft oder durch Zitationen miteinander verbunden sind. Loet Leydesdorff konstruiert über dem Netzwerk von Ereignissen (Zitationen) und dem Netzwerk von Akteuren (Autoren) ein drittes Netzwerk von Verknüpfungen auf der Bedeutungsebene (2007). Dabei lässt sich etwa untersuchen, welche Keywords in Publikationen systematisch miteinander verknüpft werden. Auf diese Weise liegen drei Netzwerke übereinander (Fuhse 2015, S. 53 f.):

- das *Netzwerk kommunikativer Ereignisse*; diese sind rekursiv über Konditionierungen verbunden
- das *soziale Netzwerk* von relationalen Verhaltenserwartungen zwischen *Akteuren*
- ein *kulturelles Netzwerk* von systematischen Verbindungen zwischen *symbolischen Formen* (z. B. Konzepten)

Dieses kulturelle Netzwerk wird etwa von John Mohr in seinen Netzwerkanalysen von Sinnstrukturen untersucht (Exkurs 13). Allerdings fehlt es noch an einer klaren theoretischen Konzeption der unterschiedlichen Arten von Relationierungen in diesen drei Typen von Netzwerken – und von deren Verbindungen miteinander.

Insgesamt liefern diese drei Verbindungen zu Luhmanns Systemtheorie wichtige Erweiterungen und Ergänzungen von Whites Perspektive. Die Übernahme des *Sinnbegriffs* und die Aufnahme der *Kommunikationstheorie* schließen eher Lücken im Theoriegebäude. Dabei bleibt aber vor allem das Verhältnis zwischen Kommunikation und Kontextwechseln noch unklar. Der Einbezug der *drei Sinndimensionen* (und der auf diese bezogenen Formen von Unsicherheit) sorgt für eine wichtige konzeptionelle Erweiterung. Diese müsste insbesondere mit Blick auf die Zeitdimension und auf die Zentralkonzepte Netzwerk und Domäne noch weiter ausgearbeitet werden. Die Ereignis-Netzwerke schließlich erweitern die Theorie nicht nur konzeptionell, sondern schließen auch an die methodischen Entwicklungen zu bi- und multi-modalen Netzwerken an. Eine konzeptionelle Integration von Ereignis-, sozialen und kulturellen Netzwerken steht jedoch noch aus, auch wenn sie bei White für komplexe soziale Identitäten praktisch unterstellt wird. Diese werden doch durch eine Integration von Story-Sets und Ähnlichkeiten über Netzwerkkontexte hinweg hergestellt.

Exkurs 17: Die White-Luhmann-Verbindung

Eine Reihe von weiteren Autoren schlägt eine Verbindung zwischen Whites Theorie sozialer Netzwerke und Luhmanns Systemtheorie vor. In gewisser Weise beruht dies auf zunächst eher zufälligen Kopplungen, die sich in einem selbstverstärkenden Prozess weiterentwickelt haben. Einerseits erscheint diese Kopplung extrem unwahrscheinlich, weil die Systemtheorie auf sinnhaft geschlossene Konstellationen (Systeme) setzt, wo die Netzwerktheorie eher Unordnung und interrelationale Verknüpfungen sieht (Schmitt 2009). Andererseits ergibt diese Kopplung Sinn angesichts von Whites Weiterentwicklung seiner Perspektive in Richtung einer relational-dynamischen Netzwerktheorie (Laux 2014) mit einem deutlichen Schwerpunkt im Bereich kommunikativer Abläufe. Naturgemäß setzen die verschiedenen Autoren aus Systemtheorie und aus relationaler Soziologie unterschiedliche Akzente:

1. *Dirk Baecker* stellte als erster Systemtheoretiker eine Verbindung zu White her (Baecker 1996). Später stellte er seinen theoretischen Ansatz von Systemen auf Kommunikation und auf Formen als Ausgangspunkten um. Systeme wie auch Netzwerke erscheinen nun (neben Kultur und Person) als „Formen der Kommunikation" (2005, S. 226 ff.). Diese stehen für Strukturbildungen, die auf der Basis von binären Unterscheidungen Kommunikation kanalisieren. Die Basisunterscheidung des Netzwerks sieht Baecker in Anlehnung an White als Identität und Kontrolle. Darauf baut Baecker dann eine gesellschaftstheoretische These einer „nächsten Gesellschaft" auf. In dieser sollen die Funktionssysteme als dominante Form gesellschaftlicher Ordnung von netzwerkartigen Formen der sozialen Organisation abgelöst werden (Baecker 2007).

2. Auch *Stephan Fuchs* entwickelt aus der Verbindung von White und Luhmann einen ganz eigenen Ansatz (Fuchs 2001). Fuchs kommt aus der Wissenschaftssoziologie und sieht die Wissenschaft als prinzipiell aus sinnhaften Netzwerken aufgebaut. In Netzwerken werden – wie bei Luhmann – Interaktionen oder Kommunikationen miteinander verbunden (Fuchs 2001, S. 191 f.). Und diese können sich dann zu Interaktionssystemen („encounters"), Gruppen und Organisationen verdichten, die dann selbst zu Knoten in Netzwerken werden können. Dafür braucht es eine graduelle Schließung in der Form einer „Involution" (Fuchs 2001, S. 191 f.): die Interaktionen in einem Netzwerk orientieren sich zunehmend aneinander und grenzen sich dann auch durch die Konstruktion einer Identität von der Umwelt des Netzwerks

ab. Fuchs hat hier in erster Linie wissenschaftliche Theorien oder
Denkschulen vor Augen. Diese entwickeln ein je eigenes Begriffsuni-
versum, grenzen sich damit (in unterschiedlichem Maße) von anderen
Ansätzen ab und erreichen so je eigene Vorstellungen von Wahrheit.
Nur ausnahmsweise wird so aus dem Netzwerk ein abgeschlossenes
System.

3. *Boris Holzer* und *Jan Fuhse* sehen Dyaden als die Grundbausteine von Netzwerken selbst als Beziehungssysteme (Fuhse 2002,
S. 414 ff., 2009a; Holzer 2006, S. 93 ff., 2010). Alle Kommunikation in einer sozialen Beziehung generiert Erwartungen, die folgende
Kommunikation anleiten. Auf diese Weise entsteht auch eine sinnhafte Abgrenzung der Alter-Ego-Dyade von ihrer Umwelt als zentraler Orientierungspunkt im Beziehungssystem.

   Holzer wendet sich von diesem Ausgangspunkt dem Verhältnis von
   Sozialbeziehungen zu anderen Typen sozialer Systeme zu. Er sieht
   Sozialbeziehungen vor allem in der Interaktion entstehen und verortet sie in den Räumen zwischen oder quer zu den Funktionssystemen
   (2008, 2010).

   Fuhse geht einerseits stärker auf die Entstehung von Netzwerken
   in der Kommunikation ein (2009a, 2015): Aus der Zurechnung von
   Kommunikation auf das Mitteilungshandeln von Akteuren (durchaus
   in der Form von Tillys Story-Telling) entstehen deren Identitäten und
   (relationale) Erwartungen über ihr Verhalten zueinander. Andererseits
   verbindet er das Systemkonzept mit dem Begriff der „Involution" bei
   Fuchs zu einer Theorie kollektiver Identitätsphänomene wie Gruppen,
   Straßengangs oder sozialen Bewegungen (Fuhse 2003). Diese stehen
   für graduell, mit der Konstruktion einer kollektiven Identität sinnhaft
   abgegrenzte Systeme. Bei einer erfolgreichen Schließung können sie
   – wie bei Fuchs – selbst zu Identitäten in übergeordneten Netzwerken
   werden.

4. *Athanasios Karafillidis* (2010) nimmt diese Überlegungen auf, verbindet sie aber mit der Formentheorie in Anlehnung an Baecker. Hier
sind soziale Formen jeglicher Größenordnung, als beobachtete Unterscheidungen in Netzwerken gekoppelt, so dass Netzwerke ein Kor-
relat jeglicher Form sozialer Differenzierung sind (Karafillidis 2010,
S. 276 ff.). Mit der Perspektive der Netzwerke lässt sich die in Systemtheorien entfaltete soziale Differenzierung ergänzen und damit ein
empirisch gehaltvolles Bild der Gesellschaft konstruieren.

5. *Marco Schmitt* argumentiert im Bereich einer Theorie des sozialen Gedächtnisses in eine ganz ähnliche Richtung (2009). Die Trennungs- oder Schließungsperspektive der soziologischen Systemtheorien ermöglicht zentrale Einsichten in den Aufbau der modernen Gesellschaft. Diese bleiben jedoch unvollständig, da die komplementäre Kategorie der Verbindungen kaum entwickelt wird. Die Entwicklung dieser ist für Schmitt in den verfügbaren netzwerktheoretischen Ansätzen am weitesten ausgeführt. Nur durch das komplexe Zusammenspiel von Kopplung und Entkopplung ist die moderne Gesellschaft zu verstehen.

6. *Maren Lehmann* schließt ebenfalls an Baecker an und sieht bei White eine parallele Theorieentwicklung zu Luhmann (Lehmann 2011, S. 72 ff.). Ihr zufolge beleuchten beide Ansätze die Problemlagen auf unterschiedliche Weise. In letzter Instanz laufe Whites Theorie auf ein Unsicherheitskalkül zwischen Bestimmtheit und Unbestimmtheit, zwischen Medium und Form hinaus.

7. Neben diesen stärker systemtheoretisch grundierten Ansätzen haben sich auch einige Autoren aus der relationalen Soziologie mit Luhmanns Systemtheorie auseinander gesetzt. Mit *David Gibson* haben wir schon einen Netzwerkforscher kennen gelernt, der zur Kombination von Kommunikationsprozessen und Netzwerkstrukturen arbeitet (Exkurs 15). Gibson wurde wohl deutlich von Luhmanns Kommunikationstheorie beeinflusst. Allerdings verweist er nur einmal eher beiläufig auf Luhmann (Gibson 2003, S. 1357).

8. Etwas umfangreicher fällt die Auseinandersetzung bei *John Padgett* aus (2012; vgl. Exkurs 9). Padgett ist während seiner Aufenthalte am interdisziplinären Santa Fé Institut mit der Komplexitätstheorie in Kontakt gekommen. Aus der Biochemie übernimmt er das Konzept der Autokatalyse für die Modellierung von Evolutions- und Rückkopplungsprozessen in multiplen Netzwerken. So sehen Padgett und Ansell ja eine mangelnde Passung zwischen familialen, ökonomischen und politischen Netzwerken als Auslöser für den Aufstieg der Medici (Padgett und Powell 2012a).
   In seiner Formulierung sozialer Autokatalyse kommt Padgett Luhmanns eigener Übertragung des Autopoiesis-Gedankens aus der Zellforschung in die Soziologie sehr nahe. Allerdings formuliert Padgett auch eine zentrale Kritik der Netzwerkforschung an der Systemtheorie:

> Its intellectual roots lay instead in cybernetic systems theory. Because of this intellectual heritage, autopoiesis emphasizes autonomy and self-control, not interdependence; systems and subsystems, not self-organizing flux; and static equilibrium, not evolutionary dynamics. (Padgett 2012, S. 55)

7.5 Resümee

In diesem Kapitel haben wir eine Reihe von Konzepten und Theorieentwicklungen mit einem stärkeren Fokus auf kommunikative Prozesse und deren Dynamik vorgestellt:

1. Seit den 1990er Jahren werden die *Switchings* oder *Kontextwechsel* bei White zum zentralen Theoriebaustein. Sie stehen für den kommunikativen Wechsel zwischen Netzwerkdomänen. Durch diesen werden neue sinnhafte Verknüpfungen hergestellt und neue Bedeutungen geschaffen. Damit gibt White einen präzisen kommunikativen Mechanismus für den *Wandel soziokultureller Strukturen* an. White sieht eine gewisse Nähe der Kontextwechsel zu Luhmanns Kommunikationsbegriff, betrachtet die Kontextwechsel aber als allgemeineren Begriff. Ein Beispiel für eine empirische Untersuchung von Kommunikation in Netzwerken finden wir in David Gibsons Arbeit zum Turn-Taking in Manager-Meetings.
2. Zu Kontextwechseln kommt es verstärkt in *Netzwerköffentlichkeiten* („Publics"). Hier treten Identitäten aus heterogenen Kontexten auf. Zugleich wird deren Interaktion möglichst wenig reguliert. Dies ermöglicht eine weitgehend unbelastete Aushandlung von Identitäten und allgemein von Bedeutungen. Wichtige Anwendungen und Weiterentwicklungen des Konzepts finden wir bei Eiko Ikegami und bei Ann Mische. Mische diagnostiziert zudem bei den brasilianischen Protestanführern spezifische *Kommunikationsstile*. Diese stehen für Verteilungsmuster in kommunikativen Ereignissen und gehen mit ganz bestimmten Positionen im Netzwerk einher.
3. In Anlehnung an und Auseinandersetzung mit Bourdieus gesellschaftlichen Feldern und Luhmanns Funktionssystemen stellt White 2008 einen weiteren Typus sozialer Strukturen vor: die *Kontrollregimes*. Diese stehen für gesellschaftliche Sphären mit je eigenen Bewertungen und einer starken Kontrolle über die Kontrollversuche der beteiligten Identitäten.

4. Schließlich nimmt White direkt Anregungen aus der Systemtheorie auf: Alle
sozialen Strukturen beruhen auf kommuniziertem *Sinn*. Und die Prozesse in
Netzwerken lassen sich zumindest teilweise als *Kommunikation* fassen. Dabei
regiert aber nicht dyadische, sondern *multiple Kontingenz*. Und kommunikative
Prozesse führen nicht immer zur Reproduktion, sondern auch zur *Veränderung
sozialer Strukturen*. Die von White eingeführten *drei Formen von Unsicherheit*
lassen sich in den drei Sinndimensionen (Sach-, Sozial- und Zeit-) bei Luhmann
verorten. Nicht zuletzt können auch kommunikative *Ereignisse* selbst als Knoten in *Netzwerken* betrachtet werden.

Insgesamt nimmt White damit eine „kommunikative Wende" analog zur im letzten
Kapitel diskutierten „kulturellen Wende" in der Netzwerkforschung vor. Zentral
werden also drei Aspekte des Sozialen miteinander verknüpft:

* die Struktur von Sozialbeziehungen (das *Netzwerk*),
* *sinnhafte Verdichtungen* in Form von Kultur, Stilen, Identitäten, Erzählungen,
  Rollen und Institutionen,
* *kommunikative Prozesse*, in denen Sinn und Netzwerke (und Netzwerke als
  Sinnstrukturen) konstruiert werden.

Von diesen drei Theoriebestandteilen erscheint der dritte noch am ehesten als un-
fertig – als Baustelle, auf der White seit 1995 intensiv gearbeitet hat. Insofern ist
hier die Theorieentwicklung noch bei weitem nicht abgeschlossen. Von White
selbst sind keine weiteren Veröffentlichungen mehr zu erwarten. Aber eine Reihe
von weiteren Autoren war in den letzten Jahren produktiv auf dieser Baustelle tätig: Dirk Baecker, Stephan Fuchs, David Gibson, Frédéric Godart, Eric Leifer, Dan
McFarland, Ann Mische, Sophie Mützel, John Padgett, Matthias Thiemann, um
nur einige zu nennen.

Harrison Whites relationale Soziologie

8.1 Grundausrichtung der Perspektive

Harrison Whites soziologische Theorie stellt eine Reihe prominenter Leser vor große Schwierigkeiten. Nach der Veröffentlichung der ersten Auflage von *Identity and Control* versuchten sich unter anderem Andrew Abbott, Raymond Boudon, Craig Calhoun und Arthur Stinchcombe in Rezensionen an Überblick und Einstieg in Whites Gedankenwelt. Boudon beginnt seine Rezension mit: „This is not an easy book" (1993, S. 311). Tilly vergleicht Whites *Identity and Control* mit dem brillant-undurchdringlichen *Finnegan's Wake* von James Joyce (1993). Randall Collins nimmt den White-Joyce-Vergleich später auf und bezeichnet White als „IQ-Test für Soziologen" (2005, S. ix). Und Calhoun stellt lakonisch fest:

> If this book had nothing important to say, it would not matter that it is so badly written. But White does have a variety of interesting, useful insights, and the impenetrability of his prose will sharply limit scholars' access to them. (1993, S. 314)

Abbott schließlich vergleicht die White-Lektüre mit der des englischen Poeten William Blake (1994, S. 895 f.). Wie Blake entwickelt White sein eigenes Vokabular zur Entfaltung seiner Weltsicht mit „elliptischen Argumenten", „Paradox auf Paradox" und „immensen Anforderungen an die räumliche Vorstellung". Der Leser fühle sich wie ein Charakter in Eschers Bildern, der vier Treppen erklimmt und sich am Anfang wiederfindet.

Alle diese Autoren (mit Ausnahme von Stinchcombe; 1993) sehen aber in Whites Vision einen eminenten Beitrag zur soziologischen Theoriebildung. Die große Bedeutung von Whites Theorie hängt vermutlich mittelbar mit deren Unverständlichkeit zusammen: Weitgehend unbelastet von den Hauptkonzepten und großen Theoriedebatten der soziologischen Theorie formuliert White seinen Aufriss

© Springer Fachmedien Wiesbaden 2015
M. Schmitt, J. Fuhse, *Zur Aktualität von Harrison White,* Aktuelle und klassische
Sozial- und Kulturwissenschaftler|innen, DOI 10.1007/978-3-531-18673-3_8

sozialer Strukturen. Dieser speist sich vor allem aus seinen Erfahrungen aus der empirischen Forschung und der mathematischen Modellierung sozialer Netzwerke – insbesondere der Blockmodellanalyse, aber auch den Vakanzketten, der Untersuchung von Kunstströmungen, Verwandtschaftssystemen und Produktionsmärkten.

Die Begriffe in Whites Theorie sind entsprechend empirisch gedacht und orientieren sich an beobachteten sozialen Phänomenen. Sie sind oft eigenwillig gewählt wie etwa die Konzepte der „Disziplin" oder der „Kontrollregimes". Dabei fehlt es ihnen nicht nur an Anschluss an die Traditionen der soziologischen Theorie, sondern teilweise auch an interner logischer Verknüpfung. White baut seine Theorie aus den Ergebnissen der formalen Untersuchung sozialer Strukturen auf und als Fundament für diese. Daraus entsteht eine unkonventionelle, zuweilen auch unverständliche Theoriesprache. Dabei muss man *Identity and Control* prinzipiell als codierte Beobachtung von Zusammenhängen lesen. Greifen wir einen Satz (über den Zusammenhang zwischen Stilen und Individuen) relativ wahllos heraus:

> in this view, individual lives emerge through an ongoing process of combining understandings of situations with sets of practices arrayed across lives embedded in social networks. (2008, S. 114)

Was zunächst ziemlich unverständlich klingt, ergibt sich aus einer systematischen Außensicht des Sozialen mit eigener Beobachtungssprache. Sätze von Praktiken sind in soziale Netzwerke (und damit über Individuen hinweg) eingebettet. Diese werden fortlaufend beobachtet („understanding") und führen so zu der Konstruktion „individueller Leben". Das Individuum (mit seinen Eigenheiten) wird zum Endpunkt sozialer Prozesse, zum Ergebnis von Stilisierungen und deren Beobachtung im Sozialen. Aber selbst wenn man meint, diese Grundanlage der Theorie verinnerlicht zu haben – Whites Schriften stellen auch den geübten Leser immer wieder vor Herausforderungen.[1]

Aus der Netzwerkforschung kommend entwickelt White eine prinzipiell strukturalistische Perspektive auf das Soziale. Diese verbindet er jedoch spätestens seit der ersten Auflage von *Identity and Control* mit Sinn und Kultur. Schon das Konzept der Catnets ([1965] 2008) sieht vor, dass Netzwerke durch Kategorien der sozialen Einteilung von Akteuren geordnet werden (siehe Kap. 3.1). „Kultur" entsteht dabei aus der Beobachtung und Beschreibung sozialer Strukturen, wirkt aber auch auf diese zurück. Die Auseinandersetzung mit Rollen in der Blockmo-

---

[1] Karin Knorr-Cetina bermerkt zu Whites Schreibstil (in *Markets from Networks*): „White's writing is the electrochemistry of idiosyncratic thought painfully transferred into a textual structure" (2004, S. 138).

dellanalyse und mit der Entstehung sozialer Ordnung in der Marktsoziologie führt dann zu einer fundamentalen Umstellung der Perspektive: Alle soziale Strukturen – inklusive Sozialbeziehungen als Minimalbausteinen – sind demnach mit Sinn verwoben. Sie entstehen aus der prinzipiellen Unsicherheit der Interaktion, indem die soziale Welt beobachtet und sinnhaft beschrieben wird. Deswegen Erzählungen über Sozialbeziehungen und Identitäten, deswegen Institutionen und Stile, deswegen Disziplinen und Kontrollregimes.

Aus einer rein strukturalistischen Richtung kommend, entwickelt White also eine konstruktivistische Sicht auf das Soziale mit Netzwerken als zentralem Bezugspunkt (Holzer 2006, S. 79 ff.). Mit dem starken Stellenwert des Sinns ergeben sich Anknüpfungspunkte für zahlreiche soziologische Traditionen von Max Webers Handlungstheorie über den symbolischen Interaktionismus, philosophische Anthropologie und die Phänomenologie von Alfred Schütz und Peter Berger/ Thomas Luckmann bis hin zu Pierre Bourdieus Theorie sozialer Felder und Distinktionspraktiken, dem Neo-Institutionalismus, der Akteur-Netzwerk-Theorie und Niklas Luhmanns Theorie sozialer Systeme.

Whites Theorie wurde von diesen Ansätzen und deren Begriffsapparaturen lange kaum beeinflusst. Offensichtliche Verbindungen finden sich in der Organisationssoziologie (etwa zu Herbert Simon) und später zum Neo-Institutionalismus insbesondere von Paul DiMaggio (siehe Exkurs 12). Erst in den letzten Jahren wandte sich White Pierre Bourdieu und Niklas Luhmann als zwei Theoretikern zu, die von einem sinnhaften Aufbau der sozialen Welt ausgehen. Von beiden übernimmt er Anregungen zur Konstitution von sozialen Feldern bzw. Funktionssystemen wie der Kunst, des Rechtssystems oder der Wirtschaft, die White Kontrollregimes nennt (2008, S. 237 ff.; siehe Kap. 7.3). Von Luhmann adoptiert er zusätzlich den Sinnbegriff und sieht auch die Kommunikationstheorie als hilfreichen Baustein an (White et al. 2007; siehe Kap. 7.4). Die Auseinandersetzung Whites mit Luhmann und Bourdieu bleibt aber kursorisch und geprägt durch seine eigenwilligen Blickwinkel und sein idiosynkratisches Begriffsuniversum.

Allerdings zeigt sich auch in dieser Auseinandersetzung eine Grundanlage der Theorie Whites: Sinn wird hier – wie bei Bourdieu und Luhmann – in erster Linie sozial gedacht und nicht subjektiv in den Köpfen der Beteiligten (wie bei Weber oder Schütz). Bei Bourdieu ist Sinn nicht nur habitualisiert und inkorporiert, sondern liegt in sozialen Praktiken der relationalen Bezugnahme zwischen Akteuren. Luhmann sieht Sinn auch als in Gedanken (in psychischen Systemen) prozessierend, vor allem aber in der Kommunikation (in sozialen Systemen). Bei beiden entstehen aus der sozial beobachtbaren Sinnkonstruktion in Praktiken bzw. in der Kommunikation soziale und gesellschaftliche Strukturen. Diese Grundanlage übernimmt White und skizziert, wie aus der sinnhaften Beobachtung sozialer

Prozesse Sozialbeziehungen, Identitäten, Netzwerke, Disziplinen und Institutionen werden.

Kaum jemals nimmt White – wie von einigen Autoren vermutet – dabei Bezug auf subjektive Sinnverarbeitung. Individuen tauchen bei ihm zwar zunächst als um Kontrolle ringende Identitäten auf, werden dann aber nur noch als Anknüpfungspunkte sozialer Prozesse und Strukturen konstruiert. Handlungstheoretisch gesinnte Soziologen kritisieren an White mangelnde Modellierung von Handlungsentscheidungen und Berücksichtigung von Agency. So schreiben Emirbayer und Goodwin: „White never explains precisely why actors or identities engage in these ,contending control attempts' in the first place" (1994, S. 1437). Und Christian Smith nennt Whites Theorie „anti-humanistisch" (2010, S. 255 f.), weil sie Personen als „reale substanzielle Entitäten" nicht ernst nimmt.

Dieser Kritik ist insofern zuzustimmen, als White das Handeln von Individuen nicht modelliert und dies auch nicht will. In seiner externen Beobachtungsperspektive fungieren Identitäten weniger als Grundbausteine, sondern vor allem als Ergebnis sozialer Konstruktionsprozesse (eine Ausnahme bilden die kaum beobachteten primordialen Kontrollimpulse als Startpunkt der Strukturbildung). White geht es auch nicht wie Smith und teilweise wohl auch Emirbayer um eine Ontologie des Sozialen. Als gelernter Physiker hat er kein Interesse an metaphysischen Überzeugungen. Sein Ziel ist vielmehr die Systematisierung von Beobachtungen – die sprachliche Modellierung von rekurrierenden Mustern in der sozialen Welt. Viele seiner Sätze lesen sich deswegen wie mathematische Gleichungen.

In dieser prinzipiell analytischen Stoßrichtung der Theorie ähnelt White Herbert Simon und John Padgett, teilweise auch der Akteur-Netzwerk-Theorie Bruno Latours und der Systemtheorie von Talcott Parsons. Vor allem bei White (wie auch bei Padgett) ist das Ziel eine einfache Modellierung sozialer Zusammenhänge. Getreu seinem Hintergrund in der Physik folgt er der wissenschaftstheoretischen Forderung nach möglichst sparsamer Erklärung, die dort Ockhams Rasiermesser oder Parsimonitätsprinzip genannt wird. Smith attackiert das Parsimonitätsprinzip (2010, S. 11 ff.): Es ginge in der soziologischen Theorie nicht um einfache Erklärungen, sondern um eine möglichst genaue Abbildung der sozialen Realität. Und zu dieser Realität gehörten eben Personen als emergente Einheiten mit ihrer ganzen Komplexität.

Dieser Stoßrichtung folgen viele andere an Individuen orientierte Autoren (wie Emirbayer). Selten werden die wissenschaftstheoretischen Annahmen und damit der Grund für die Meinungsverschiedenheit mit White so deutlich gekennzeichnet wie bei Smith. Von einem eher pragmatistischen Standpunkt aus kritisiert John Levi Martin an White die Ausklammerung der subjektiven Perspektive von Individuen (2001, S. 209 f.). Dies führe erstens dazu, dass die *Ursache* („reason") für die Ausbildung sozialer Ordnung unbeleuchtet bliebe, und zweitens zur weitgehenden Unverständlichkeit der Theorie. Sowohl für Smith als auch für Martin gelten in den Sozialwissenschaften wegen der Beteiligung von Menschen grundlegend andere Wahrheitskriterien als in den Naturwissenschaften. Der studierte Physiker White sieht das anders. Er überträgt die distanzierte und abstrahierende Perspektive der Naturwissenschaften auf das Soziale.

8.2 Relationale Soziologien

In den letzten Jahren haben einige andere Autoren Theorien vorgelegt, die (auf unterschiedliche Weise) wie White Beziehungen und Netzwerke ins Zentrum stellen (Coleman 1990; Donati 2011; Emirbayer und Goodwin 1994; Collins 1998; Fuchs 2001; Hedström 2005; Latour 2005; Tilly 2005; Crossley 2011; Padgett und Powell 2012b; Powell und Dépelteau 2013a, b). Whites Arbeiten fungieren dabei oft als wichtiger Ausgangspunkt (so etwa für Emirbayer, Collins, Fuchs, Tilly, Crossley, Padgett).

In diesem Feld „relationaler Soziologien" zeichnet sich White durch die zwei genannten Eigenheiten aus: 1) Wie Fuchs, Latour, Tilly und Padgett (und anders als Coleman, Donati, Emirbayer, Collins, Hedström und Crossley) entwickelt White eine *konsequente Außensicht auf das Soziale*, in der das Individuum nicht als zentraler Träger fungiert. 2) Stärker als Collins, Donati, Emirbayer, Fuchs, Tilly und Latour entwirft White (wie Coleman, Hedström, Crossley und Padgett) eine *analytisch angelegte Theorie mit direkter Verbindung zur empirischen Netzwerkforschung*. Von den angesprochenen Autoren teilt nur Whites früherer Kollege John Padgett diese beiden Grundrichtungen der Theorie (Tab. 8.1).

Natürlich kann man wie Emirbayer, Martin und Smith monieren, dass White individuelle Akteure und ihre Perspektive zu wenig berücksichtigt. Dabei sollte

Tab. 8.1 Grundanlage „relationaler Soziologien"

		Individuelle Akteure als Träger des Sozialen	
		+	−
Analytisch angelegte Theorie (Verbindung zur Netzwerkforschung)	+	Coleman, Hedström, Crossley	White, Padgett
	−	Emirbayer, Collins, Donati	Tilly, Fuchs, Latour

man aber zumindest epistemologisch begründen, warum dies notwendig ist und inwiefern es einen „besseren" Ansatz liefert als die Theorie Whites. Die Vorteile von Whites Perspektive liegen erstens darin, dass das Individuum mit seiner Identität als Ergebnis und nicht als Ausgangspunkt sozialer Prozesse modelliert wird. Und zweitens liefert die analytische Anlage der Theorie eine starke Verbindung zu empirischer Forschung, insbesondere zur Netzwerkforschung. Demgegenüber argumentieren Autoren wie Emirbayer, Collins, Latour, Fuchs und Donati theoretisch eleganter, aber teilweise auch ontologisch. Ihre Theorien eignen sich wenig für die Anleitung der Netzwerkforschung, und sie lassen sich kaum durch empirische Befunde beeinflussen.

8.3   Grundlinien der relationalen Soziologie

Gerade aufgrund der schweren Verständlichkeit von Whites Ausführungen und der starken Verbindung zur empirischen Forschung argumentieren wir in diesem Buch dafür, Whites Theorie in den Kontext der um ihn entstandenen Arbeiten einzuordnen. Dies haben wir unter anderem mit Hilfe von Exkursen zu Autoren wie Ronald Breiger, John Padgett, Charles Tilly, Peter Bearman, John Mohr, Ann Mische und David Gibson getan. Den dabei sichtbar werdenden Ansatz nennen wir in Anlehnung an das mittlerweile klassische „Manifesto" von Mustafa Emirbayer „relationale Soziologie".

Sophie Mützel und Jan Fuhse zufolge zeichnet sich die *relationale Soziologie* durch fünf Abgrenzungen gegen andere Forschungsrichtungen aus: 1) gegenüber der Netzwerkforschung durch den Bezug auf Kultur und Sinn; 2) gegenüber der empirischen Sozialforschung durch einen Fokus auf die Beziehungsnetzwerke und Sinnnetzwerke statt auf Attribute; 3) im Gegensatz zu allen Formen der Handlungstheorie wird nicht der individuelle Akteur zum Ausgangspunkt der Theoriebildung gemacht, sondern die Netzwerke, aus denen sich seine Identität erst ergibt; 4) gegenüber Systemtheorien wird die mittlere Ebene des Sozialen in den Mittelpunkt gestellt; und 5) im Gegensatz zu Feld- und Praxistheorien geht es um manifeste und nicht um objektive Relationen (Mützel und Fuhse 2010, S. 9 f.). Die relationale Soziologie versteht sich also als eine Weiterentwicklung der klassischen Netzwerkforschung. Sie verlässt deren strukturalistisches Paradigma und erweitert den Netzwerkbegriff sinntheoretisch und dynamisch. Relationale Soziologie ist als Variante der Netzwerkforschung sowohl kulturtheoretisch, als auch prozesstheoretisch anschlussfähig. Welche zentralen Konzepte leiten sie an?

Da ist zunächst der Begriff des *Netzwerks* selbst. Dieser schwierige Begriff ist eng mit der alten Netzwerkforschung verbunden und richtet sich sehr klar auf soziale Beziehungen. Die neuen Aspekte der Bedeutung und der Dynamik werden dabei eher vernachlässigt bzw. der Blick auf diese wird verstellt. Netzwerke bilden bei White Überbleibsel sozialer Interaktionen, sind dann aber sowohl als Beobachtungsinstrumente in der sozialen Praxis wie in der Wissenschaft sehr wichtig. White ergänzt die Ebene der sozialen Beziehungen mit dem Konzept der *Domänen*. Diese umfassen die mit einem Netzwerksegment verknüpften Sinnformen. Dazu gehören etwa typisierte Beziehungsformen und zugehörige soziale Erzählungen, die im Netzwerk Ordnung und Orientierung liefern.

In den Bereich der Sinnformen fällt auch der reformulierte Identitätsbegriff. White definiert *Identität* grundlegend relational. Sie bildet (im Gegensatz zum handlungstheoretischen Akteursbegriff) keine anthropologische Konstante und keine feste Basis der Theoriebildung. Vielmehr werden Identitäten als Konstrukte immer in einem spezifischen Kontext mit erzeugt und wesentlich in Relation (und Differenz) zu einander bestimmt. Sie werden zu Positionsbestimmungen in einem relational definierten sozialen Raum. Identitäten sind zugleich Ausgangspunkt sozialer Musterbildung und selbst Resultat sozialer Muster.

Prinzipiell übertragen White und andere Autoren der relationalen Soziologie (wie vor allem John Mohr, siehe Exkurs 13) das Netzwerkdenken auf den Bereich der Kultur. Wie im Strukturalismus von Ferdinand de Saussure sind Sinnformen wie Symbole oder Kategorien in Domänen strukturell geordnet. Sie erhalten ihre Identität in Relation zu anderen Sinnformen in *kulturellen Netzwerken*. Entsprechend lassen sich Netzwerkkonzepte und -maße wie Zentralität oder strukturelle Äquivalenz auf Kultur übertragen. Systematische strukturelle Verdichtungen von Sinnformen, die häufig gemeinsam auftauchen und als solche im Sozialen beobachtet werden, bilden *Stile*.

Neben dem Netzwerk, der Domäne und den in einem Netzwerk verknüpften Identitäten gehört der *Beziehungsbegriff* zum Kern des Netzwerks von Whites Theorie.[2] So wie ein Netzwerk mit einer Domäne von Sinnformen verwoben ist, gehört zur Sozialbeziehung eine *Erzählung*, mit der die beteiligten Identitäten sinnhaft relationiert werden. Schon in der klassischen Netzwerkforschung war die Diversität der zu erhebenden Beziehungsformen ein wichtiger Gesichtspunkt. Dieser wurde häufig durch einen spontanen Rekurs auf übliche soziale Kategorisierungen begründet. Die Bedeutung und damit auch die Vergleichbarkeit dieser Kategorien lassen sich aber nur durch einen Rückgriff auf die Erzählungen bemessen. Erst mit Erzählungen werden aus wiederholten Interaktionen Beziehungen und schließlich auch Kategorien von Beziehungen (Freundschaft, Liebe, Konkurrenz). Beziehun-

---

[2] Die Tragfähigkeit des bei White zentralen, aber von anderen Autoren kaum aufgenommenen Kontrollbegriffs ist bisher noch unklar.

gen bedürfen Erzählungen, um in sozial verfügbare Kategorien eingeordnet und damit typisiert und über Kontexte hinweg transportiert zu werden. Das letzte zentrale Konzept ist die *Institution*. White selbst entwickelt einen eigentümlichen und nur begrenzt anschlussfähigen Institutionenbegriff. Andere Autoren wie Paul DiMaggio und John Mohr verbinden jedoch Netzwerkperspektive und Neo-Institutionalismus sehr fruchtbar (siehe Exkurse 12 und 13). Dies überrascht zunächst, da Institutionen gerade nicht auf Beziehungen beruhen, sondern als kulturelle Modelle prinzipiell verfügbar sind. Doch gerade diese Spannung zwischen Beziehungs- und Modellebene ermöglicht eine Annäherung an die sinnhafte Strukturierung sozialer Phänomene. Schließlich bewegen sich kulturelle Modelle und Werte in der Form von Erzählungen durch Beziehungsnetzwerke und formatieren bzw. konfigurieren diese. Dies gilt beispielsweise für *Beziehungsmodelle* wie „Liebe", „Freundschaft" oder „Patronage". Diese sind prinzipiell Bestandteil des kulturellen Repertoires, werden jedoch in Sozialbeziehungen und Netzwerken für deren Strukturierung in Anwendung gebracht (Fuhse 2013). Dabei können diese Beziehungs-Frames in verschieden Netzwerkdomänen durchaus mit unterschiedlichen Bedeutungen belegt werden und zu jeweils eigenen Netzwerkkonstellationen führen (Yeung 2005).

Hinzu kommen unseres Erachtens soziale *Kategorien* wie Geschlecht oder ethnische Herkunft. Diese spielen in Whites frühem Konzept der „Catnets" eine zentrale Rolle, tauchen aber in *Identity and Control* nicht wieder auf. Dafür führen andere Autoren wie Charles Tilly das Konzept in der relationalen Soziologie weiter. Soziale Kategorien grenzen Identitäten in Netzwerken sinnhaft voneinander ab (Tilly 1998, S. 62 ff.). Dies erlaubt und legitimiert deren Ungleichbehandlung (Diskriminierung). Dadurch werden nicht nur Ressourcen bevorzugt an Mitglieder privilegierter Kategorien verteilt. Auch soziale Netzwerke richten sich entsprechend aus, etwa indem die Bildung persönlicher Beziehungen innerhalb einer ethnischen Kategorie wahrscheinlich wird und die über Kategorien hinweg unwahrscheinlich (Fuhse 2012b; Wimmer 2013). Dafür braucht es unter anderem Erzählungen (Stories), in denen die Kategorie konstruiert und die damit verbundene Ungleichbehandlung begründet wird (Tilly 1998, S. 43 f.; Smith 2007). Umgekehrt ist die Reproduktion von Kategorien auch davon abhängig, dass Netzwerke effektiv nach ihnen geordnet sind – ansonsten verlieren sie an Evidenz und Salienz und werden möglicherweise von anderen Kategorien abgelöst (Gould 1995, S. 13 ff.).

Allerdings gehen Kategorien nicht immer mit relativ dichten Netzwerken zwischen den Mitgliedern einher. Vielmehr können Kategorien auch Verhältnisse struktureller Äquivalenz markieren (siehe Kap. 3.2). So heiraten etwa Männer und Frauen vor allem einander; und Klienten sind nur mittelbar über ihre Patrone miteinander verbunden. In diesen Fällen kennzeichnen die Kategorien bestimmte Rollen in der Sozialstruktur, die auf spezifische Weise mit anderen Rollen verknüpft sind. Wenn – wie beim Geschlecht oder beim Verhältnis zwischen den Generationen – allgemeine kulturelle Erwartungen an solchen Rollenkategorien heften, kann man auch von diesen als Institutionen sprechen (Fuhse 2012a).

Zunächst ausgeblendet bleibt dabei die *Dynamik* sozialer Strukturen, weil alle genannten Begriffe prinzipiell stabile Formationen kennzeichnen. White zufolge entsteht Dynamik vor allem aus dem *„Wechsel"* (Switching) zwischen Netzwerk-Domänen. Und diese Dynamiken werden dann in Erzählungen beobachtet, die ja für eine Strukturierung von Beziehungen und Netzwerken sorgen. Der Switching-Begriff bleibt allerdings relativ ungenau (siehe auch das Interview mit White im Anhang). Andere Autoren benutzen hier den Handlungs-, den Interaktions- oder auch den Kommunikationsbegriff. All diese Konzepte markieren grundlegende soziale Prozesse, die sowohl für eine Reproduktion bestehender sozialer Strukturen als auch für deren Wandel sorgen können.

8.4 Verbindungen mit anderen Ansätzen

Mit der Fundierung von Prozessen in Netzwerken mit dem Handlungs-, dem Interaktions- oder dem Kommunikationskonzept sind wir bereits bei möglichen Verbindungen von White mit anderen Theorieangeboten. Whites Theorie wirkt sowohl unabgeschlossen als auch unverbunden zu den etablierten Grundbegriffen der soziologischen Theorie.[3] Beides lädt zu Kombinationen mit anderen Ansätzen geradezu ein. Bei der Bewertung solcher Verknüpfungsangebote muss man prinzipiell unterscheiden danach, ob a) eine bestimmte Verbindung sinnvoll ist, und b) ob diese der Intention von Whites Theorie entspricht.

Unseres Erachtens sollten Whites Überlegungen nicht möglichst theoriegetreu musealisiert werden, sondern im Sinne von (a) kreativ ausgetestet und weiterentwickelt werden. Dieser „lockere" Umgang mit der Theorie hat sich bisher als fruchtbarer erwiesen als deren strikte Anwendung. Allerdings maßen wir uns hier nicht an, alle möglichen Verbindungs- und Erweiterungsvorschläge abschließend zu bewerten. Eher geht es uns darum, Whites Theorie in der Auseinandersetzung mit anderen Perspektiven klarer zu umreißen. Deshalb fragen wir hier eher im Sinne von (b), inwiefern verschiedene Verbindungsvorschläge kompatibel mit der Grundarchitektur bei White sind.

---

[3] Eine Ausnahme hierzu bildet Whites späte Auseinandersetzung mit Luhmanns Sinn- und Kommunikationsbegriff (siehe Kap. 7.4).

Im deutschen Sprachraum argumentiert eine Reihe von Autoren für eine Fundierung der relationalen Soziologie in der *Handlungstheorie* (Koenig 2008; Schützeichel 2012a; Nagel 2012; Wagner 2012, S. 29 ff.). White selbst liefert hierfür zwei
Ansatzpunkte: erstens im extrem missverständlichen Untertitel der ersten Auflage
von *Identity and Control*: „Towards a Structural Theory of Action" (1992). Unseres Wissens hat sich White nie systematisch mit Handlungstheorie in der Tradition
von Max Weber auseinandergesetzt und auch wenig Gemeinsamkeiten mit der
am Handlungsbegriff ansetzenden Theorie des soziologischen Zentralgestirns der
1960er an der Harvard University, Talcott Parsons, gefunden. White ging es immer
vor allem um die formal-abstrakte Modellierung sozialer Strukturen, weniger um
ein vom Individuum ausgehendes Verständnis. Unter „Action" versteht er denn
auch eher soziale Dynamik (1992, S. 230 ff.). Ihn interessiert die Frage, wie soziale
Strukturen offen bleiben für Irritationen und Veränderung, wobei diese nicht von
Individuen herrühren müssen.

Andererseits beginnt White sein Theoriegebäude mit der Betrachtung, dass Individuen miteinander um Kontrolle ringen. Dies ist durchaus ein handlungsthe-
oretischer Ansatzpunkt, in dem Akteure als innengetriebene Träger des Sozialen
erscheinen. Schnell und relativ unvermittelt wechselt er allerdings die Blickrich-
tung und fragt eher konstruktivistisch: Wie führt die Beobachtung dieser Kontrollprojekte in Erzählungen zur Ausbildung sozialer Strukturen (Netzwerke, Stile,
Disziplinen)? Diese Orientierung an der Beobachtung von Handlungen in Folge-
handlungen (bzw. Folgekommunikation) wird in unterschiedlichen Varianten von
Jan Fuhse (2009a, 2015) und von Rainer Schützeichel (2012b) vorgeschlagen. Sie
führt aber weg vom engeren Programm einer handlungstheoretischen Modellierung von Netzwerken.

Auch wenn White primär einen konstruktivistischen Blickwinkel einnimmt,
bleibt natürlich eine streng handlungstheoretische Modellierung von Prozessen in
Netzwerken möglich. Leider wird in der Debatte teilweise holzschnittartig vorgetragen, dass es der relationalen Soziologie an einem Modell für *Erklärungen*
oder *Mechanismen* fehle und dass dieses Manko allein mit dem Verweis auf individuelle Entscheidungsprozesse zu lösen sei. Tatsächlich formuliert nicht White,
sondern Charles Tilly die Alternative von relationalen bzw. transaktionalen Mechanismen (Exkurs 11). In diesen steht nicht die individuelle Handlung, sondern
die Relationierung von Akteuren in überpersönlichen Transaktionsprozessen im
Mittelpunkt. Dies erscheint angesichts des primär analytisch und formal ansetzenden Forschungsinteresses von White und der Autoren um ihn herum passender und
auch besser mit seiner konstruktivistischen Perspektive kompatibel.

Allerdings finden sich bei Ronald Burt (1982), James Coleman (1990), Thomas
Schweizer (1996), Peter Hedström (2005) und Jörg Rössel (2005) bereits Vorschlä-

ge für eine handlungstheoretische Fundierung von sozialen Netzwerken. Diese kämpfen mit drei grundsätzlichen Problemen: Erstens wirken Netzwerke sowohl als *Opportunitäten* und *Einschränkungen* wie auch über die in ihnen verbreiteten kulturellen *Deutungsmuster* auf die individuelle Handlungsentscheidung. Zweitens müssen für unterschiedliche (strukturell äquivalente) *Positionen* im Netzwerk *verschiedene Handlungsmöglichkeiten und -rationalitäten* modelliert werden. Und drittens führen diese sehr unterschiedlichen Handlungen im Netzwerk zu neuen *relationalen Konstellationen*, die sich nicht einfach durch *Aggregation* von Einzelhandeln ergeben (wie z. B. Scheidungsraten). Der Netzwerkforschung wäre vermutlich mit Versuchen, diese Schwierigkeiten am empirischen Beispiel zu meistern, mehr gedient als mit dem abstrakten Einfordern solcher Modellierungen.

In der anglo-amerikanischen Soziologie wird eher für eine Verbindung mit Pragmatismus oder symbolischem Interaktionismus argumentiert. Beide bilden dort die wichtigsten Ansätze für eine Berücksichtigung von Sinn in der Soziologie. Schon Mustafa Emirbayer votiert für die Kombination mit dem *amerikanischen Pragmatismus*. So greift er im „Manifesto" auf das Konzept der „*Transaktionen*" von John Dewey und Arthur Bentley für die Basisprozesse in Netzwerken zurück (1997, S. 283 ff.). Dabei werden Transaktionen ähnlich Georg Simmels „Wechselwirkungen" und prinzipiell überpersönlich gedacht – Individuen erscheinen eher als Spielbälle denn als Triebfeder des Sozialen (Dewey und Bentley benutzen hierfür das Beispiel von aufeinander reagierenden Billard-Kugeln). Ähnliche Überlegungen finden wir bei Charles Tilly, der ebenfalls den Transaktionsbegriff benutzt (2005, S. 6 f., 2008, S. 26 ff.). Der amerikanische Pragmatismus fokussiert zumeist auf die subjektive Sinnverarbeitung, auch in der Erkenntnistheorie (die die individuelle Erfahrung zum primären Ausgangspunkt macht). Deweys und Bentleys späte Konzeption von Transaktionen erscheint eher als Ausnahme, allerdings prinzipiell sehr im Sinne der analytisch-distanziert ansetzenden Perspektive Whites.

Zumeist wird mit Bezug auf den Pragmatismus aber auf eine stärkere Betonung der *subjektiven Perspektive* gesetzt. So möchte ja Emirbayer (in scheinbarem Widerspruch zum Transaktionskonzept) die Netzwerkforschung durch einen Bezug auf Kultur ergänzen, weil er deren Rolle in der Ermöglichung von menschlicher „Agency" sieht (Emirbayer und Goodwin 1994). Emily Erikson sieht die Berücksichtigung von Sinn in der relationalen Soziologie ebenfalls in der Tradition des Pragmatismus und hierin auch eine angemessene Behandlung des Structure-Agency-Problems (2013). John Levi Martin schließlich kritisiert White für die mangelnde Berücksichtigung der „First-Person-Perspective" und argumentiert für eine pragmatistisch fundierte Erkenntnistheorie (2001, 2011). Die Konturen dieser Alternative bleiben allerdings noch etwas unklar. White und die meisten der Autoren um ihn scheinen eher einen konstruktivistisch informierten kritischen Rationalismus in der Tradition von Karl Popper zu verfolgen.

Der Sinnbezug des Pragmatismus wurde in der Soziologie vor allem vom *symbolischen Interaktionismus* (SI) aufgenommen. Er wird dort (von Autoren wie George Herbert Mead, Herbert Blumer und Erving Goffman) aber stärker mit sozialer Interaktion verknüpft. Vorschläge für eine Verbindung aus SI und relationaler Soziologie erscheinen entsprechend konsequent. Wir finden Ansätze dafür bei Stephen Brint (1992), bei Andrew Abbott (1997) und am stärksten ausgearbeitet bei Nick Crossley (2011). Die Bedeutung von Pragmatismus und SI für die amerikanische Soziologie ist kaum zu überschätzen. Entsprechend kann man davon ausgehen, dass Whites Formulierungen selbst und auch viele der in seinem Umfeld entstandenen Arbeiten von diesen Ansätzen beeinflusst wurden.

Schon bei Mead, Blumer, Tamotsu Shibutani, Howard Becker und vielen anderen stehen Symbolwelten und Interaktionsstrukturen in engem Zusammenhang. Allerdings geht der SI lange von relativ homogenen „Gruppen" als den vorwiegenden Strukturen von Interaktion aus. Erst spät wenden sich Autoren wie Gary Alan Fine dem Netzwerkkonzept zu und eröffnen sowohl dem SI als auch der Netzwerkforschung fruchtbare Verknüpfungen (Fine und Kleinman 1983; Fuhse 2006). Entsprechend sinnvoll und vielversprechend ist die Verbindung mit der relationalen Soziologie. Allerdings übernimmt der SI vom Pragmatismus den Fokus auf die subjektive Sinnverarbeitung. Diese taucht in der relationalen Soziologie prinzipiell nicht auf, da diese sich auf beobachtbare Strukturen und Prozesse konzentriert. Eine an Pragmatismus und symbolischem Interaktionismus orientierte Erweiterung der relationalen Soziologie muss wiederum subjektive Verarbeitungsprozesse in Zusammenhang mit kommunizierten Sinnformen und sozialen Netzwerkstrukturen bringen – eine Aufgabe, die theoretisch leichter umzusetzen ist als in der konkreten empirischen Forschung.

Individuelle Kognitionen und Sinnverarbeitung spielen auch bei dem Vorschlag von Roger Häußling eine wichtige Rolle, der relationale Soziologie mit Überlegungen aus der *philosophischen Anthropologie* kombiniert (2006, 2008). In Häußlings Vierebenenkonzept tauchen neben dem Netzwerk und der Semantik bzw. Kultur auch die Bewusstseinsprozesse der Beteiligten auf. Im Sinne der philosophischen Anthropologie wären Netzwerke soziale Strukturen, in denen das Mängelwesen „Mensch" Halt und Orientierung findet. Weitere mögliche Verbindungen in diese Richtung ergeben sich bei der Ordnungsbildung in sozialen Konstellationen (Lindemann 2012) und mit den Konzepten von Rolle und Institution (Fuhse 2012a).

Zuletzt votierten außerdem Sophie Mützel (2009) und Henning Laux (2009, 2014) für eine Verbindung der relationalen Soziologie mit Grundgedanken der *Akteur-Netzwerk-Theorie* (ANT) von Bruno Latour und Michel Callon. Diese Kombination liegt nahe, da die ANT (wie die relationale Soziologie) soziale Konstellationen mit dem Netzwerkbegriff markiert und auf beobachtbare Verknüpfungen zielt. Mützel und Laux gelangen zu unterschiedlichen Einschätzungen hinsichtlich zweier grundlegender Divergenzen: Erstens sieht die ANT auch Objekte (wie etwa Hotelschlüssel) als „Aktanten" in Netzwerken mit menschlichen Akteuren verbunden. Dabei werden deren „Handlungen" im Sozialen grundlegend anders als die von Individuen oder Organisationen beobachtet – nämlich nicht im Modus des Story-Telling, der ja Identitäten erst in Erzählungen verbindet. Zweitens interessiert sich die ANT vor allem für materiell-praktische Assoziationen zwischen menschlichen und nicht-menschlichen Aktanten und weniger für die sinnhafte Konstruktion von Sozialbeziehungen.

Eine Verbindung zu Niklas Luhmanns *Systemtheorie* wird von White ja selbst angedacht (siehe Kap. 7.3 und 7.4). Entsprechend häufig versuchen sich andere Autoren – teilweise schon vor White – an dieser Kombination. Dabei scheint die Verbindung zur Kommunikationstheorie leichter zu fallen: Soziale Netzwerke bilden sich als Eigenstrukturen des Kommunikationsprozesses und prägen diesen in der Folge (Baecker 2005; Holzer 2006, S. 100 ff.; White et al. 2007; Fuhse 2009a; Schmitt 2009, S. 187 ff.; siehe Exkurs 17). Einzelne Sozialbeziehungen lassen sich auch als autonome Kommunikationssysteme modellieren (Fuhse 2002; Holzer 2010).

Schwieriger gestaltet sich jedoch die Verbindung zu Luhmanns Funktionssystemen. Soziale Netzwerke lassen sich sowohl innerhalb von Funktionssystemen beobachten als auch systemübergreifend etwa als Korruption (Holzer 2008; Bommes und Tacke 2011). White schlägt vor, Funktionssysteme als „Kontrollregimes" und damit als stärker verfestigte Institutionen zu fassen (siehe Kap. 7.3; Fontdevila et al. 2011). Ein konsensfähiger Theorieentwurf lässt sich zum Verhältnis von Netzwerken und Funktionssystemen noch nicht verzeichnen. Dies liegt wohl auch an der Grundarchitektur von Luhmanns Funktionssystemen. Diese sind mit ihrer Architektur aus Code, Medium und Programm so gebaut, dass Identitäten, soziale Beziehungen und Konstellationen höchstens eine untergeordnete Rolle spielen.

Besser sieht es in dieser Hinsicht mit dem *Feldbegriff* aus. Felder bestehen in der Tradition der Gestaltpsychologie aus den sozialen Konstellationen von Akteuren (Martin 2003). Attribute und Dispositionen der Akteure werden dabei weitgehend ausgeblendet. Pierre Bourdieu folgend lassen sich gesellschaftliche Bereiche wie die Ökonomie, die Politik, die Kunst und die Wissenschaft als Felder modellieren (Bourdieu und Wacquant 1992, S. 71 ff.). In seiner Verbindung aus Bourdieu und White argumentiert Paul DiMaggio dafür, die sozialen Konstellationen in Feldern mit der Blockmodellanalyse zu untersuchen (1986; siehe Exkurs 12). Dieser Grundintention folgen zunächst Autoren um DiMaggio wie Helmut Anheier (Anheier et al. 1995) und John Mohr (siehe Exkurs 13). Später wird das Denken in Feldern auch von Ronald Breiger (2000), John Levi Martin (2003), Wouter de

Nooy (2003), Walter Powell (Powell et al. 2005), Jens Beckert (2010) und Wendy Bottero und Nick Crossley (2011) aufgenommen. Wie sich dabei zeigt, lässt sich die Feldtheorie leichter mit der Netzwerkforschung verbinden als die Systemtheorie. Allerdings bleibt dies häufig auf der deskriptiven Ebene. Die Systemtheorie könnte möglicherweise eher zu netzwerkanalytisch überprüfbaren Hypothesen führen (Fuhse 2009b).

Aus diesen Erläuterungen ergibt sich das Bild eines relational-dynamischen Forschungsprogramms, das die Aktualität der von White entwickelten theoretischen Konzepte unterstreicht. Dieses Programm stützt sich zum einen auf die weitreichenden und interdisziplinär anschlussfähigen Erkenntnisse und Erfolge der Netzwerkforschung und verbindet diese zum anderen mit den bedeutenden Entwicklungen innerhalb der soziologischen Theorie, die eine stärkere Integration der Bedeutungs- oder Sinnebene betreiben und letztlich auf dynamische bzw. prozessuale Formen der Analyse sozialer Formen abstellen. Damit gelingt auf neue Weise eine für die Sozialwissenschaften paradigmatische Verknüpfung quantitativer und qualitativer Analysetechniken.

An diesem Programm ist jedoch weiter zu feilen. Weder ist die Theorieentwicklung mit den Konzepten Whites abgeschlossen, noch ist die Tragweite des Ansatzes durch empirische Forschungen auch nur ansatzweise umrissen. Gerade daraus aber speist sich die Aktualität der hier präsentierten Konzepte als einem work-in-progress an der Etablierung eines relationalen Forschungsprogramms für die Sozialwissenschaften.

Anhang: Interview mit Harrison White

Wir ergänzen unsere Einführung und Interpretation von Whites Perspektive um eine direkte Auseinandersetzung. Im März 2011 (kurz nach seinem 81. Geburtstag und vor seiner offiziellen Emeritierung) führten wir ein mehrstündiges Interview mit ihm in zwei Teilen im Department of Sociology der *University of Arizona* und in seinem Haus in Tucson. Im Folgenden präsentieren wir Auszüge aus dem mehrstündigen Interview in übersetzter und leicht umsortierter Fassung.

Frage: Als Sie 1963 an die Harvard University kamen, dominierten dort Talcott Parsons und der Strukturfunktionalismus. Lässt sich Ihre Theorieentwicklung als eine Antwort auf Parsons lesen?

White: Parsons erschien mir nie sehr wissenschaftlich. Das hängt wahrscheinlich mit meiner Ausbildung in Physik am MIT zusammen. Ich war mehr überzeugt von Karl Deutsch, der mehr empirisch („data-driven") orientiert war.

Frage: Deutsch war jedoch kein Netzwerkanalytiker. Weshalb interessierten Sie sich gerade für Netzwerke als soziales Phänomen?

White: Ich komme ja aus dem elektrischen Ingenieurwesen und dann später aus dem Operations Research, und da spielen Stochastik und Netzwerke eine Rolle. Aber ich war kein Netzwerkanalytiker, mich interessierte mehr die Frage, wie sich soziale Phänomene erklären lassen. Ich wollte bei Null anfangen und nicht bei Parsons oder Homans.

Homans hätte sicher mehr genutzt. Damals waren ja weniger Netzwerke sondern Kleingruppen im Fokus der Forschung. Meine ersten Forschungen über Verwandtschaft waren sowohl linguistisch als auch auf Netzwerke hin orientiert. Ich war immer problemorientiert und nicht speziell auf Netzwerke hin orientiert in meinen Arbeiten innerhalb der Organisationsforschung. Aus meiner Sicht ergab zum Beispiel die Analyse der Netzwerke kleiner Gruppen bei den Impressionisten, dass nicht Netzwerke und nicht kleine Gruppen entscheidend

© Springer Fachmedien Wiesbaden 2015
M. Schmitt, J. Fuhse, *Zur Aktualität von Harrison White*, Aktuelle und klassische Sozial- und Kulturwissenschaftler|innen, DOI 10.1007/978-3-531-18673-3

waren, sondern „institutional systems". Für mich war immer das Suchen interessanter Probleme die Hauptaufgabe der Soziologie. Daher auch mein Interesse
an Luhmann, der immer auf der Suche nach Problemen ist.

Frage: Noch einmal zum Kontrast zu Parsons: Würden Sie sagen, dass Sie sich
eher für empirisch beobachtbare Strukturen auf der sozialen Meso-Ebene interessieren, als für theoretisch abgeleitete soziale Strukturen auf der Makro-Ebene
der Gesellschaft?

White: Ja. Hier ist Luhmann Parsons viel ähnlicher als ich.

Frage: Während Parsons sich vor allem für das Phänomen sozialer Ordnung interessierte, kommen in ihrer Theorie sehr viel stärker sozialer Wandel und Abweichung zu ihrem Recht. Würden Sie da zustimmen, soziale Ordnung versus
Unordnung?

White: Das entsprach nicht etwa nur meinen theoretischen Vorlieben. Aus meiner Sicht musste man dort beginnen, denn das soziale Leben ist einfach unordentlich („Life is a mess."). Diese klare soziale Ordnung der Gesellschaft gibt
es nicht. Deswegen interessiere ich mich besonders für Organisation auf der
Meso-Ebene – für mich die einzig wahre Ebene der Soziologie. Wie beobachtet
man hier Kerne von Ordnung und trägt gleichzeitig der allgemeinen Unordnung
Rechnung?

Frage: Was halten Sie von James Colemans Mikrofundierung soziologischer Erklärungen, also der Auffassung, dass sich jedes soziale Phänomen auf die Hand-
lungsselektionen der beteiligten Individuen zurückführen lassen muss?

White: Coleman war absolut brillant, aber er verschwendete ein Menge Zeit mit
ideologischen Fragen, wie der Fundierung der soziologischen Theorie im „ra-
tional-choice-model". Seine *Foundations [of Social Action]*[1] habe ich gar nicht
richtig gelesen – ich konnte einfach den Punkt nicht sehen, warum man darum
so viel Aufhebens machen müsste. Vielleicht hätte er sich aus dieser Sackgasse
befreien können, aber er starb ja sehr früh an Krebs. Coleman hat schon wichtige Dinge geleistet, etwa für die stochastische Modellierung in den Sozialwissenschaften. Er war ja auch ein mathematischer Soziologie, so wie ich. Obwohl,
eigentlich möchte ich mich nicht so bezeichnen.

Frage: Kommen wir zu Ihren frühen Arbeiten zu Blockmodellen und struktureller
Äquivalenz, mit denen aus den relationalen Daten induktiv soziale Strukturen
abgeleitet werden. Kann man mit Blockmodellen soziale Phänomene auch erklären oder nur Strukturmuster beschreiben?

White: Man kann sicher auch Hypothesen testen, wenn die Strukturen klar genug
vorliegen. Man muss experimentieren und explorieren und dann Glück haben.

---

[1] Eckige Klammern markieren hinzugefügte Erläuterungen des Bezugs von Äußerungen.

Viele Leute interessieren sich nur für die technischen Feinheiten, machen Regressionsanalysen und andere mathematisch anspruchsvolle Dinge und verlieren dabei das wichtige aus den Augen: die interessanten sozialen Phänomene. Diese sollten als Problem im Zentrum stehen.

Es gab gute Gründe für mich, Verwandtschaftsverhältnisse bei den Aborigines zu studieren, denn es gab viel gute Feldforschung und die Aussicht klare Strukturen beobachten zu können. Aber man kann sich nie sicher sein, in einem Gebiet so klare Strukturen zu bekommen. In der Kunst ist es mir zum Beispiel nicht gelungen, obwohl die Aussichten eigentlich gut waren. So kann man die Erklärungskraft von Blockmodellen schlecht vorhersagen. Aber dafür fand ich hier die Anhaltspunkte für die Fruchtbarkeit institutioneller Analysen.

Frage: Strukturelle Äquivalenz und Blockmodelle zielen auf die Beschreibung der Struktur von Gesamtnetzwerken und damit auf die Erklärung des Verhaltens sozialer Strukturen und nicht des Verhaltens einzelner Individuen innerhalb der Netzwerke.

White: Der zweite Teil des Satzes ist wahr. Man kann damit nicht das Verhalten einzelner erklären. Am ersten Teil ist jedoch der Eindruck falsch, man könnte Netzwerke in ihrer Gesamtheit klar abgrenzen. Das ist praktisch fast nie möglich. Das Wesentliche an Netzwerken ist, dass sie immer weitergehen, sich mehr und mehr ausbreiten, sich nicht begrenzen lassen.

Frage: Die Grundidee hinter struktureller Äquivalenz besagt, dass Netzwerke durch Rollenkategorien strukturiert sind. Kommen diese Kategorien nur aus den Netzwerken selbst oder können sie auch von außen vorgegeben sein (wie z. B. Geschlecht oder Ethnie)?

White: Es kann in beide Richtungen gehen. Man muss strukturelle Äquivalenz nutzen, wenn man über soziale Rolle sprechen will. Das ganze Konzept macht ohne strukturelle Äquivalenz keinen Sinn. Man muss sich aber nicht für eine Seite entscheiden. Man muss offen bleiben für neue Ideen aus neuen Richtungen und nicht in die Falle tappen, sich auf eine festlegen zu müssen. Man kann Soziologie nicht innerhalb eines netten abgeschlossenen sauberen Rahmens betreiben, denn das entspricht eben nicht der Unordnung der sozialen Welt.

Frage: Stephen Brint hat argumentiert, dass die Blockmodell-Analyse immer schon einen Fokus auf die Sinnebene, die Ebene der sozialen Bedeutungen wirft. Glauben Sie, dass *Identity and Control* eine konsequente Weiterführung dieser frühen Ideen darstellt oder markiert es doch einen schärferen Bruch mit diesen früheren Überlegungen?

White: Es ist immer noch ein unabgeschlossenes Programm. Aber sicher ist es eine Weiterführung dieser frühen Ideen. Brint liegt sicher richtig mit seiner Einschätzung.

Frage: Inwiefern ist ihre „kulturelle Wende", wenn wir sie so nennen wollen, ihre
stärkere Hinwendung zur Bedeutungsebene von der Auseinandersetzung mit
Pierre Bourdieu beeinflusst? In welcher Weise beziehen Sie sich auf seine Konzepte der sozialen Praxis und sozialen Felder? Und welche Rolle spielt Paul
DiMaggio, der die Auseinandersetzung mit Bourdieu in den USA eingeführt
und stark vorangetrieben hat?

White: Das erinnere ich nicht mehr so genau. Ich stieß auf Bourdieu in der Auseinandersetzung mit Doktoranden [wie DiMaggio], und er machte einfach richtig
gute Soziologie. Man muss ihm gar keine große Theorie zuschreiben, weil er
einfach sehr spannende Untersuchungen vorlegt, aus denen man viel mitneh-
men kann. Vielleicht gibt es so etwas wie eine kulturelle Wende bei mir. Aber
es gibt keinen klaren Bruch. Die Ebene der Bedeutung war immer da, jedoch
vielleicht etwas versteckter.

Frage: Kommen wir nun direkt auf *Identity and Control* zu sprechen. Schon der
Titel betont Identität und Kontrolle als grundlegende Prinzipien. Inwiefern sind
sie grundlegender als andere Konzepte wie Netzwerk, Erzählung, Disziplin, Institution, Kontextwechsel, Sinn etc.?

White: Das ist vielleicht mehr eine Frage des Geschmacks. Netzwerke haben an
sich nicht genug eigenes theoretisches Potential. Was geht in den Netzwerken
vor sich? Identität und Kontrolle sind die dynamischen Elemente. Alles andere sind Nebenprodukte. Identität und Kontrolle erschienen mir sinnvoll als
Ausgangspunkte. Sie gehen immer zusammen, obwohl sie nicht dasselbe sind.
Identität ist nicht Kontrolle und Kontrolle nicht Identität. Aus diesen beiden
kann man alles aufbauen. Man kann sie eventuell sogar für andere Netzwerke
(etwa neuronale Netzwerke) benutzen.

Frage: Lassen sich Formen der Kontrolle genauso typisieren wie die fünf Formen
der Identität? Unterscheiden sich zum Beispiel Kontrollformen danach, ob sie
sich auf Positionierung in einem Netzwerk richten oder ob es sich um nachträg-
liche Rationalisierungen handelt? Oder sind die fünf Bedeutungen des Identitätsbegriffs von den gleichen Kontrollversuchen erzeugt?

White: Das ist eine gute Frage. Darauf habe ich keine sofortige Antwort. Jede Frage, auf die man nicht gleich eine Antwort findet, erfordert empirisches Arbeiten.

Frage: Entspringen Kontrollprojekte einzelnen Identitäten oder bezieht sich der
Kontrollbegriff immer eher auf die Wechselwirkung zwischen den Identitäten,
als auf ihre Relationierung?

White: Eher auf die Wechselwirkung zwischen Identitäten. Man kann sich sicher
Beispiele für den ersten Fall überlegen, aber das sind Ausnahmen. Kontrolle ist
immer ein hin und her, und deshalb sind Netzwerke so wichtig.

Frage: Sie sprechen von der dritten Form von Identität als einer Spur [„trace"] der Bewegung durch unterschiedliche Netzwerkdomänen. Wie kommt es zu dieser Spur und wie kann man ihr folgen?

White: Zum einen durch Kommunikation, Gedächtnis und Handeln. Spur meine ich in einem phänomenologischen Sinne. Es passiert, und man kann es beobachten.

Frage: Wo sehen Sie die größten Unterschiede zwischen der ersten und der zweiten Auflage von *Identity and Control*?

White: Das kann ich nicht so genau sagen. Die zweite Auflage wurde mit einer Reihe von Ko-Autoren geschrieben. Die offensichtlichste Umstellung, über die ich immer noch nachdenke und auch verwundert bin, ist: In der ersten Auflage habe ich mit Disziplinen angefangen. In der zweiten Auflage habe ich dann die Netzwerke viel stärker in den Fokus gerückt. Ich kam also zurück auf Netzwerke. Ich war zunächst unglücklich mit der zunehmend rein technischen und mechanistischen Verwendung des Netzwerkbegriffs. Disziplinen erschienen mir daher 1992 als ein besserer Ausgangspunkt, weil in ihnen mehr Bedeutung und Bewegung zu modellieren ist. Aber später konnte man den Netzwerkbegriff stärker gegenüber seiner mechanistischen Interpretation öffnen, und er ist einfach sehr viel breiter angelegt als das Disziplinen-Konzept.

Der Nachteil von Disziplinen besteht darin, dass sie zwar nicht streng begrenzt sein sollen, aber dennoch als klar abgegrenzt wahrgenommen werden. Der Vorteil der Disziplinen ist jedoch, dass sich hier so etwas wie Wechsel zwischen Netdoms viel einfacher modellieren lassen als in den unabgeschlossenen Netzwerken.

Netdom-Wechsel ist als Begriff einfach zu sagen. Aber es ist eine wahnsinnig komplizierte Sache, das zu modellieren. Und man braucht Leute wie Douglas White, John Padgett oder William Powell, um das mit Computertechnologie zu simulieren, um zu Ergebnissen zu kommen. Und wenn man dann noch Sprache in die Gleichung miteinbezieht, kommt alles zusammen, und es wird sehr, sehr unordentlich.

Frage: Wie wichtig waren in der Entwicklung von der ersten zur zweiten Auflage die Arbeiten von Ann Mische und David Gibson? Insbesondere da die beiden nun sehr zentralen Begriff des Stils (Mische) und des Kontextwechsels (Gibson) sehr eng mit diesen Namen verbunden sind.

White: Ich denke beide Begriffe sind bei mir auch schon in den 90er Jahren prominent. Aber ich denke, dass gerade der Stilbegriff nun für mich viel wichtiger geworden ist, und das hat viel mit den Arbeiten von Ann Mische zu tun. Ihre Arbeiten machten es möglich, sehr viel genauer zu zeigen, wie sich Netdom-Wechsel zu Stilen verdichten können. Auch David Gibson war sicher sehr wichtig für diese Weiterentwicklung, aber auch die Arbeiten von Sophie Mützel und meine Zusammenarbeit mit Frédéric Godart. Viele sind an den Ideen beteiligt, da sie häufig in Gruppendiskussionen geboren werden. Daher stört es mich immer ein wenig, wenn mir diese Ideen zugeschrieben werden. Das war übrigens auch bei den frühen Ideen wie der Blockmodell-Analyse schon so. Sie ist ein Ergebnis von Identität und Kontrolle in Gruppen. Deswegen kann man die Ideen nicht individuell zuschreiben.

Frage: Wir haben nun einige Fragen zum Verhältnis von Kommunikation und Kontextwechseln. Was sind die Prozesse, die diese Kontextwechsel tragen? In neueren Artikeln (mit Godart) werden Interaktionen erwähnt, während es im Artikel zur Auseinandersetzung mit Luhmann und auch schon bei den ersten Artikeln zum Kontextwechsel in den 90er Jahren unmittelbar Kommunikationsprozesse sind. Wie lassen sich Kommunikation und Kontextwechsel in Beziehung setzen?

White: Für mich sind Kontextwechsel und Kommunikation unterschiedliche Seiten derselben Sache. Kommunikation ist selbst ein stetiges Wechseln. Ich denke, dabei bin ich nicht weit entfernt von Luhmann. In *Soziale Systeme* sagt er ganz ähnliche Dinge, denke ich.

Frage: Sind diese Wechsel eine spezielle Form von Kommunikation?

White: Für mich ist es eher anders herum. Kommunikation ist eine besondere Form des Kontextwechsels. Wechseln ist das universellere Konzept. Ich spielte mit der Idee, „Nähen" statt „Wechseln" zu nehmen [„stitching instead of switching"]. Unerwarteter und unvorhergesehener Wandel. Ein Wandel der Perspektiven und des Kontextes. Identitäten können aus solchen Wechseln entstehen.

Frage: Sie definieren dieses Wechseln als das Hin- und Herspringen von Konversationen zwischen unterschiedlichen Netzwerkdomänen. Das kann einen Wechsel des Netzwerks bedeuten, wenn zum Beispiel ein Knoten in ein anderes Netzwerk wechselt bzw. eine andere Form von Beziehung ins Spiel gebracht wird. Oder es kann einen Wechsel der Domäne anzeigen, etwa wenn zwischen einem öffentlichen und einem privaten Thema gewechselt wird. Aber beides sind Formen des Wechselns?

White: Ja, aber sie sind immer aus diesen zusammengemischt. Es gibt nicht diese puren Netzwerk- oder Domänenwechsel. Beides geschieht zusammen.

Frage: Gibt es nicht-sprachliche Vollzüge von Wechseln? Z. B. wenn eine Person den Raum betritt?

White: Sicher.

Frage: Und wie produzieren diese Wechsel tatsächlich neue Bedeutungen oder neuen Sinn?

White: Sie produzieren das nicht, sie sind neue Bedeutung oder neuer Sinn. Wann immer Partner und Gegenstände der Unterhaltung gewechselt werden, kommt dabei etwas Neues heraus. Die Bedeutungen ändern sich. Das ganze darf aber nicht zu sauber gedacht werden. Dabei spielen auch immer Gedanken an andere eine Rolle. Besser ist vielleicht sogar „twitching" [zupfen, zurechtrücken].

Frage: Wie können wir diese Wechsel empirisch untersuchen? Wie sollen wir vorgehen, um sie zu erforschen?

White: Man kann heute einfach ins Internet gehen und die Leute dabei beobachten, wie sie es tun. Man hat ein praktisch perfektes Luhmannsches Umfeld, in dem man gerade ablaufende Kommunikation in mehr oder weniger geschlossenen Kontexten beobachten kann.

Frage: Was ist die Beziehung zwischen den Konzepten des Wechselns und dem Konzept des „Getting Action" [dem Erzeugen von Dynamik]?

White: Diese Wechsel mögen eine Form des „Getting Action" sein, in einem sehr kleinen, sehr stark komprimierten Sinn. Aber Getting Action geht sehr viel weiter, denn es beinhaltet immer den Bruch mit dem wahrscheinlichen Verlauf der Dinge, dem, wie es eigentlich ablaufen sollte. Wenn ich über Getting Action rede, dann meine ich einen Kontext, in dem versucht wird, Dinge anders zu machen. Einen Kontext, der das ermöglicht.

Frage: Wir kommen jetzt zu einem anderen wichtigen Bereich Ihrer Theorie, dem Bereich, in dem es um Erzählungen, Netzwerke und Domänen geht. Sie definieren Domäne ja als die Ebene der Bedeutungen oder Regeln, die in einem Netzwerk oder für eine bestimmte Art von Beziehung gelten. Inwiefern unterscheidet sich der Begriff der Domäne von dem der Kultur?

White: Sie sind sehr ähnlich, aber der Domänenbegriff kommt mit weniger Ballast. Zur Kultur gehören so viele Dinge, die mit dem Begriff gleich mit angesprochen sind. Eine Kultur beinhaltet einfach so viel mehr, was man zur Beschreibung einer Domäne nicht unbedingt braucht.

Frage: Wenn wir Sie richtig verstehen, können Erzählungen sowohl dyadisch sein – also eine Beziehung zwischen zwei Identitäten im Netzwerk betreffen – als auch sich auf eine Vielzahl von Identitäten beziehen. Was könnte ein Beispiel für eine solche Geschichte sein, die viele Identitäten involviert? Wären Familien oder Institute an einer Universität gute Beispiele?

White: Es ist, glaube ich, besser, hier zu kleinen Gruppen zurückzugehen. Diese sind weniger durchsetzt von anderen sozialen Formen wie etwa Verwandtschaft. Es ist wichtig, entweder sehr klare oder sehr obskure Bereiche des Sozialen auszuwählen, um zu empirischen Ergebnissen zu können. Ansonsten wird man von der alltäglichen Unsauberkeit des sozialen Lebens einfach aufgesaugt.

Frage: Wie weit geht die Trennung von Domänen, Institutionen und Kontrollregimen. Sind das klar unterscheidbare Konzepte oder gibt es nicht eine beträchtliche Überschneidung?

White: Sie überlappen sich sicher. Domänen entscheiden aber nur sehr wenig darüber, wie Dinge ablaufen, üben eher wenig Kontrolle aus. Kontrollregime gehen da weiter. Sie sind mehr wie Disziplinen. Wobei Disziplinen interaktive Gebilde sind, bei denen sich die Identitäten beobachten können. Netzwerke sind hier anders, greifen weiter aus und überschreiten Grenzen. Disziplinen sind die Gegenseite dazu. Ein Kontrollregime kann sehr viele verschiedene Ebenen haben und liegt daher auf einer völlig anderen Skalierungsebene als Disziplinen.

Frage: Kommen wir noch einmal zum Stilkonzept. Stile sind Signale für Identitäten und zum anderen Profile von vollzogenen Wechseln. Wie sind diese zwei Seiten von Stilen zusammenzudenken?

White: Sie gehören zusammen. Wenn man einen Stil sieht, gehört beides zusammen. Ein Stil kommt dem dynamischen Profil einer Identität sehr nahe.

Frage: Wenn Identitäten routinemäßig über ihre Stile identifiziert werden, passiert das eher im Rahmen von bewusstem Wissen um relevante Verteilungen oder eher als praktischer sozialer Sinn wie bei Bourdieu?

White: Letzteres.

Frage: Sollten wir auf Identitäten oder auf Kommunikation schauen, um Stile zu analysieren?

White: Hauptsächlich können wir Stile in der Kommunikation beobachten. Wenn sie in Kommunikationen auftauchen, ist das gut für uns.

Frage: Was können wir tatsächlich mit dem Konzept Stil erklären?

White: Wir können erklären, was sich selbst konsistent erhalten, also reproduzieren kann. Man erkennt Barock, selbst wenn man es nicht mag – und zwar immer wieder. Der Stilbegriff enthält die ganze Zeitproblematik. Viele soziologische Kategorien konzentrieren sich auf den Raum und nicht auf die Zeit, obwohl die Zeit mindestens ebenso wichtig ist wie der Raum. All das ist sehr schwer zu analysieren, eben weil diese Dinge sehr kompliziert sind.

Frage: Stile können Netzwerke definieren – wie etwa der Impressionismus – und können so einer Domäne gleichgesetzt werden, oder es können mehrere Stile innerhalb einer Domäne vorkommen – wie etwa die besonderen Stile einzelner Künstler –, und man könnte diese dann vergleichen.

White: Eben das wird mit dem Stilbegriff erreicht, diese Vergleichsperspektive aufzumachen. Aber ich bin mit der Darstellung nicht ganz einverstanden, weil sie Domänen sehr unabgeschlossen erscheinen lassen kann. Aber Domänen sind meist sehr fokussiert.

Frage: Würde ihre Theorie vorhersagen, dass strukturell äquivalente Identitäten ähnliche Stile aufweisen?

White: Es gäbe sicher eine Tendenz in diese Richtung, aber nie komplett. Es gibt immer Abweichungen durch Friktion und Nischen, in die Kontrollversuche ausgreifen können. Man müsste diese Fragen an einem klaren empirischen Gegenstand untersuchen, weil es sonst viele mögliche Antworten gibt.

Frage: Zum Abschluss einige Fragen zur Zukunft der relationalen Soziologie: Wie können die Untersuchung von Sprache und Bedeutung zur soziologischen Netzwerkforschung beitragen?

White: Das müssen jeweils empirische Beispiele zeigen, sonst wäre die Antwort hypothetisch.

Frage: Sollten wir etwa mehr qualitative Methoden verwenden?

White: Ich sehe diese Unterscheidung als ein Missverständnis. Qualitative Methoden beziehen sich auf Gegenstände, die sich bislang einer quantitativen Analyse versperrt haben. Aber durch die immer stärkere Leistung von Computern, könnten hier sehr bald quantitative Zugänge möglich sein. Das ist nur ein gradueller, kein essenzieller Unterschied.

Frage: Sie insistieren darauf, den Kontext mehr zu kontextualisieren. Aber die Netzwerkanalyse lebt bislang davon, künstlich die Netzwerke zu begrenzen und nur den nahen Kontext zu berücksichtigen, den weiteren Kontext aber auszuschließen. Sollte dieser weitere Kontext eine wichtigere Rolle spielen?

White: Ich denke schon. Das passiert schon gerade. Durch bessere Software, etwa bei John Padgett.

Frage: Was halten sie von Bestrebungen wie der von Luhmann oder Bourdieu, den größeren gesellschaftlichen Zusammenhang darzustellen, um dann relevante Netzwerke auch besser lokalisieren zu können?

White: Das macht eine Menge Sinn. Das habe ich auch selbst versucht. Ich habe mich schon sehr früh für Luhmann interessiert – auch für Bourdieu – und war dann ja auch nach Bielefeld eingeladen. Luhmann führt [wie ich] die Sinnebene in seine Theorie ein. Aber für mich entsteht Bedeutung staccato-artig in der Form von Kontextwechseln, während Luhmann nicht diese dynamische Ebene im Blick hat. Aber Luhmann ist nicht einfach zu lesen, und er hat so viele Ideen, die sich überschneiden oder miteinander zusammenhängen.

Meine zentrale Beobachtung ist, dass die Systemtheorie ihm nicht geholfen hat. Er war besessen [„obsessed"] mit Systemen. Seine Funktionssysteme sind sehr plausibel. Aber wie sie sich überlagern und zusammenarbeiten, ist völlig unklar und sehr unordentlich. Sicher gibt es Systeme. Aber diese versteinerte Lesart ist ein großes Problem bei Luhmann. Und auch die Orientierung an [der Formtheorie von] Spencer Brown war kein sinnvoller Weg. Luhmann hatte so viele spannende Einsichten, die sich in seiner Arbeit verteilen, aber dann musste er sie in sie in diese Systemsprache einordnen. Aber er ist eine Art geistiger Verwandter, da er auch auf der Suche nach Problemen war. Probleme zu finden ist häufig und besonders in der Soziologie schwieriger, als sie zu lösen.

Literatur

Abbott, Andrew 1994: „Book Review: Identity and Control: A Structural Theory of Social Action. By Harrison C. White" *Social Forces* 72, 895–901.

Abbott, Andrew 1997: „Of Time and Space: The Contemporary Relevance of the Chicago School" *Social Forces* 75 (4): 1149–1182.

American Sociological Association 2011: „Harrison C. White Award Statement" http://www.asanet.org/about/awards/duboiscareer/White.cfm (abgerufen am 31.8.2012)

Anheier, Helmut/Jürgen Gerhards/Frank Romo 1995: „Forms of capital and social structure in cultural fields: examining Bourdieu's social topography" *American Journal of* Sociology 100, 859–903.

Argyle, Michael [1975] 2013: *Bodily communication*, London: Routledge.

Azarian, Reza 2005: *The general sociology of Harrison C. White: Chaos and Order in networks*, New York: Palgrave Macmillan.

Baecker, Dirk 1996: „Rezension Harrison C. White, Identity and Control. A structural theory of action" *Soziale Systeme* 2, 441–445.

Baecker, Dirk 2005: *Form und Formen der Kommunikation*, Frankfurt a. M.: Suhrkamp.

Baecker, Dirk 2007: Studien zur nächsten Gesellschaft, Frankfurt/Main: Suhrkamp.

Bales, Robert Freed 1950: *Interaction Process Analysis*, New York: Addison-Wesley.

Bearman, Peter 1993: *Relations into Rhetorics: Local Elite Social Structure in Norfolk, England, 1540-1640*, New Brunswick: Rutgers University Press.

Bearman, Peter 1997: „Generalized Exchange" *American Journal of Sociology* 102, 1383–1415.

Bearman, Peter/Katherine Stovel 2000: „Becoming a Nazi: A Model for Narrative Networks" *Poetics* 27, 69–90.

Bearman, Peter/Robert Faris/James Moody 1999: „Blocking the Future: New Solutions for Old Problems in Historical Social Science" *Social Science History* 23, 501–533.

Becker, Howard 1982: *Art Worlds*, Berkeley: University of California Press.

Beckert, Jens 2010: „How Do Fields Change? The Interrelations of Institutions, Networks, and Cognition in the Dynamics of Markets" *Organization Studies* 31, 605–627.

Bommes, Michael/Veronika Tacke (Hg.) 2011: *Netzwerke in der funktional differenzierten Gesellschaft*, Wiesbaden: VS.

Boorman, Scott/Harrison White 1976: „Social Structure from Multiple Networks. II. Role Structures" *American Journal of Sociology* 81, 1384–1446.

© Springer Fachmedien Wiesbaden 2015
M. Schmitt, J. Fuhse, *Zur Aktualität von Harrison White,* Aktuelle und klassische Sozial- und Kulturwissenschaftler|innen, DOI 10.1007/978-3-531-18673-3

Borgatti, Stephen 2007: „The State of the Art in Social Network Analysis" Proceedings of a Workshop on Statistics on Networks. National Academies Press.

Bottero, Wendy/Nick Crossley 2011: „Worlds, Fields and Networks: Becker, Bourdieu and the Structures of Social Relations" *Cultural Sociology* 5, 99–119.

Boudon, Raymond 1993: „Review: *Identity and Control.* by Harrison C. White" *Contemporary Sociology* 22, 311–314.

Bourdieu, Pierre/Loïc Wacquant 1992: *Réponses; Pour une anthropologie réflexive*. Paris: Seuil.

Boyd, John P. 1969: „The algebra of group kinship" *Journal of Mathematical Psychology* 6, 139–167.

Breiger, Ronald 1974: „The Duality of Persons and Groups" *Social Forces* 53, 181–90.

Breiger, Ronald 1976: „Career Attributes and Network Structure: A Blockmodel Study of a Biomedical Research Specialty" *American Sociological Review* 41, 117–135.

Breiger, Ronald 2000: „A Tool Kit for Practice Theory" *Poetics* 27, 91–115.

Breiger, Ronald 2005: „White, Harrison" in: George Ritzer (Hg.): *Encyclopedia of Social Theory; Volume 2*, Thousand Oaks: Sage, 884–886.

Breiger, Ronald 2009: „On the Duality of Cases and Variables: Correspondence Analysis (CA) and Qualitative Comparative Analysis (QCA)" in: David Byrne/Charles Ragin (Hg.): *The SAGE Handbook of Case-Based Methods*, London: Sage, 243–260.

Breiger, Ronald 2010: „Dualities of Culture and Structure: Seeing Through Cultural Holes" in: Jan Fuhse/Sophie Mützel (Hg.): *Relationale Soziologie*, Wiesbaden: VS, 37–47.

Breiger, Ronald/Scott Boorman/Phipps Arabie 1975: „An algorithm for clusterin relational data with applications to social network analysis and comparison to multidimensional scaling" *Journal of Mathematical Psychology* 12, 328–383.

Brint, Stephen 1992: „Hidden Meanings: Cultural Content and Context in Harrison White's Structural Sociology" *Sociological Theory* 10, 194–208.

Bruner, Jerome 2004: „Life as Narrative" *Social Research* 71, 691–710.

Burt, Ronald 1976: „Positions in Networks" *Social Forces* 55, 93–122.

Burt, Ronald 1980: „Models of Network Structure" *Annual Review of Sociology* 6, 79–141.

Burt, Ronald 1982: *Toward a Structural Theory of Action*, New York: Academic Press.

Burt, Ronald 1984: „Network Items and the General Social Survey" *Social Networks* 6, 193–339.

Burt, Ronald 1992: *Structural Holes*, Cambridge/Mass.: Harvard University Press.

Burt, Ronald 2004: „Structural Holes and Good Ideas" *American Journal of Sociology* 110, 349–399.

Calhoun, Craig 1993: „Review: *Identity and Control.* by Harrison C. White" *Contemporary Sociology* 22, 314–318.

Chase, Ivan 1980: „Social Processes and Hierarchy Formation in Small Groups: A Comparative Perspective" *American Sociological Review* 45, 905–924.

Coleman, James 1990: *Foundations of Social Theory*, Cambridge/Mass.: Belknap.

Collins, Randall 1998: *The Sociology of Philosophies*, Cambridge/Massachusetts: Harvard Belknap.

Collins, Randall 2005: „Foreword" in: Reza Azarian: *The General Sociology of Harrison White*, New York, Palgrave Macmillan, ix–xvi.

Crane, Diana 1972: *Invisible Colleges*, Chicago: University of Chicago Press.

Crossley, Nick 2011: *Towards Relational Sociology*, New York: Routledge.

Danko, Dagmar 2015: *Zur Aktualität von Howard S. Becker*, Wiesbaden: Springer VS.

Deutsch, Karl Wolfgang 1953: *Nationalism and Social Communication*, Cambridge/Mass.: MIT Press,

Deutsch, Karl Wolfgang 1963: The Nerves of Government, New York: Free Press of Glencoe,.

Diesner, Jana/Kathleen Carley 2010: „A methodology for integrating network theory and topic modeling and its application to innovation diffusion" *2010 IEEE Second International Conference on Social Computing (SocialCom)*,. IEEE.

DiMaggio, Paul 1979: „Review Essay: On Pierre Bourdieu" *American Journal of Sociology* 84, 1460–1474.

DiMaggio, Paul 1986: „Structural Analysis of Organizational Fields: A Blockmodel Approach" *Research in Organizational Behavior* 8, 335–370.

DiMaggio, Paul 1987: „Classification in Art" *American Sociological Review* 52, 440–455

DiMaggio, Paul/John Mohr 1985: „Cultural capital, educational attainment, and marital selection" *American Journal of Sociology* 90, 1231–1261.

DiMaggio, Paul/Walter Powell 1983: „The iron cage revisited: Institutional isomorphism and collective rationality in organizational fields" *American Sociological Review* 48, 147–160.

DiMaggio, Paul/Walter Powell (eds.) 1991: *The New Institutionalism in Organizational Analysis*, Chicago: University of Chicago Press.

DiMaggio, Paul/Michael Useem 1978: „Social class and arts consumption" *Theory and Society* 5, 141–161.

Donati, Pierpaolo 2011: *Relational Sociology; A New Paradigm for the Social Sciences*, New York: Routledge.

Doreian, Patrick/Vladimir Batagelj/Anuška Ferligoj 2005: „Positional Analyses of Sociometric Data" in: Peter Carrington/John Scott/Stanley Wasserman: *Models and Methods in Social Network Analysis*, New York: Cambridge University Press, 77–97.

Emirbayer, Mustafa 1997: „Manifesto for a relational sociology" *American Journal of Sociology* 103, 281–317.

Emirbayer, Mustafa/Jeff Goodwin 1994: „Network Analysis, Culture, and the Problem of Agency"*American Journal of Sociology* 99, 1411–1154.

Emirbayer, Mustafa/Ann Mische 1998: „What is Agency?" *American Journal of Sociology* 103, 962–1023.

Erickson, Bonnie 1996: „Culture, class, and connections" *American Journal of Sociology* 102, 217–251

Erikson, Emily 2013: „Formalist and Relationalist Theory in Social Network Analysis" *Sociological Theory* 31, 219–242.

Faulkner, Robert 1983: *Music On Demand: Composers and Careers in the Hollywood Film Industry*, New Brunswick: Transaction.

Fine, Gary Alan/Sherryl Kleinman 1983: „Network and Meaning: An Interactionist Approach to Structure" *Symbolic Interaction* 6, 97–110.

Fontdevila, Jorge/Pilar Opazo/Harrison White 2011: „Order at the Edge of Chaos: Meanings from Netdom Switchings Across Functional Systems" *Sociological Theory* 29, 178–198.

Freeman, Linton 2004: *The Development of Social Network Analysis*, Vancouver: Empirical Press.

Fuchs, Stephan 2001: *Against Essentialism; A Theory of Culture and Society*, Cambridge/ Massachusetts: Harvard University Press.

Fuhse, Jan 2002: „Kann ich dir vertrauen? Strukturbildung in dyadischen Sozialbeziehungen" *Österreichische Zeitschrift für Politikwissenschaft* 31, 413–426.

Fuhse, Jan 2003: „Systeme, Netzwerke, Identitäten: die Konstitution sozialer Grenzziehungen am Beispiel amerikanischer Straßengangs" Stuttgart: *Schriftenreihe des Instituts für Sozialwissenschaften* 1/2003.

Fuhse, Jan 2006: „Gruppe und Netzwerk – eine begriffsgeschichtliche Rekonstruktion" *Berliner Journal für Soziologie* 16, 245–263.

Fuhse, Jan 2008: „Gibt es eine phänomenologische Netzwerktheorie? Geschichte, Netzwerk und Identität" *Soziale Welt* 59, 31–52.

Fuhse, Jan 2009a: „Die kommunikative Konstruktion von Akteuren in Netzwerken" *Soziale Systeme* 15, 288–316.

Fuhse, Jan 2009b: „Lässt sich die Netzwerkforschung besser mit der Feldtheorie oder der Systemtheorie verknüpfen?" in: Roger Häußling (Hg.): *Grenzen von Netzwerken*, Wiesbaden: VS, 55–80.

Fuhse, Jan 2011: „Verbindungen und Grenzen: Der Netzwerkbegriff in der Systemtheorie" in: Johannes Weyer (Hg.): *Soziale Netzwerke*, 2. Auflage, München: Oldenbourg, 301–324.

Fuhse, Jan 2012a: „Rollen und Institutionen als symbolische Ordnung von Netzwerken" *Berliner Journal für Soziologie* 22, 359–384.

Fuhse, Jan 2012b: „Embedding the Stranger: Ethnic Categories and Cultural Differences in Social Networks" *Journal of Intercultural Studies* 33, 639–655.

Fuhse, Jan 2013: „Social Relationships between Communication, Network Structure, and Culture" in: François Dépelteau/Christopher Powell (Hg.): Applying Relational Sociology, New York: Palgrave/Macmillan, 181–206.

Fuhse, Jan 2015: „Networks from Communication", in: *European Journal of Social Theory* 18 (1), 39–59.

Fuhse, Jan/Neha Gondal 2015: „Networks and Meaning" erscheint in: James Wright (Hg.): *Elsevier Encyclopedia of the Social and Behavioral Sciences*, Amsterdam: Elsevier.

Fuhse, Jan/Sophie Mützel (Hg.) 2010: *Relationale Soziologie; Zur kulturellen Wende der Netzwerkforschung*, Wiesbaden: VS.

Gerhards, Jürgen/Helmut Anheier 1987: „Zur Sozialposition und Netzwerkstruktur von Schriftstellern" *Zeitschrift für Soziologie* 16, 385–394.

Gibson, David 2003: „Participation Shifts: Order and Differentiation in Group Conversation" *Social Forces* 81, 1335–1381.

Gibson, David 2005: „Taking Turns and Talking Ties: Networks and Conversational Interaction" *American Journal of Sociology* 110, 1561–1597.

Gibson, David 2012: *Talk at the Brink; Deliberation and Decision during the Cuban Missile Crisis*, Princeton: Princeton University Press.

Giuffre, Katherine 1999: „Sandpiles of Opportunity: Success in the Art World" *Social Forces* 77, 815–32.

Goffman, Erving 1961: *Encounters*, Indianapolis: Bobbs-Merril.

Goffman, Erving 1974: *Frame Analysis*, Boston: Northeastern University Press.

Goffman, Erving 1983: „The interaction order" *American Sociological Review* 48, 1–17.

Gould, Roger 1995: *Insurgent Identities; Class, Community, and Protest in Paris from 1848 to the Commune*, Chicago: Chicago University Press.

Granovetter, Mark 1973: „The Strength of Weak Ties" *American Journal of Sociology* 78, 1360–1380.

Granovetter, Mark 1979: „The Theory-Gap in Social Network Analysis" in: Paul Holland/ Samuel Leinhardt (Hg.): *Perspectives of Social Network Analysis*, New York: Academic Press, 501–518.

Granovetter, Mark 1985: „Economic Action and Social Structure: The Problem of Embeddedness" *American Journal of Sociology* 91, 481–510.

Häußling, Roger 2006: „Ein netzwerkanalytisches Vierebenenkonzept zur struktur- und akteursbezogenen Deutung sozialer Interaktionen" in: Betina Hollstein/Florian Straus (Hg.): *Qualitative Netzwerkanalyse*, Wiesbaden: VS, 126–151.

Häußling, Roger 2008: „Zur Verankerung der Netzwerkforschung in einem methodologischen Relationalismus" in: Christian Stegbauer (Hg.): *Netzwerkanalyse und Netzwerktheorie*, Wiesbaden: VS, 65–78.

Hedström, Peter 2005: *Dissecting the Social; On the Principles of Analytical Sociology*, New York: Cambridge University Press.

Hedström, Peter/Peter Bearman (Hg.) 2009: *The Oxford Handbook of Analytical Sociology*, Oxford: Oxford University Press.

Hedström, Peter/Swedberg, Richard (Hg.) 1998: Social Mechanisms, Cambridge: Cambridge University Press.

Heidler, Richard 2010: „Positionale Verfahren (Blockmodelle)" in: Christian Stegbauer/Roger Häußling (Hg.): *Handbuch Netzwerkforschung*, Wiesbaden: VS, 407–420.

Holzer, Boris 2006: *Netzwerke*, Bielefeld: transcript.

Holzer, Boris 2008: „Netzwerke und Systeme: Zum Verhältnis von Vernetzung und Differenzierung" in: Christian Stegbauer (Hg.): *Netzwerkanalyse und Netzwerktheorie*, Wiesbaden: VS 2008, 155–164.

Holzer, Boris 2010: „Von der Beziehung zum System – und zurück? Relationale Soziologie und Systemtheorie" in: Jan Fuhse/Sophie Mützel (Hg.): *Relationale Soziologie*, Wiesbaden: VS, 97–116.

Ikegami, Eiko 1995: *The Taming of the Samurai*, Cambridge/Mass.: Harvard University Press.

Ikegami, Eiko 2000: „A Sociological Theory of Publics: Identity and Culture as Emergent Properties in Networks" *Social Research* 67, 989–1029.

Ikegami, Eiko 2005: *Bonds of Civility; Aesthetic Networks and the Political Origins of Japanese Culture*, New York: Cambridge University Press.

Jamieson, Lynn 1998: *Intimacy; Personal Relationships in Modern Societies*, Cambridge: Polity.

Kappelhoff, Peter/Franz Urban Pappi 1984: „Abhängigkeit, Tausch und kollektive Entscheidung in einer Gemeindeelite" *Zeitschrift für Soziologie* 13, 87–117.

Karafillidis, Athanasios 2010: Soziale Formen: Fortführung eines soziologischen Programms, Bielefeld: transcript.

Knorr Cetina, Karin 2004: „Capturing Markets? A Review Essay on Harrison White on Producer Markets" *Socio-Economic Review* 2, 137–147.

Koenig, Matthias 2008: „Soziale Mechanismen und relationale Soziologie" in: Karl-Siegbert Rehberg (Hg.): *Die Natur der Gesellschaft*, Frankfurt a. M.: Campus, 2896–2906.

Labov, William/Joshua Waletzky 1967: „Narrative Analysis: Oral Versions of Personal Experience" in: June Helm (Hg.): Essays on the Verbal and Visual Arts, Seattle: University of Washington Press, 12–44.

Latour, Bruno 2005: *Reassembling the Social; An Introduction to Actor-Network-Theory*, Oxford: Oxford University Press.

Laux, Henning 2009: „Bruno Latour meets Harrison C. White. Über das soziologische Potenzial der Netzwerkforschung" *Soziale Systeme* 15, 367–397.

Laux, Henning 2014: *Soziologie im Zeitalter der Komposition: Koordinaten einer relational-dynamischen Netzwerktheorie*, Weilerswist: Velbrück.

Lehmann, Maren 2011: Theorie in Skizzen, Berlin: Merve.

Leifer, Eric 1988: „Interaction Preludes to Role Setting: Exploratory Local Action" *American Sociological Review* 53, 865–878.

Leifer, Eric 1991: *Actors as Observers: A Theory of Skill in Social Relationships*, New York: Garland.

Leifer, Eric 1995: *Making the Majors: The Transformation of Team Sports in America*, Cambridge/Mass.: Harvard University Press.

Leifer, Eric/Valli Rajah 2000: „Getting Observations: Strategic Ambiguities in Social Interaction" *Soziale Systeme* 6, 251–267.

Leifer, Eric/Harrison White (1987): „A structural approach to markets" in: Mark Mizruchi/Michael Schwarz (Hg.): *Intercorporate Relations: The Structural analysis of business*, New York: Cambridge University Press, 85–108.

Leydesdorff, Loet 2007: „Scientific Communication and Cognitive Codification: Social Systems Theory and the Sociology of Scientific Knowledge" *European Journal of Social Theory* 10, 375–88.

Lin, Nan 2001: *Social Capital*, New York: Cambridge University Press.

Lindemann, Gesa 2009: *Das Soziale von seinen Grenzen her denken*, Weilerswist: Velbrück.

Lindemann, Gesa 2012: „Die Kontingenz der Grenzen des Sozialen und die Notwendigkeit eines triadischen Kommunikationsbegriffs" *Berliner Journal für Soziologie* 22, 317–340.

Lizardo, Omar 2006: „How cultural tastes shape personal networks" *American Sociological Review* 71, 778–807.

Lorrain, François 1975: Réseaux sociaux et classifications sociales, Paris: Hermann.

Lorrain, François/Harrison White 1971: „Structural Equivalence of Individuals in Social Networks" *Journal of Mathematical Sociology* 1, 49–80.

Luhmann, Niklas [1984] 1996: *Soziale Systeme*, Frankfurt/Main: Suhrkamp.

Luhmann, Niklas 1990: *Die Wissenschaft der Gesellschaft*, Frankfurt a. M.: Suhrkamp.

Luhmann, Niklas 1995: *Die Kunst der Gesellschaft*, Frankfurt a. M.: Suhrkamp.

MacLean, Alair/Andy Olds 2001: „Interview with Harrison White: 4-16-01" online unter: http://www.ssc.wisc.edu/theoryatmadison/papers/ivwWhite.pdf (abgerufen am 27.8.2012).

Malsch, Thomas/Christoph Schlieder 2004: „Communication without Agents? From Agent-Oriented to Communication-oriented Modeling" in: Gabriela Lindemann/Daniel Moldt/Mario Paolucci (Hg.): *Regulated Agent-Based Social Systems*, Berlin: Springer, 113–133.

Malsch, Thomas/Christoph Schlieder/Peter Kiefer/Maren Lübcke/Rasco Perschke/Marco Schmitt/Klaus Stein 2007: „Communication between process and structure: Modelling and simulating message reference networks with COM/TE" *Journal of Artificial Societies and Social Simulation*, 10(1).

Martin, John Levi 2001: „On the Limits of Sociological Theory" *Philosophy of the Social Sciences* 31, 187–223.

Martin, John Levi 2003: „What Is Field Theory?" *American Journal of Sociology* 109, 1–49.

Martin, John Levi 2009: *Social Structures*, Princeton: Princeton University Press.

Martin, John Levi 2011: *The Explanation of Social Action*, Oxford: Oxford University Press.

Mayntz, Renate 2002: *Akteure – Mechanismen – Modelle. Zur Theoriefähigkeit makro-sozialer Analysen*, Frankfurt a. M./New York: Campus.

McAdam, Doug/Sidney Tarrow/Charles Tilly 2001: *Dynamics of Contention*, New York: Cambridge University Press.

McFarland, Daniel 2001: „Student Resistance: How the Formal and Informal Organization of Classrooms Facilitate Everyday Forms of Student Defiance" *American Journal of Sociology* 107, 612–78.

McFarland, Daniel/Dan Jurafsky/Craig Rawlings 2013: „Making the Connection: Social Bonding in Courtship Situations" American Journal of Sociology 118, 1596–1649.

McLean, Paul 1998: „A Frame Analysis of Favor Seeking in the Renaissance: Agency, Networks, and Political Culture" *American Journal of Sociology* 104, 51–91.

Merton, Robert 1949: „On Sociological Theories of the Middle-Range" in: ders.: *Social Theory and Social Structure*, Glencoe: The Free Press.

Meyer, John 2009: „Reflections: Institutional theory and world society." World society: the writings of John W. Meyer. Oxford: Oxford University Press, S. 36–63.

Meyer, John/Ronald Jepperson 2000: „The ‚actors' of modern society: The cultural construction of social agency" *Sociological Theory* 18, 100–120.

Mische, Ann 2003: „Cross-talk in Movements: Reconceiving the Culture-Network Link" in: Mario Diani/Doug McAdam (Hg.): *Social Movements and Networks: Relational Approaches to Collective Action*, Oxford: Oxford University Pree, 258–280.

Mische, Ann 2008: *Partisan publics: Communication and contention across Brazilian youth activist networks*, Princeton: Princeton University Press.

Mische, Ann 2011: „Relational Sociology, Culture, and Agency" in: John Scott/Peter Carrington (Hg.): *Sage Handbook of Social Network Analysis*, London: Sage, 80–97.

Mische, Ann/Philippa Pattison 2000: „Composing a Civic Arena: Publics, Projects, and Social Settings" *Poetics* 27, 163–194.

Mische, Ann/Harrison White 1998: „Between Conversation and Situation: Public Switching Dynamics across Network Domains" *Social Research* 65, 695–724.

Mohr, John 1994: „Soldiers, mothers, tramps and others: Discourse roles in the 1907 New York City Charity Directory" *Poetics* 22, 327–357.

Mohr, John 1998: „Measuring meaning structures" *Annual Review of Sociology* 24, 345–370.

Mohr, John/Vincent Duquenne 1997;: „The duality of culture and practice: Poverty relief in New York City, 1888-1917" *Theory and Society* 26, 305–356.

Mohr, John/Harrison White 2008: „How to model an institution" *Theory and Society* 37, 485–512.

Mullins, Nicholas 1973: Theories and Theory Groups in Contemporary American Sociology, New York: Harper & Row.

Mützel, Sophie 2009: „Networks as Culturally Constituted Processes: A Comparison of Relational Sociology and Actor-network Theory" *Current Sociology* 57, 871–887.

Mützel, Sophie 2010: „Netzwerkansätze in der Wirtschaftssoziologie" in: Christian Stegbauer/Roger Häußling (Hg.): *Handbuch Netzwerkforschung*, Wiesbaden: VS-Verlag, 595–607.

Mützel, Sophie/Jan Fuhse 2010: „Einleitung: Zur relationalen Soziologie" in: Jan Fuhse/Sophie Mützel (Hg.): *Relationale Soziologie*, Wiesbaden: VS.

Nadel, Siegfried 1957: *The Theory of Social Structure*, London: Cohen & West.

Nagel, Kenneth-Alexander 2012: „Substantiierst du noch oder relationierst du schon? Eine Momentaufnahme zur Selbstfindung der deutschen Netzwerkforschung" *Soziologische Revue* 35, 133–145.

de Nooy, Wouter 2003: „Fields and networks: correspondence analysis and social network analysis in the framework of field theory" *Poetics* 31, 305–327.

Pachucki, Mark/Ronald Breiger 2010: „Cultural Holes: Beyond Relationality in Social Networks and Culture" *Annual Review of Sociology* 36: 205–224.

Padgett, John 2012: „Autocatalysis in Chemistry and the Origin of Life" in: John Padgett/ Walter Powell: *The Emergence of Organizations and Markets*, Princeton: Princeton University Press, 33–69.

Padgett, John/Christopher Ansell 1993: „Robust Action and the Rise of the Medici, 1400-1434" *American Journal of Sociology* 98, 1259–1319.

Padgett, John/Paul McLean 2006: „Organizational Invention and Elite Transformation: The Birth of Partnership Systems in Renaissance Florence" *American Journal of Sociology* 111, 1463–1568.

Padgett, John/Walter Powell 2012a: „The Problem of Emergence" in: dies.: *The Emergence of Organizations and Markets*, Princeton: Princeton University Press, 1–29.

Padgett, John/Walter Powell 2012b: *The Emergence of Organizations and Markets*, Princeton: Princeton University Press.

Pattison, Philippa/Ronald Breiger 2002: „Lattices and dimensional representations: matrix decompositions and ordering structures" *Social Networks* 24, 423–444.

Powell, Christopher/François Dépelteau (Hg.) 2013a: *Conceptualizing Relational Sociology*, New York: Palgrave Macmillan.

Powell, Christopher/François Dépelteau (Hg.) 2013b: *Applying Relational Sociology*, New York: Palgrave Macmillan.

Powell, Walter/Douglas White/Kenneth Koput/Jason Owen-Smith 2005: „Network Dynamics and Field Evolution: The Growth of Inter-organizational Collaboration in the Life Sciences" *American Journal of Sociology* 110, 1132–1205.

Rössel, Jörg 2005: *Plurale Sozialstrukturanalyse*, Wiesbaden: VS.

Sailer, Lee Douglas 1978: „Structural Equivalence: Meaning and Definition, Computation and Application" *Social Networks* 1, 73–90.

Santoro, Marco 2008: „Framing Notes. An Introduction to ‚Catnets'" *Sociologica* 2.

Schiffrin, Deborah 1996: „Narrative as Self-portrait: Sociolinguistic Constructions of Identity" Language in Society 25, 167–203.

Schimank, Uwe 1999: „Funktionale Differenzierung und Systemintegration der modernen Gesellschaft" Soziale Integration. Sonderheft 39 (1999): 47–65.

Schmitt, Marco 2009: *Trennen und Verbinden. Soziologische Untersuchungen zur Theorie des Gedächtnisses*, Wiesbaden: VS.

Schmitt, Marco/Michael Florian/Frank Hillebrandt (Hg.) 2006: *Reflexive soziale Mechanismen. Von soziologischen Erklärungen zu sozionischen Modellen*, Wiesbaden: VS.

Schultz, Jennifer/Ronald Breiger 2010: „The Strength of Weak Culture" *Poetics* 38, 610–24.

Schützeichel, Rainer 2012a: „Die Relationen der relationalen Soziologie" *Soziologische Revue* 35, 19–27.

Schützeichel, Rainer 2012b: „Ties, stories and events. Plädoyer für eine prozessuale Netzwerktheorie" *Berliner Journal für Soziologie* 22, 341–357.

Schweizer, Thomas 1996: *Muster sozialer Ordnung*, Berlin: Dietrich Reimer.

Scott, John 2000: *Social Network Analysis*; Second Edition, London: Sage.

Simmel, Georg [1908] 1992: *Soziologie*, Frankfurt a. M.: Suhrkamp.

Smith, Christian 2010: *What is a Person? Rethinking Humanity, Social Life, and the Moral Good from the Person up*, Chicago: University of Chicago Press.

Smith, Tammy 2007: „Narrative Boundaries and the Dynamics of Ethnic Conflict and Conciliation" *Poetics* 35, 22–46.

Somers, Margaret 1994: „The Narrative Constitution of Identity: A Relational and Network Approach" Theory and Society 23, 605–649.

Stinchcombe, Arthur 1991: „The Conditions of Fruitfulness of Theorizing About Mechanisms in Social Science" *Philosophy of the Social Sciences* 21, 367–388.

Stinchcombe, Arthur 1993: „Harrison White: Identity and Control: A Structural Theory of Social Action" *European Sociological Review* 9, 333–336.

Swedberg, Richard 1990: Economics and Sociology, Princeton: Princeton University Press.

Tilly, Charles 1978: *From Mobilization to Revolution*, Reading/Mass.: Addison-Wesley.

Tilly, Charles 1993: „Finnegan and Harrison" *Contemporary Sociology* 22, 307–309.

Tilly, Charles 1998: *Durable Inequality*, Berkeley: University of California Press.

Tilly, Charles 2002: *Stories, Identities, and Political Change*. Lanham: Rowman & Littlefield.

Tilly, Charles 2005: *Identities, Boundaries, and Social Ties*, Boulder: Paradigm.

Tilly, Charles 2008: *Explaining Social Processes*, Boulder: Paradigm.

Tilly, Charles/Sidney Tarrow 2007: *Contentious Politics*, Boulder: Paradigm.

Wagner, Gerhard 2012: *Die Wissenschaftstheorie der Soziologie*, München: Oldenbourg.

Wasserman, Stanley/Katherine Faust 1994: *Social Network Analysis*, New York: Cambridge University Press.

Watts, Duncan 1999: „Networks, Dynamics, and the Small-World Phenomenon" *American Journal of Sociology* 105, 493–527.

Wellman, Barry 1983: „Network analysis: Some basic principles" *Sociological Theory* 1, 155–200.

Wellman, Barry 2000: „Networking Network Analysts: How INSNA (the International Network for Social Network Analysis) Came to Be" *Connections* 23, 20–31.

Wellman, Barry/Peter Carrington/Alan Hall 1988: „Networks as Personal Communities" in: Barry Wellman/Stephen Berkowitz (Hg.): *Social Structures: A Network Approach*, New York: Cambridge University Press, 130–184.

White, Harrison 1963: *An Anatomy of Kinship*, Englewood Cliffs: Prentice-Hall.

White, Harrison [1965] 2008: „Notes on the Constituents of Social Structure. Soc. Rel. 10 – Spring '65" *Sociologica* 1/2008.

White, Harrison 1970a: *Chains of Opportunity: System Models of Mobility in Organizations*. Cambridge, Mass.: Harvard University Press.

White, Harrison 1970b: „Matching, Vacancies, and Mobility" *The Journal of Political Economy* 78, 97–105.

White, Harrison 1970c: „Stayers and Movers " *American Journal of Sociology* 76, 307–324.

White, Harrison 1971: „Multipliers, vacancy chains, and filtering in housing" *Journal of the American institute of planners* 37, 88–94.

White, Harrison 1974: „Mobility from Vacancy Chains" in: Rolf Ziegler (Hg.): *Anwendung mathematischer Verfahren zur Analyse sozialer Ungleichheit und sozialer Mobilität*, Kiel: Soziologisches Seminar der Christian-Albrechts-Universität, 40–50.

White, Harrison 1976: *Subcontracting with an Oligopoly: Spence Revisited*, Cambridge/Mass.: Harvard University.

White, Harrison 1981a: „Where Do Markets Come From?" *American Journal of Sociology* 87, 517–547.

White, Harrison 1981b: „Production markets as induced role structures" in: Samuel Leinhardt (Hg.): *Sociological Methodology*, San Francisco: Jossey-Bass, 1–57.

White, Harrison 1992: *Identity and Control. A Structural Theory of Social Action*, Princeton: Princeton University Press.

White, Harrison 1993a: *Careers & Creativity; Social Forces in the Arts*, Boulder: Westview.

White, Harrison 1993b: „Values Come in Styles, Which Mate to Change" in: Michael Hechter/Lynn Nadel/Richard Michad (Hg.): *The Origin of Values*, New York, de Gruyter, 63–91.

White, Harrison 1995a: „Network Switchings and Bayesian Forks: Reconstructing the Social and Behavioral Sciences" *Social Research* 62, 1035–1063.

White, Harrison 1995b: „Passages réticulaires, acteurs et grammaire de la domination" *Revue franç aise de sociologie* 36, 705–723.

White, Harrison 1997: „Can mathematics be social? Flexible representations for interaction process and its sociocultural constructions" *Sociological Forum*. 12, 53–71.

White, Harrison 2000: „Modeling Discourse in and around Markets" *Poetics* 27, 117–133.

White, Harrison 2002: *Markets from Networks: Socioeconomic Models of Production*, Princeton: Princeton University Press.

White, Harrison 2008: *Identity and Control: How Social Formations Emerge*, Princeton: Princeton University Press.

White, Harrison/Vilhelm Aubert 1959: „Sleep: A Sociological Interpretation" *Acta Sociologica* 4, 1-16 & 46–54.

White, Harrison/Ronald Breiger 1975: „Pattern Across Networks" *Society* 8, 68–73.

White, Harrison/Frédéric Godart 2007: „Stories from Identity and Control" *Sociologica* 3/2007. doi: 10.2383/25960

White, Harrison/Cynthia White [1965] 1993: *Canvases and Careers: Institutional Change in the French Painting World*, Chicago: University of Chicago Press.

White, Harrison/Scott Boorman/Ronald Breiger 1976: „Social structure from multiple networks. I. Blockmodels of roles and positions" *American Journal of Sociology* 81, 730–779.

White, Harrison/Jan Fuhse/Matthias Thiemann/Larissa Buchholz 2007: „Networks and Meaning: Styles and Switchings" *Soziale Systeme* 13, 534–555.

White, Harrison/Frédéric Godart/Matthias Thiemann 2013: „Turning Points and the Space of Possibles: A Relational Perspective on the Different Forms of Uncertainty" in: François Dépelteau/Christopher Powell (Hg.): *Applying Relational Sociology*, New York: Palgrave Macmillan, 137–154.

Wiggershaus, Rolf 1988: *Die Frankfurter Schule*, München: dtv.

Wimmer, Andreas 2013: *Ethnic Boundary Making; Institutions, Power, Networks*, Oxford: Oxford University Press.

Yeung, King-To 2005: „What Does Love Mean? Exploring Network Culture in Two Network Settings" *Social Forces* 84, 391–420.

The manufacturer's authorised representative in the EU is Springer
Nature Customer Service Centre GmbH, Europaplatz 3, 69115 Heidelberg,
Germany. If you have any concerns regarding our products, please
contact ProductSafety@springernature.com

Printed and bound by CPI Group (UK) Ltd, Croydon, CR0 4YY
27/04/2026
02097611-0001